1450
Gutenberg:
Erfindung des
Buchdrucks

1517
Luther:
95 Thesen zum Ablass

1643–1715
Ludwig XIV.
„Sonnenkönig" in Frankreich

em 12. Jh.:
chwung des Städtewesens

| 1200 | 1300 | 1400 | 1500 | 1600 | 1700 | 1800 |

1096–1272:
Zeit der Kreuzzüge

1492
Kolumbus:
Landung auf Guanahani

1618–1648
Dreißigjähriger
Krieg

14.–16. Jh.
Hochkulturen der Inka,
Maya und Azteken

1519–1522
Magellan:
Umsegelung der Welt

17.–19. Jh.
Dreieckshandel und Verschleppung
afrikanischer Sklaven

14. Jh.:
Die Hanse ist der
wichtigste Städtebund

um 1500
Michelangelo fertigt
die Figur des David

1740–1786
Regierungszeit
Friedrich II.

westermann

Die Reise in die Vergangenheit

Band 7
Mecklenburg-Vorpommern

Mit Beiträgen von:
Manfred Albrecht, Andreas Bosch, Stefanie Dinter, Alexandra Faust, Jürgen Gericke, Elmar Geus, Kerstin Graham, Georg Kaiser, Martin Lücke, Martin Mirwald, Cathrin Schreier, Karin Schröfel, Philipp Seitz, Uta Usener, Kirsten Waibel-Gassert und Anke Walzer-Mirwald

Vorbereiten. Organisieren. Durchführen.
BiBox ist das umfassende Digitalpaket zu diesem Lehrwerk mit zahlreichen Materialien und dem digitalen Schulbuch. Für Lehrkräfte und für Schülerinnen und Schüler sind verschiedene Lizenzen verfügbar. Nähere Informationen unter
www.bibox.schule.

Dieses Symbol verweist auf Aufgaben oder Seiten, auf denen der Erwerb von Medienkompetenz besonders gefördert wird. Nähere Informationen unter **www.westermann.de/medienbildung**.

Die Vereinten Nationen haben 17 Ziele für nachhaltige Entwicklung beschlossen. Einige Inhalte im Buch beziehen sich auf eins oder mehrere dieser Ziele und sind erkennbar an diesem Symbol. Hier könnt ihr also fachspezifische Kompetenzen in Bezug auf nachhaltige Entwicklung erwerben, wie sie von den Vereinten Nationen definiert wurde.

© 2023 Westermann Bildungsmedien Verlag GmbH, Georg-Westermann-Allee 66, 38104 Braunschweig
www.westermann.de

Das Werk und seine Teile sind urheberrechtlich geschützt. Jede Nutzung in anderen als den gesetzlich zugelassenen bzw. vertraglich zugestandenen Fällen bedarf der vorherigen schriftlichen Einwilligung des Verlages. Nähere Informationen zur vertraglich gestatteten Anzahl von Kopien finden Sie auf www.schulbuchkopie.de.

Für Verweise (Links) auf Internet-Adressen gilt folgender Haftungshinweis: Trotz sorgfältiger inhaltlicher Kontrolle wird die Haftung für die Inhalte der externen Seiten ausgeschlossen. Für den Inhalt dieser externen Seiten sind ausschließlich deren Betreiber verantwortlich. Sollten Sie daher auf kostenpflichtige, illegale oder anstößige Inhalte treffen, so bedauern wir dies ausdrücklich und bitten Sie, uns umgehend per E-Mail davon in Kenntnis zu setzen, damit beim Nachdruck der Verweis gelöscht wird.

Druck A[1] / Jahr 2023
Alle Drucke der Serie A sind im Unterricht parallel verwendbar.

Redaktion: Dr. Alexander Fleischauer
Umschlaggestaltung: LIO Design GmbH, Braunschweig
Druck und Bindung: Westermann Druck GmbH, Georg-Westermann-Allee 66, 38104 Braunschweig

ISBN 978-3-14-**142805**-6

Liebe Schülerinnen und Schüler,

vor euch liegt euer neues Buch für das Fach Geschichte. Es soll euch helfen, selbstständig Geschichte zu entdecken. Das Buch bietet euch verschiedene Hinweiszeichen, die euch dabei helfen, euch im Buch zurechtzufinden.

Unbekannte oder schwer verständliche Wörter sind im Text unterstrichen. Sie werden euch am Rand der jeweiligen Seite erklärt.
Auf den Seiten 176–179 findet ihr noch weitere Worterklärungen.

Basilika

Mit dem Buchstaben **Q** sind Textquellen gekennzeichnet. Diese Texte stammen von Personen aus der Vergangenheit. Textquellen müsst ihr genauer untersuchen.

Q1

Der Buchstabe **M** bezeichnet alle Materialien, die den Text ergänzen und mithilfe der Arbeitsaufgaben erschlossen werden. **M** kann ein Bild, eine Karte, eine Zeichnung, eine Tabelle oder ein Diagramm sein.

M1

Dies ist das Zeichen für einen **Webcode**. Wenn ihr den QR-Code scannt oder im Internet unter www.westermann.de/webcodes den Code in das Suchfenster eingebt, gelangt ihr zu spannenden Materialien wie Filmclips, interaktiven Arbeitsblättern oder Hörszenen.

Digital+
Filmclip über Leonardo da Vinci
WES-142805-401

Dieses Symbol schlägt euch vor, eine gewählte Aufgabe mithilfe einer bestimmten kooperativen Lernform zu erarbeiten. Eine Übersicht und Erläuterung über diese Lernformen findet ihr auf den Seiten 184–187.

Dieses Symbol weist darauf hin, dass ihr auf den Seiten 180–183 eine Hilfe zur Lösung der Aufgabe findet.
Die drei Balken vor den Aufgaben geben einen Hinweis auf den Schwierigkeitsgrad. Hier soll eine Auswahl zwischen den Aufgaben getroffen werden.

HILFE

AUSWAHL I
II
III

Hier stellen wir euch Methoden und Arbeitstechniken des Faches Geschichte vor. Mit diesen Seiten könnt ihr Schritt für Schritt lernen, wie man z.B. ein historisches Bild zum Sprechen bringt oder eine Mindmap erstellt.

Methode

Diese Seiten enthalten Anregungen zum Ausprobieren, Selbermachen und Entdecken. Ihr könnt z.B. selbst drucken oder eine Exkursion planen.

Projekt

Hier könnt ihr Näheres über die Geschichte eurer Region und eures Bundeslandes erfahren.

Regionalgeschichte

Auf dieser Seite findet ihr eine Zusammenfassung mit allen wichtigen Informationen und Grundbegriffen des Kapitels sowie eine Zeitleiste mit wichtigen Daten.

In Kürze

Inhalt

8 Herrschaft und Glaube im Mittelalter

10 Das Reich Karls des Großen
10 Das Frankenreich
12 Karl als Reisekönig
14 Die Verwaltung des Frankenreichs
16 Projekt: Wir schreiben wie Karls Gelehrte

18 Das Reich der Ottonen
18 Aus Ostfranken wird das ottonische Reich
20 Die Ottonen festigen ihre Herrschaft
22 Die Ottonen bauen ihr Land nach Osten aus
24 Regionalgeschichte: Landesentwicklung nach Osten
26 Regionalgeschichte: Ursprünge von Mecklenburg und Pommern

28 Die mittelalterliche Ordnung
28 Jeder an seinem Platz
30 Das Lehnswesen
32 Methode: Historische Bilder zum Sprechen bringen
34 Königsmacht im Wandel

36 Die Kreuzzüge
36 Gläubige gegen Gläubige
38 Die Eroberung Jerusalems
40 Methode: Textquellen vergleichen
42 Projekt: Wir entwerfen eine Medaille
43 In Kürze: Herrschaft und Glaube im Mittelalter

44 Leben im Mittealter

46 Leben auf dem Land
46 Die Grundherrschaft
48 Das Leben der Bauern
50 Fortschritte in der Landwirtschaft

52 Leben auf der Burg
52 Burgen als Verteidigungsanlagen
54 Der Ritter und seine Erziehung
56 Turniere

58	**Leben im Kloster**
58	Rückzug von der Welt
60	**Methode:** Arbeit mit Modellen – ein Kloster erforschen
62	Beten und arbeiten
64	Klöster haben viele Aufgaben
66	**Leben in der Stadt**
66	Städte entstehen und entwickeln sich
68	**Regionalgeschichte:** Städtegründungen nach lübischem Recht
70	Die Stadt und ihre Bewohner
72	Randgruppen in der Stadt
74	Hygiene in der mittelalterlichen Stadt
76	Wer hat das Sagen in der Stadt?
78	**Die Hanse – ein Städtebund**
78	Fernhandel und Städtebündnisse
80	**Regionalgeschichte:** Der Frieden von Stralsund
82	**Projekt:** Wir suchen mittelalterliche Spuren
83	**In Kürze:** Leben im Mittelalter

84 Entdeckung und Eroberung der Welt

86	**Neue Wege – neue Ideen**
86	Voraussetzungen für den Aufbruch
88	Westwärts nach Indien
90	**Die großen Entdeckungen**
90	Endlich Land!
92	Ostwärts nach Indien
94	**Die Eroberungen und ihre Folgen**
94	Das Inkareich – eine Hochkultur
96	Die Eroberung der „Neuen Welt"
98	**Methode:** Mit einer Mindmap ein Thema darstellen
100	Menschen werden zu Handelsware
102	Missionierung und Rechtfertigung
104	Ein Rollenspiel zur Eroberung und den Folgen
106	Konsequenzen für Mensch und Natur
108	Die heutige Situation der indigenen Völker
110	**Projekt:** Das Quipu-System der Inka
111	**In Kürze:** Entdeckung und Eroberung der Welt

Inhalt

112 Reformation und Glaubensstreit

114 Vom Mittelalter zur Neuzeit
114 Renaissance – die Antike als Vorbild
116 Das humanistische Weltbild
118 Die Erfindung des Buchdrucks
120 Projekt: Wir drucken selbst

122 Mittelalterliche Glaubensvorstellungen
122 Wissenschaft kontra Religion
124 Der Glaube bestimmt das Leben der Menschen
126 Missstände in der Kirche

128 Die Zeit der Reformation
128 Martin Luther – ein Kritiker der Kirche
130 Ein neuer Glaube entsteht
132 Der neue Glaube setzt sich durch
134 Methode: Ein Spottbild analysieren
136 Regionalgeschichte: Der Reformator Johannes Bugenhagen
138 Die Reformation ermutigt die Bauern

140 Die Zeit der Glaubenskämpfe
140 Die Spaltung des Glaubens
142 Der Dreißigjährige Krieg
144 Regionalgeschichte: Wallensteintage in Stralsund
146 Das Ende des langen Kriegs
148 Regionalgeschichte: Die Eroberung von Neubrandenburg
150 Projekt: Wir besuchen ein Gewerbemuseum
151 In Kürze: Reformation und Glaubensstreit

152 Absolutismus und Aufklärung

154 Absolutismus in Frankreich
- 154 Der König als uneingeschränkter Herrscher
- 156 **Methode:** Ein Herrscherbild analysieren
- 158 Ludwig XIV. und sein Hof
- 160 Wirtschaft im Absolutismus

162 Absolutismus in Preußen
- 162 Friedrich II. – ein absolutistischer König
- 164 Der König und der Philosoph
- 166 **Projekt:** Exkursion nach Ludwigslust
- 168 **Regionalgeschichte:** Mecklenburg und Pommern bis 1815

170 Das Zeitalter der Aufklärung
- 170 Denken in neue Richtungen
- 172 Nachdenken über die Aufteilung der Macht
- 174 **Methode:** Mit einer Biografie arbeiten
- 175 **In Kürze:** Absolutismus und Aufklärung

- 176 **Worterklärungen**
- 180 **Hilfen**
- 184 **Kooperative Lernformen**
- 188 **Text- und Bildquellen**

Herrschaft und Glaube im Mittelalter

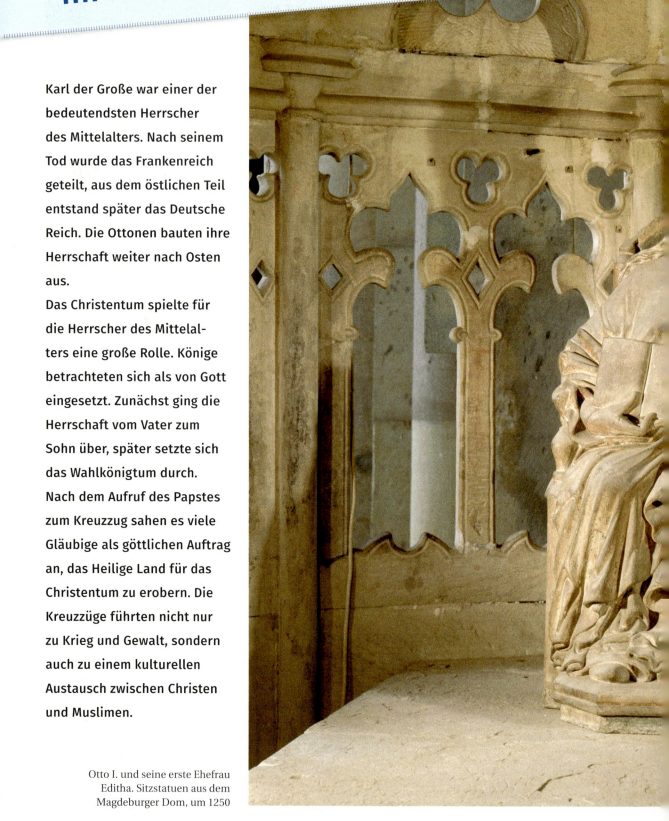

Karl der Große war einer der bedeutendsten Herrscher des Mittelalters. Nach seinem Tod wurde das Frankenreich geteilt, aus dem östlichen Teil entstand später das Deutsche Reich. Die Ottonen bauten ihre Herrschaft weiter nach Osten aus.

Das Christentum spielte für die Herrscher des Mittelalters eine große Rolle. Könige betrachteten sich als von Gott eingesetzt. Zunächst ging die Herrschaft vom Vater zum Sohn über, später setzte sich das Wahlkönigtum durch. Nach dem Aufruf des Papstes zum Kreuzzug sahen es viele Gläubige als göttlichen Auftrag an, das Heilige Land für das Christentum zu erobern. Die Kreuzzüge führten nicht nur zu Krieg und Gewalt, sondern auch zu einem kulturellen Austausch zwischen Christen und Muslimen.

Otto I. und seine erste Ehefrau Editha. Sitzstatuen aus dem Magdeburger Dom, um 1250

Das Reich Karls des Großen

M1 Karl der Große
(Gemälde von Albrecht Dürer, 1512)

Das Frankenreich

Als das Weströmische Reich 476 unterging, nutzte der mächtige germanische Stamm der Franken die Gelegenheit, die Provinz Gallien zu erobern. Sie drangen von der Rheinmündung in diese ehemalige römische Provinz, das heutige Frankreich, ein. Etwa um 500 gründete der fränkische König Chlodwig I. das Fränkische Reich.

Der Kirchenstaat

In einem Krieg gegen den germanischen Stamm der Langobarden eroberten die Franken unter ihrem König Pippin III. 756 die italienischen Gebiete zwischen Rom und Ravenna. Der katholische Frankenkönig schenkte sie dem Papst. Seither besitzen die Päpste ein eigenes Herrschaftsgebiet. Im Gegenzug bestätigte der Papst Pippin als König der Franken.

Karl der Große

Im Jahr 768 umfasste das Frankenreich folgende Länder: das heutige Frankreich, Belgien, die Niederlande, die deutschen Gebiete an Rhein, Main und Mosel sowie das heutige Württemberg und Thüringen. In diesem Jahr wurde ein Mann König der Franken, der zu einem der bedeutendsten Herrscher des Mittelalters emporstieg: Karl der Große. Er hatte von seinem Vater Pippin die Herrschaft über eines der größten Reiche seiner Zeit geerbt. Durch Kriege und Eroberungen gelang es ihm, sein Reich immer weiter zu vergrößern. Da Karl sich als Verteidiger des Christentums sah, zwang er besiegte Völker, den christlichen Glauben anzunehmen.

Q1 Karls Biograf Einhard beschrieb Karl den Großen (15 Jahre nach dessen Tod):

Er war von breitem und kräftigem Körperbau und von hervorragender Größe. Seine Augen waren sehr groß und lebendig, seine Nase ging etwas über das Mittelmaß. Er hatte schöne graue Haare und ein freundliches, heiteres Gesicht. So war seine Gestalt, mochte er sitzen oder stehen, höchst würdig und stattlich, obwohl sein Nacken dick und kurz, sein Bauch etwas herabhängend sein konnte.
Er kleidete sich nach landestypischer, nämlich fränkischer Weise. Auf dem Leib trug er ein leinenes Hemd und leinene Unterhosen, darüber ein Wams [eine Art Jacke], das mit seidenen Streifen verziert war, und Hosen. Die Beine bedeckte er mit Binden und die Füße mit Schuhen. Schließlich trug er einen blauen Mantel und immer das Schwert an der Seite. Bei festlichen Gelegenheiten trug er ein mit Gold durchwirktes Kleid und mit Edelsteinen besetzte Schuhe. Der Mantel wurde durch eine goldene Spange zusammengehalten. Auf dem Kopf trug er dann eine aus Gold und Edelsteinen gefertigte Krone.
Was er wollte, konnte er leicht und klar ausdrücken. Im Lateinischen brachte er es so weit, dass er es wie seine Muttersprache redete. Auch zu schreiben versuchte er und pflegte deswegen Tafel und Papier im Bett unter dem Kopfkissen mit sich herumzuführen, um in freien Stunden seine Hand an die Gestaltung von Buchstaben zu gewöhnen. Indes brachte er es hierin mit seinen Bemühungen nicht weit, da er es zu spät angefangen hatte.

Herrschaft und Teilhabe

M2 Das Reich Karls des Großen, der auch als „Vater Europas" bezeichnet wird

Der Ausbau des Frankenreiches

Karl dehnte seine Macht aus und eroberte mit seinen Heeren die Nachbarstaaten des Fränkischen Reiches: das Langobardenreich südlich der Alpen, Bayern, das damals bis Südtirol reichte, die heutigen Länder Schweiz und Niederlande sowie Teile Ungarns und Spaniens.

Am längsten dauerten die Kriege, die Karl gegen einen der letzten heidnischen Stämme der Germanen führte: die Sachsen. Mehrmals stießen fränkische Soldaten weit in das sächsische Land hinein. Aber immer wieder erhoben sich die Sachsen. Diesen Aufständen folgten Strafzüge, und brutale Unterwerfung wechselte mit erneutem Aufstand. 782 ließ Karl nach einem Aufstand bei Verden an der Aller zahlreiche Sachsen hinrichten. Viele zwang er, ihre Heimat zu verlassen und in anderen Teilen seines Reiches zu siedeln. Darauf verweisen heute noch Ortsnamen wie Sachsenhausen bei Frankfurt oder Sachsenheim in Baden-Württemberg.

ARBEITSAUFTRÄGE

1. Verfasse mithilfe von Q1 eine Beschreibung Karls des Großen.
   Stühletausch
2. Beschreibe mithilfe von M2 die Ausdehnung des Frankenreiches unter Karl dem Großen.
3. Nenne mithilfe eines Atlas die Staaten, die heute auf dem Gebiet des Frankenreiches liegen.
4. a) Recherchiere, warum Karl der Große im Jahre 782 viele Sachsen hinrichten ließ.
   b) Halte einen Kurzvortrag.

Digital+
Erklärvideo zu Karl dem Großen
WES-142805-101

Karl als Reisekönig

Im Gegensatz zum antiken Römischen Reich hatte das Fränkische Reich keine Hauptstadt. Deshalb reiste der König durch sein Reich, um überall nach dem Rechten zu sehen. Sein Gefolge umfasste oft mehrere Hundert Personen, wie z. B. seine Familie, Mönche, Berater, Gelehrte oder auch Soldaten. Für sie mussten die Pfalzen Unterkünfte und Verpflegung in großen Mengen bereitstellen. Das war für die Bewohner der Pfalzen und die umliegenden Bauern eine gewaltige Belastung.

Da die Vorräte in der Pfalz meist schnell aufgebraucht waren, reiste Karl der Große immer weiter. Im ganzen Land hatte er Königsgüter und Pfalzen errichtet. Die Pfalzen lagen meist einen Tagesritt – etwa 30 Kilometer – auseinander. Diese Art des Regierens heißt Reisekönigtum.

Die Pfalz in Aachen

Eine Königspfalz war eine Art Stützpunkt. Hier machte der König halt, wohnte für einige Tage oder Wochen darin und übte Amtshandlungen aus. Der Kontakt zu den fränkischen Adligen war wichtig.

Zu einer Königspfalz gehörte mindestens ein Gutshof und eine Kapelle sowie ein Palas, ein großer Saal. Hier empfing der König z. B. Gäste, veranstaltete Feiern, hielt Gerichtssitzungen ab, verhandelte mit den Adligen der Gegend oder erließ Befehle und Gesetze.

Pfalzen lagen oft an Verkehrsknotenpunkten und in der Nähe von großen Klöstern oder Städten.

Am liebsten hielt Karl sich in der Pfalz in Aachen auf. Im Mittelpunkt der Anlage stand die Pfalzkapelle. Die Häuser rechts vor der Halle bewohnte der Kaiser mit seiner Familie. Die sechzehneckige Pfalzkapelle ist 36 Meter hoch und war damals der höchste Bau nördlich der Alpen.

M1 Karl der Große (Bronzestatue, um 870)

① Königshalle
② Wohngebäude für Familienmitglieder und hohe Gefolgsleute
③ Unterkünfte für Bedienstete
④ Eingangshalle mit Gerichtssaal
⑤ Pfalzkapelle, kleines Gebäude für Gottesdienste und Gebete
⑥ Therme
⑦ Säulengang mit Innenhof

M2 Die Pfalz in Aachen (Rekonstruktionszeichnung)

Herrschaft und Teilhabe

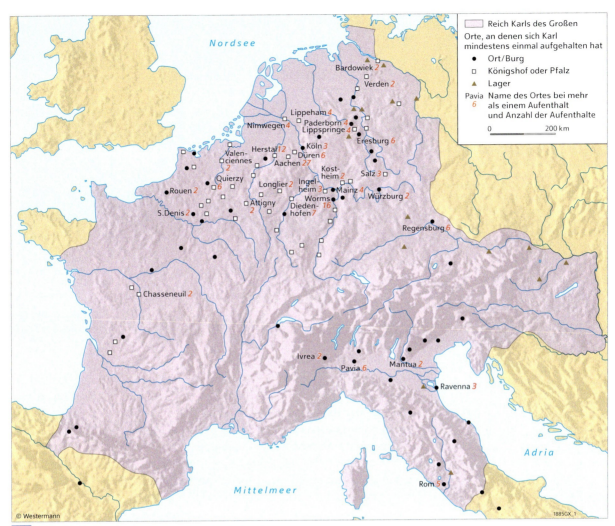

M3 Orte, an denen sich Karl der Große aufgehalten hat

Karl sichert sein Reich

Karl konnte nicht gleichzeitig an allen Orten sein, deshalb setzte er überall im Land Grafen ein, die in seinem Namen ein bestimmtes Gebiet verwalteten. Sie hielten an seiner Stelle Gericht, nahmen Steuern ein, überwachten den Bau von Burgen und Wegen und führten auch die Soldaten an.

ARBEITSAUFTRÄGE

1. I Erkläre, warum Karl der Große als Reisekönig bezeichnet wird.
   II Begründe, warum Karl der Große immer nur ein paar Tage bis höchstens ein paar Wochen in einer Pfalz blieb.
   III Verfasse einen Sachtext zum Thema „Karl der Große – der Reisekönig".
2. Beschreibe die Aachener Pfalz. Beziehe die einzelnen Gebäude mit ein.
3. Erstelle eine Tabelle zu den Orten, die Karl besucht hat, indem du …
   a) sie nach der Anzahl der Besuche sortierst.
   b) den Namen der Orte aufschreibst.
4. Begründe anhand der Anzahl der Besuche, welcher Ort vermutlich der Lieblingsort Karls des Großen war.
5. Nenne mithilfe eines Atlas die heutigen Länder, in denen Karl der Große war.

Digital+
Virtueller Rundgang durch die Pfalzkapelle
 WES-142805-102

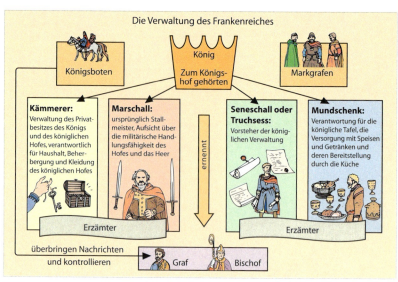

M1 Die Verwaltung des Frankenreichs unter Karl dem Großen

Die Verwaltung des Frankenreichs

Der Königshof Karls des Großen

Karl stand als König an der Spitze des Frankenreichs. Wichtigstes Instrument seiner Herrschaftsausübung war der Königshof. Da Karl der Große mit seinem Hofstaat ständig durch sein Reich reiste, um seine Macht zu zeigen, musste er in seiner Abwesenheit den Grafen und Bischöfen die Herrschaft anvertrauen. Zur besseren Kontrolle ernannte Karl Königsboten. Diese waren im ganzen Reich unterwegs. Als Königsboten waren immer ein Graf oder Herzog und ein Abt oder Bischof unterwegs. Sie sorgten dafür, dass die königlichen Beschlüsse ausgeführt wurden. Außerdem überwachten sie, wie die Grafen ihr Land regierten, und hörten sich die Klagen aus der Bevölkerung an. So wusste Karl der Große immer, was in seinem Reich vor sich ging und ob es Probleme gab.

Karl wird Kaiser

Im Jahr 799 wandte sich Papst Leo III. Hilfe suchend an Karl den Großen. Er war in Rom von aufständischen Adligen überfallen worden. Da Karl auch über Rom herrschte, vermittelte er zwischen Papst Leo III. und den Aufständischen. Aus Dankbarkeit krönte der Papst ihn im Jahr 800 zum Kaiser.

M2 Karl der Große wird vom Papst zum Kaiser gekrönt. (Buchmalerei, 14. Jh.)

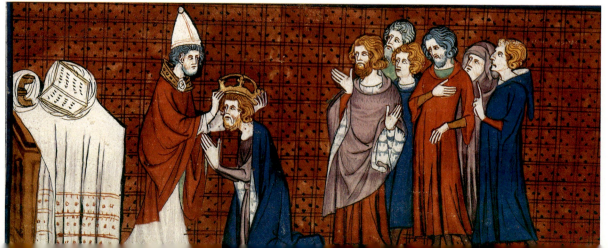

Herrschaft und Teilhabe 15

Das Frankenreich zerfällt

Der Sohn Karls des Großen, Ludwig der Fromme, konnte das Frankenreich nur mit Mühe zusammenhalten. Seine Enkel teilten 843 das Reich im Vertrag von Verdun auf. Ludwig „der Deutsche" erhielt das Land östlich des Rheins. Karl „der Kahle" übernahm das westliche Frankenreich. Das lang gezogene Zwischenstück regierte Lothar, der Älteste der drei Brüder. Nachdem Lothar gestorben war, teilten die beiden anderen sein Reich unter sich auf. Aus dem Reich Karls des Kahlen wurde Frankreich. Ludwigs Ostfrankenreich entwickelte sich zu Deutschland. Der südliche Teil des ehemaligen Lotharreiches fiel an dessen Sohn und wurde später Italien.

M3 Vertrag von Verdun

Stämme und Könige

Die Könige im Ostfränkischen Reich konnten ihre Macht nur schwer durchsetzen. Wirklich mächtig waren die Herzöge. Sie führten die Stämme an und hatten sich durch die Verteidigung der Grenzen gegen äußere Feinde große Verdienste erworben. Sie übten die Schutzherrschaft über Bistümer aus und besaßen Grafschaften und Teile des königlichen Besitzes. Auf ihren Besitzungen übten die Herzöge die Herrschaft wie Könige aus. Im Ostfrankenreich waren vor allem die Herzöge der Sachsen, der Franken, der Bayern und der Schwaben einflussreich. Bald nachdem der letzte Nachkomme Karls des Großen im Ostfränkischen Reich verstorben war, wählten die Herzöge den Mächtigsten unter ihnen, den Sachsenherzog Heinrich, im Jahr 919 zu ihrem neuen König.

Herzöge: Adelstitel, Herrscher über ein Gebiet. Der aus dem Althochdeutschen stammende Begriff bedeutete ursprünglich „Heerführer".

ARBEITSAUFTRÄGE

1. I Nenne die Aufgaben, die die Königsboten hatten.
   II Beschreibe die Aufgaben, die die vier Erzämter hatten.
   III Erkläre mithilfe von M1 die Verwaltung des Frankenreichs.
2. Vermute, welche Gefahren für die Macht des Königs durch diese Form der Verwaltung entstanden. Think – Pair – Share
3. Erstelle einen Zeitstrahl zur Entwicklung des Frankenreichs bis zum Jahr 919. Beziehe auch M3 mit ein.
4. Nenne Gründe dafür, dass die Herzöge im Ostfrankenreich so mächtig waren.

Wir schreiben wie Karls Gelehrte

Eine der großen Leistungen Karls des Großen ist es, dass er sich für die Bildung starkgemacht hat: Im ganzen Reich förderte er Klosterschulen. Dort lernten die Schüler Lesen, Rechnen und Schreiben, studierten die Bibel und die lateinische Sprache, in der Gesetzestexte verfasst waren. Da es nach dem Ende des Römischen Reiches kaum mehr schriftliche Quellen gab, setzte sich Karl zum Ziel, dieses Wissen zu erhalten. Darum ließ er in Aachen die größten geistlichen Gelehrten seiner Zeit versammeln, um Abschriften römischer Texte der Kaiserzeit zu erstellen. Dank ihm sind uns viele Texte dieser Zeit bis heute erhalten geblieben.

Der Ursprung unserer Schrift

Karl empfand die Schrift des antiken Rom als schwer lesbar: Die Wörter bestanden nur aus Großbuchstaben und waren nicht wie heute voneinander getrennt. Karl wollte darum eine neue, einfache und einheitliche Schrift haben. So entstand mithilfe seiner Gelehrten die Karolingische Minuskel. Die neue Schrift bestand aus Wörtern mit Majuskeln (großen Buchstaben) und Minuskeln (kleinen Buchstaben). Zur besseren Lesbarkeit von Texten ließen Schreiber zwischen den einzelnen Wörtern etwas Platz.

Diese neue Schrift wurde im ganzen Frankenreich eingeführt, also in weiten Teilen Europas. Im Laufe der Jahrhunderte bis heute wurde sie zwar immer wieder verändert, doch blieben ihre Wesensmerkmale erhalten.

Karl hatte das Lesen und Schreiben als Kind nie gelernt. Erst als Erwachsener lernte er das Lesen. Das Schreiben beherrschte er nie. Sein Namenszeichen war vorgemalt. Karl zog nur die Striche in der Mitte. So wurden seine Urkunden gueltig.

M1 Dieser Text ist in Karolingischer Minuskel geschrieben, der Schrift der Zeit Karls des Großen.

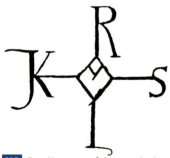

M2 Das Namenszeichen Karls des Großen. Richtig gelesen heißt es „Karolus".

Schritte zum Anfertigen einer mittelalterlichen Schrift

Ihr könnt mithilfe der Buchstabentabelle dieser Doppelseite euren Namen oder einen Text in der Schrift des frühen Mittelalters schreiben. So geht ihr vor:

1. Nehmt ein Abpaus- oder Kohlepapier und legt es auf ein weißes Blatt Papier.

2. Legt über das Kohlepapier eine Kopie der Buchstabentabelle.

3. Fahrt nun mit einem Bleistift die Buchstaben nach, die ihr für euren Namen braucht.

4. Auf dem weißen Blatt steht jetzt euer Name in der mittelalterlichen Schrift Karls des Großen.

5. Tipp: Mit etwas Übung könnt ihr natürlich auch jeden Buchstaben frei Hand schreiben und so kleine Texte verfassen – wie die Schreiber Karls des Großen.

Heute ist es selbstverständlich, dass jedes Kind in der Schule mit dem Erlernen des Lesens und Schreibens beginnt. Zu Karls Zeiten gab es nur wenige Gelehrte, die dazu in der Lage waren. Außerdem waren das Lesen und das Schreiben zwei voneinander getrennte Unterrichtsfächer. Wie viele seiner Zeitgenossen konnte auch Karl Texte daher zwar lesen, das eigenhändige Schreiben beherrschte er aber nicht.

Herrschaft und Teilhabe

M3 Die karolingische Schrift

> **Q1** Der bedeutendste Gelehrte an Karls Seite war der Mönch Alkuin. Unter seiner Leitung entwarf die Hofschule die Karolingische Minuskel. In einem Brief aus dem Jahr 785 schrieb er:
>
> Gott zu gefallen, muss man recht leben, zugleich aber auch richtig sprechen, lesen und schreiben können. Denn mit den Schreibfehlern wachsen auch die Verständnisfehler. Gott aber findet nur Gefallen am recht geschriebenen Wort.

ARBEITSAUFTRÄGE

1. Nenne die Bedeutung der Begriffe „Initiale", „Majuskel" und „Minuskel".
2. Erstelle den Text M1 in deiner Schrift.
3. Gestalte eine Initiale in Karolingischer Minuskel.

M4 Mit diesen kunstvoll gemalten Anfangsbuchstaben, Initialen genannt, wurden Texte verziert. Eine Initiale muss größer als eine Majuskel sein. (Buchmalerei aus dem 9. Jh.)

Das Reich der Ottonen

Aus Ostfranken wird das ottonische Reich

Ein König für viele Stämme

Das Gebiet zwischen Rhein und Elbe wurde nach der Teilung des einstigen Großreiches vom Frankenkaiser Karl dem Großen zum Ostfränkischen Reich. Dort siedelten verschiedene Stämme, die von gewählten Herzögen angeführt wurden. Diese wählten im Jahr 919 den Sachsenherzog Heinrich I. zu ihrem König. Er sollte für ein friedliches Zusammenleben der Stämme untereinander und für den Schutz vor feindlichen Angriffen sorgen.

M1 Das Reich der Ottonen (919–1024)

① Krone
② Schwert
③ Weltkugel mit aufgesetztem Kreuz (Reichsapfel)
④ Zepter
⑤ Krönungsmantel

M2 Herrschaftszeichen der deutschen Könige

Herrschaft und Teilhabe

Otto I. wird König

Noch während seiner Amtszeit bestimmte Heinrich I., dass sein Sohn Otto sein Nachfolger werden sollte. Otto musste jedoch zuvor von den mächtigen Adligen gewählt werden, um seine Herrschaft antreten zu können.

> **Q1** Der Geschichtsschreiber Widukind von Corvey über die Krönung Ottos I. in Aachen im Jahr 936 (bearbeitet):
>
> Als König Heinrich gestorben war, wählte das Volk der Franken und Sachsen seinen Sohn Otto, der vom Vater zum König bestimmt worden war, zum Herrscher. [In Aachen] versammelten sich die Herzöge und Grafen mit den anderen Adligen in der Säulenhalle der Basilika Karls des Großen, setzten den neuen Herrscher auf einen Thron, huldigten, gelobten ihm Treue, versprachen ihm Unterstützung gegen seine Feinde und machten ihn zum König. Währenddessen erwartete der Erzbischof von Mainz mit der Priesterschaft und dem Volk in der Basilika den neuen König. Als dieser erschien, ging ihm der Erzbischof entgegen, berührte mit seiner Linken die Rechte des Königs, während er selbst in der Rechten den Krummstab trug, und schritt vor bis in die Mitte des Heiligtums. Dann, zum Volke gewandt, sprach er also und sagte: „Seht, ich bringe euch den von Gott erwählten und vom mächtigen Herrn Heinrich einst bestimmten, jetzt aber von allen Fürsten zum König gemachten Otto; wenn euch diese Wahl gefällt, zeigt dies an, indem ihr die rechte Hand zum Himmel emporhebt." Da streckte das ganze Volk die Rechte in die Höhe und wünschte unter lautem Rufen dem neuen Herrscher Glück. Danach überreichte der Bischof dem König das Schwert und kleidete ihn mit dem Königsmantel.

Basilika: Kirchengebäude mit besonders großem Hauptsaal, sehr alte Bauart von Kirchen

Krummstab: Stab eines Bischofs, eines der Zeichen für sein Amt

M3 Darstellung einer Königswahl (Buchmalerei, um 1350)

M4 Ein Bischof segnet den König. (Buchmalerei, um 1350)

ARBEITSAUFTRÄGE

1. a) Nenne die Stämme, die im 10. und 11. Jahrhundert zum Reich der Ottonen gehörten.
   b) Vergleiche die Stammesgebiete in M1 mit den heutigen Bundesländern in Deutschland. 🚏 Bushaltestelle
2. I Nenne Gründe für die Krönung Ottos zum König.
   II Beschreibe mithilfe von Q1 die Krönung Ottos zum König. HILFE
   III Arbeite die vom höchsten Bischof benannten Gründe für Ottos Krönung zum König heraus.
3. Beschreibe eines der Herrschaftszeichen aus M2 genauer.

Die Ottonen festigen ihre Herrschaft

Ottonen: Bezeichnung für Könige und Kaiser aus dem Geschlecht der Sachsenherzöge:

Heinrich I. (um 875–936)
König seit 919

Otto I. (912–973)
König seit 936, Kaiser seit 962

Otto II. (955–983)
König seit 961, Kaiser seit 973

Otto III. (980–1002)
König seit 983, Kaiser seit 996

Heinrich II. (973–1024)
König seit 1002, Kaiser seit 1014.

Die Gesellschaft im Reich der Ottonen

An der Spitze der Gesellschaft stand der König oder Kaiser. Er erließ Gesetze, schlichtete Streitfälle, sprach Recht und konnte über Frieden oder Krieg entscheiden.

Da König Otto I. und seine Nachfolger nicht gleichzeitig überall im Reich diese Aufgaben erfüllen konnten, brauchten sie treue Verbündete, die sie unterstützten, das Land zu regieren und zu verwalten. Das waren weltliche und geistliche Adlige, die der König für ihre Dienste mit Land belohnte.

Dieses Land mit allen darauf befindlichen Dörfern und Bauern verlieh der König an seine Verbündeten. Es wurde deshalb Lehen genannt und der König war der oberste Lehnsherr im Reich.

Otto I. kämpft um seine Herrschaft

Obwohl Otto I. nach dem Tod seines Vaters von den Adligen zum König gewählt worden war, musste er seine Herrschaft im Reich festigen und verteidigen. Er setzte nahe Verwandte und Freunde als Nachfolger verstorbener Herzöge und Adliger ein, die ihn unterstützen sollten.

Trotzdem konnte er mit dieser Politik seine Herrschaft nicht vollständig sichern. Bis zum Tod König Heinrichs I. war es üblich, dass das Reich unter allen Söhnen aufgeteilt wurde. Als 936 Otto als zweitgeborener Sohn zum König gekrönt wurde und er damit über das gesamte Reich herrschte, fühlten sich seine Brüder benachteiligt. Die Brüder und sogar sein Sohn verbündeten sich mit seinen Gegnern und versuchten, ihn zu stürzen.

Beinahe zwanzig Jahre dauerte die gewaltsame Unterwerfung der politischen Gegner Ottos I. in seinem Reich.

M1 Otto I. und seine erste Frau Editha (Skulptur, 13. Jh.)

Die Kirche als Stütze der Königsherrschaft

Otto I. war als König weltlicher Herrscher. Da er nach der Zeremonie der Königserhebung als von Gott berufen galt, wollte er auch über die kirchlichen Angelegenheiten in seinem Reich bestimmen.

Für die christliche Religion waren Erzbischöfe und Bischöfe, die meist aus adligen Familien stammten, zuständig. Diese regelten alle religiösen Fragen in ihrem Erzbistum oder Bistum. Da sie gleichzeitig Grundherr über das Land waren, hatten sie auch politischen Einfluss. Daneben gab es Klöster, die durch einen Abt oder eine Äbtissin verwaltet wurden und die ebenfalls über großen Besitz und Macht verfügten. Für den König war es also wichtig, vertrauenswürdige, kluge und ihm treu ergebene Männer als Bischöfe oder Äbte einzusetzen.

Nach den Erfahrungen mit den Aufständen von Verwandten und Herzögen begann Otto I., Erzbischöfen, Bischöfen und Äbten auch weltliche Aufgaben zu übertragen, die mit Landschenkungen aus dem Königsbesitz verbunden waren. Sie erhielten wichtige Staatsämter und bestimmte Rechte, wie zum Beispiel das Recht, Zoll zu erheben.

Dies hatte sehr große Vorteile. Die Kirchenmänner entstammten wichtigen Familien und waren in der Regel hochgebildet und damit für Verwaltungsaufgaben gut geeignet. Zudem fiel das Amt nach dem Tod des Inhabers an den König zurück, da Geistliche nicht heiraten durften und demnach auch keine Erben hatten.

M2 Einsetzung eines Bischofs durch einen König (Holzschnitt nach einer Buchmalerei, 10. Jh.)

Herrschaft und Teilhabe

Otto I. wird Otto der Große

Schon im 10. Jahrhundert fielen ungarische Reiterheere immer wieder in Mitteleuropa ein, überfielen und plünderten Dörfer, Klöster, Burgen und Städte, um sich dann wieder zurückzuziehen.

> **Q1** Widukind von Corvey berichtete in seiner Sachsenchronik über den endgültigen Sieg König Ottos I. über die Ungarn bei der Schlacht auf dem Lechfeld im August 955:
>
> Als er [Otto I.] Sachsen am Ende des Juni betrat, […] hörte er von den Boten seines Bruders, nämlich des Herzogs der Bayern, die Kunde: Siehe, die Ungarn verbreiten sich feindlich über dein Gebiet und haben sich vorgenommen, einen Kampf mit dir zu wagen. Als dies der König hörte, brach er […] sogleich gegen die Feinde auf […]. In der Mark der Stadt Augsburg schlug er sein Lager auf […] Die erste, zweite und dritte Legion bildeten die Bayern. […] Die vierte bildeten die Franken. In der fünften, der stärksten, welche auch die königliche genannt wurde, war der Fürst [Otto I.] selbst. Der König redete […] seine Genossen zur Aufmunterung in folgender Weise an: […] Schimpflich wäre es für uns, die Herren fast ganz Europas, jetzt den Feinden uns zu unterwerfen. Lieber wollen wir im Kampfe ruhmvoll sterben […] jetzt lasst uns lieber mit den Schwertern als mit Worten Verhandlungen beginnen! Und nachdem er so geredet, ergriff er den Schild und die heilige Lanze und wandte zuerst selbst sein Ross gegen die Feinde. Glorreich durch den herrlichen Triumph wurde der König von seinem Heer als Vater des Vaterlandes und Kaiser begrüßt. […] Denn eines solchen Sieges hatte sich keiner der Könige vor ihm in 200 Jahren erfreut.

M3 Otto I. bei der Schlacht am Lechfeld (Ausschnitt aus einem Gemälde, 19. Jh.)

König Otto I. hilft dem Papst und wird Kaiser

Nach seiner erfolgreichen Politik im eigenen Land und seinem Sieg über die Ungarn war die Königsmacht Ottos gefestigt. In dieser Situation erreichte ein Hilferuf des Papstes den König. Seine Herrschaft war bedroht und er konnte sich nicht wehren. Daraufhin sammelte König Otto I. ein schlagkräftiges Heer, zog nach Italien und sicherte die Herrschaft des Papstes. Im Februar 962 verlieh der Papst in Rom zum Dank für die Hilfe die Kaiserwürde an Otto I. Er galt bereits seit seinem Sieg über die Ungarn im Jahr 955 als Beschützer des Christentums. Kaiser Otto der Große herrschte nun nicht nur über das ottonische Reich. Er war auch König von Italien und Kaiser des abendländischen Christentums. Als Kaiser sah Otto sich als Nachfolger der römischen Kaiser.

ARBEITSAUFTRÄGE

1. I Nenne Verbündete Ottos I. bei der Sicherung seiner Königsmacht im Reich.
   II Beschreibe die Zusammenarbeit von König Otto I. mit der Kirche.
   III Erläutere die Sicherung der Königsmacht Ottos in seinem Reich.
2. Erkläre Vorteile, die Otto durch die enge Zusammenarbeit mit der Kirche hatte.
3. Nach der Schlacht auf dem Lechfeld wurde Otto von Chronisten als „Vater des Vaterlandes und Kaiser" bezeichnet. Erkläre diese Bezeichnung.
4. Nenne Gründe für die Krönung Ottos I. zum Kaiser.

Die Ottonen bauen ihr Land nach Osten aus

Slawen – Nachbarn östlich von Elbe und Saale

Für Otto I. war es wichtig, sein Reich zu vergrößern und neuen Landbesitz zu erobern, aber auch den christlichen Glauben weiterzuverbreiten. Ziel dieser Eroberungspolitik war das Gebiet östlich der Elbe. Hier lebten auf wenig besiedeltem Land slawische Stämme, die noch nicht an die christliche Religion, sondern an ihre Naturgötter glaubten.

Die slawischen Stämme trieben mit ihren Nachbarn Handel. Besonders Häute, Felle, Honig und Wachs schätzten die Handelspartner der Slawen als Waren.

Die Menschen lebten ähnlich wie die Bauern im Reich der Ottonen in Dorfgemeinschaften und betrieben Landwirtschaft und Handwerk. Stammesfürsten führten die Gemeinschaft an. Das Zentrum des Stammesgebietes war eine durch Burgwälle geschützte Hauptburg, welche die Heiligtümer des Stammes beherbergte.

M1 Rekonstruktion einer slawischen Gottheit (Slawenburg auf der Insel Rügen)

Markgraf: Markgraf war der Titel für einen Adligen, der ein Gebiet, das direkt an der Reichsgrenze gelegen und zur Verteidigung dieser Grenze errichtet worden war, verwaltete.

Q1 Thietmar von Merseburg (976–1018) berichtete über den Glauben der Slawen:

In der Burg befindet sich nur ein kunstfertig errichtetes, hölzernes Heiligtum, das auf einem Fundament aus Hörnern verschiedenartiger Tiere steht. Außen schmücken seine Wände, soweit man sehen kann, verschiedene, prächtig geschnitzte Bilder von Göttern und Göttinnen. Innen aber stehen von Menschenhänden gemachte Götter; jeder mit eingeschnitztem Namen. Furchterregend sind sie mit Helmen und Panzern bekleidet.
Der höchste heißt Swarozyc, alle Heiden achten und verehren ihn besonders. Auch dürfen ihre Feldzeichen nur im Falle eines Krieges, und zwar durch Krieger zu Fuß, von dort weggenommen werden.

Eroberung slawischer Gebiete

In mehreren Kriegszügen unterwarf Otto I. die slawischen Stämme, eroberte das Land und ließ in den eroberten Gebieten den christlichen Glauben verbreiten.

Otto I. beauftragte Markgrafen, sichere Befestigungsanlagen zum Schutz gegen die Angriffe der Slawen aufzubauen. Diesen Anlagen wurden Siedlungen zugeordnet. Deren Bewohner mussten Abgaben leisten und hatten das Land bei Angriffen zu verteidigen.

Q2 Widukind von Corvey berichtete:

Durch uns waren die Barbaren ständig in Angst, dass ihre Dörfer zerstört und die Bewohner abgeschlachtet wurden. Trotzdem wurden sie übermütig und planten, den Markgrafen Gero, den der König über sie gesetzt hatte, arglistig zu töten. Gero kam jedoch der Arglist mit eigener List zuvor. Er lud 30 Anführer zu einem glänzenden Festmahl ein. Als der Wein seine Wirkung getan hatte und sie eingeschlafen waren, ließ Gero alle töten.

[sprachl. verändert]

M2 Siedlungsgebiete slawischer Stämme

Herrschaft und Teilhabe

Christlicher Glaube für slawische Stämme

Bei den Plänen Ottos, das Christentum auch östlich der Elbe zu verbreiten, spielte Magdeburg eine besondere Rolle. Als westlichster Punkt seines gesicherten Reiches war Magdeburg gleichzeitig ein wichtiger Handelsplatz. Die Elbe hatte hier eine Furt, sodass auch ein großes Heer den Fluss leicht durchqueren konnte.

Nach dem Sieg über die Ungarn 955 gab Otto I. den Auftrag, in Magdeburg einen Dom zu errichten. 968 konnte er die Gründung des Erzbistums Magdeburg durchsetzen. Damit wurde die Stadt an der Elbe zu einem wichtigen Ausgangspunkt seiner Eroberungspolitik nach Osten.

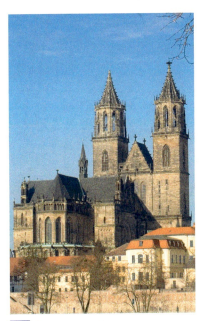

M3 Magdeburger Dom

> **Q3** Aus der von Otto I. ausgestellten Gründungsurkunde des Erzbistums:
>
> Dass wir in Magdeburg einen erzbischöflichen Sitz zu errichten wünschen, ist [...] bereits bekannt, und da wir jetzt die Zeit als dafür geeignet erachten, haben wir nach Einholung des Rates unseres hochverehrten Erzbischofs [...] den ehrwürdigen Bischof Adalbert, der einst zum Missionar der Russen ernannt und entsandt war, als Erzbischof [...] einzusetzen und zu erwählen beschlossen für alles slawische Volk jenseits von Elbe und Saale, ob es bereits zu Gott geführt ist oder noch zu ihm geleitet werden muss.

Die Slawen wehren sich

Im Jahr 983 nutzten slawische Stämme den langen Aufenthalt Ottos in Italien aus. Sie schlossen sich zusammen und kämpften gegen die ottonischen Herrscher. Ihr Aufstand war erfolgreich und sie konnten große Gebiete zurückerobern und zu ihrem traditionellen Glauben zurückkehren.

> **Q4** Widukind von Corvey beschrieb den Kampfeswillen der Slawen:
>
> Nichtsdestoweniger zogen die Slawen den Krieg dem Frieden vor; indem sie alles Elend der teuren Freiheit gegenüber gering achteten.
> Es ist nämlich dieser Menschenschlag hart und scheut keine Anstrengung. Gewöhnt an die dürftigste Nahrung, halten die Slawen für eine Lust, was den unseren als schwere Last erscheint. Wahrlich viele Tage gingen dahin, während auf beiden Seiten verschieden gekämpft wurde, hier für Kriegsruhm und Ausbreitung der Herrschaft, dort für Freiheit oder schlimmste Versklavung.

ARBEITSAUFTRÄGE

1. Nenne Gründe für die Eroberungspolitik der Ottonen.
2. Charakterisiere die slawischen Stämme. HILFE
3. a) Beschreibe mithilfe von M1 die Darstellung eines slawischen Gottes.
   b) Zeichne die in Q1 beschriebene Statue.
4. Stelle den Ausbau des ottonischen Reiches in einem Sachtext aus der Sicht der Eroberer oder aus Sicht der Slawen dar. Partnervortrag
5. I Nenne Gründe, warum Gero die Anführer der Slawen töten ließ (Q2).
   II Erkläre, warum die Slawen sich gegen Otto wehrten (Q2, Q4).
   III Begründe Widukinds Verständnis für den Widerstand der Slawen.

Landesentwicklung nach Osten

Eroberung, Ostkolonisation oder Landesausbau?

Neben der Eroberung und oft auch der gewaltsamen Missionierung der slawischen Siedlungsgebiete siedelten sich bis ins 14. Jahrhundert auch auf friedliche Weise Menschen in den Ostgebieten an. So riefen slawische Fürsten deutsche Siedler in ihr Land, um die dichten Wälder zu roden, Sumpfgebiete trockenzulegen und neue Dörfer zu gründen. Dazu reisten Beauftragte der Landesfürsten in den deutschen Gebieten herum und holten deutsche Bauern und Handwerker von überall her in die slawischen Gebiete. Diese Beauftragten erhielten für die Anwerbung von Bauern und Handwerkern einen größeren Landanteil. Sie übernahmen zusätzlich auch das Richter- und Verwaltungsamt in den neu gegründeten Dörfern. In den neu besiedelten Gebieten setzten sich über die Zeit immer stärker die deutsche Sprache, die christliche Religion und das Stadtrecht nach deutschem Vorbild durch.

M1 Deutsche Siedlungsgebiete in Mitteleuropa vom 8. bis 14. Jahrhundert

Dörfer und Städte im deutschen Osten

Im Zuge der Ostsiedlung konnte die Landwirtschaft in den neu kultivierten Gebieten intensiviert werden. Ehemalige Wälder wurden gerodet, Sümpfe trockengelegt und aus herrenlosem Land entstand bewirtschafteter Besitz. Die Einführung neuer landwirtschaftlicher Methoden steigerte die Erträge. Dadurch konnten sich weitere Menschen in den Gebieten ansiedeln und die Bevölkerung wuchs stetig an.

> **Q1** Über die Gründung eines Dorfes bei Stettin berichtet eine Urkunde:
>
> Wir, Ritter Gerbord von Köthen, geben bekannt, dass wir [...] dem Johannes Calbe, Konrad von Welpe und seinem Schwager [...] einen Hagen [Wald] mit Namen Halteshagen [...] zur Besiedlung als Besitz überlassen haben. Wir machen zur Bedingung, dass alle [...] Ansässigen, die dort Ackerland urbar machen und bestellen, von jeder Hufe einen Schilling und den Fruchtzehnten von den am Hagen liegenden Äckern geben. Von den Sach- und Geldeinkünften fällt die Hälfte an mich, die andere an die drei Besitzer [...]. Als besondere Freiheit sichern wir [...] zu: Wer sich im Hagen ansiedeln will, kann dies ungehindert tun und darf [...] Bier brauen und schenken sowie zum Verkauf Brot backen und Fleisch einschlachten. Ab Martini gewähren wir den Siedlern 10 Freijahre. In diesem Zeitraum bleiben sie Dienst, Zehnt und Zins ledig.

M2 Rechts: Der Grundherr übergibt seinem Verpächter den Leihbrief für das zu besiedelnde Land. Links: Die Siedler roden bereits das Land und errichten darauf ein Haus. (Illustrationen aus dem Sachsenspiegel, 13. Jh.)

ARBEITSAUFTRÄGE

1. Nenne Gründe für den Landesausbau nach Osten.
2. a) Werte die Karte M1 aus und erläutere den Verlauf des mittelalterlichen Landesausbaus.
   b) Zähle heutige Länder auf, in denen Deutsche siedelten.
   c) Arbeite heraus, wann deine Heimatregion von Deutschen besiedelt wurde.
   d) Sammle Ortsnamen deiner Heimatregion, die auf die Ostsiedlungen zurückzuführen sind. HILFE
3. Erkläre Rechte und Pflichten der Beauftragten der Landesfürsten.
4. Beschreibe, welche Rechte und Pflichten die Bauern hatten, die in einem Dorf auf slawischen Gebieten siedeln wollten.
   Think – Pair – Share

Regionalgeschichte

Ibrahim Ibn Jakub: Gesandter aus dem damals muslimisch geprägten Katalonien im heutigen Spanien, der in der zweiten Hälfte des 10. Jahrhunderts Mitteleuropa bereiste.

Wenden: lat. Venedi, allgemeine, alte deutsche Bezeichnung für alle Slawen. Gleichfalls können oft auch nur die Westslawen (Elbslawen) gemeint sein, die ab dem 7. Jahrhundert große Teile des deutschen Ostseeraums besiedelten.

Ursprünge von Mecklenburg und Pommern

„Ein Land aus Wiesen, Dickicht und Morast"

Mit genau diesen Worten beschrieb vor mehr als tausend Jahren Ibrahim Ibn Jakub den Herrschaftsbereich der obotritischen Fürsten, die zu dieser Zeit über große Teile Mecklenburgs und Holsteins herrschten.

Das heutige Bundesland Mecklenburg-Vorpommern bildet historisch gesehen erst seit dem Jahr 1990 (sowie zuvor kurz von 1947 bis 1952) eine staatliche Einheit.

Während im Frühmittelalter noch germanische Stämme zwischen Niederelbe, Saale und Oder gesiedelt hatten, drangen dorthin um 600 zunehmend slawische Völker (die Wenden) vor. Im Westen Mecklenburgs ließen sich die Obotriten (Abodriten) nieder. Im Gegensatz zu den Obotriten in Mecklenburg konnten die slawischen Stämme in Pommern (Liutizen, Wilzen und Pomoranen) keine territoriale Herrschaft errichten. Die in Pommern siedelnden Slawen wurden schließlich vom ersten polnischen König Boleslaw I. (967–1025) unterworfen.

Die Obotriten dagegen konnten längere Zeit die Vorstöße deutscher Fürsten immer wieder abwehren. Im Jahr 1160 rückte schließlich Heinrich der Löwe (1129–1195) mit einem Heer in Mecklenburg ein. In einer erbittert geführten Auseinandersetzung schlug dieser den Obotritenfürst Niklot (1090–1160), der selbst im Kampf in der Nähe der Burg Werle starb. Mit diesem Sieg war in der historischen Rückschau Mecklenburg endgültig an das mittelalterliche deutsche Reich angebunden.

Mit der Eroberung durch christliche Herrscher setzte in Mecklenburg und Pommern jeweils auch die nachhaltige Christianisierung der heidnischen slawischen Stämme ein.

Sowohl das Herrschergeschlecht der mecklenburgischen Herzöge (Obodriten) als auch das der pommerschen Herzöge (des Greifengeschlechts) stammten von slawischen Fürsten ab. Bis heute lassen die Endungen (z. B. auf -ow, -itz, -nitz, -witz, -in) vieler Ortsnamen in Mecklenburg-Vorpommern auf slawischen Ursprung schließen.

M1 Reiterstandbild des Obotritenfürsten Niklot am Schweriner Schloss

> **Q1** Über die Herkunft des Namens Mecklenburg:
>
> Mecklenburg hieß vor alters Miklinborg und lag an der Landstraße, welche von Schwerin nach Wismar gehet, woselbst auch noch jetzo das Amt Mecklenburg nebst den Spuren eines gewaltigen Turms [...] Mikil aber hieß vor alters bei den Deutschen, wie noch jetzt bei den Isländern, groß. Es ist also Mecklenburg nichts anders als die große Burg. Daher auch Bremensis Helmoldus und andere, welche nach Caroli Magni Zeiten bis ins 14. Jahrhundert davon geschrieben, sie Michelenburg und Magnopolis nennen. Doch ist der Name Megapolis auch schon wenigstens zu Rom im 12. Jahrhundert bekannt gewesen, wie man aus des Papstes Bulla von Anno 1177 ersiehet und die folgenden Zeiten gegeben werden. Doch ist auch dieses nach der griechischen Sprachkunst nicht so richtig, als wenn es Megalopolis hieße.

Herrschaft und Teilhabe

M2 Mecklenburg 1229–1520. Die Herrschaft Mecklenburg und ihre Erwerbungen vom 13. bis ins 16. Jh.

M3 Pommern 1295–1478

ARBEITSAUFTRÄGE

1. Übertrage den Inhalt der Quelle Q1 in einen heute gültigen Wortlaut.
2. Beschreibe mit knappen Worten die Entwicklung von Mecklenburg und Pommern.
3. Suche nach Ortsnamen in deiner Umgebung, die slawischen Ursprung verraten. Erforsche diese nach Möglichkeit näher.
4. Setze dich unter Nutzung der Karten M2 und M3 mit der Geschichte unseres Bundeslandes bis in das 21. Jahrhundert auseinander.

Die mittelalterliche Ordung

M1 Lüneburg mit seinen Kirchen (Stadtansicht von 1444)

Jeder an seinem Platz

Der christliche Glaube

Im Mittelalter waren die Menschen in Europa sehr religiös. Ob Könige oder Bauern, Ritter oder Bürger: Alle waren Christen. Nur in manchen Städten lebte eine kleine jüdische Minderheit.

Die Christen im Mittelalter waren davon überzeugt, dass ihre Seele nach ihrem Tod im Jenseits weiterlebt. Sie glaubten auch, dass man dort für seine guten Taten belohnt und für seine schlechten Taten bestraft wird. Der Himmel wartete auf diejenigen, die nach Gottes Geboten gelebt hatten. Wer schwer gesündigt hatte, kam in die Hölle. Da der Tod im Mittelalter durch Krankheiten, Hunger und Kriege jederzeit drohte, bemühten sich die Menschen um ein gottgefälliges Leben. Die Aufgabe der Kirche war es, die Menschen dabei zu unterstützen. Dies nannte man Seelsorge. Der Priester einer Gemeinde war der wichtigste Geistliche für die einfachen Menschen. Er übernahm die Seelsorge und gewährte den Menschen Trost und Hilfe. Er war zudem für Taufen, Hochzeiten und Beerdigungen zuständig. Die Kirche war in Dörfern und Städten stets das höchste Gebäude und damit ein weithin sichtbares Zeichen der allgemeinen Frömmigkeit.

Pilger: eine Person, die aus religiösen Gründen zu einem bestimmten Ort oder einer heiligen Stätte reist

Macht und Einfluss der Kirche

Zu den guten Taten gehörten nach damaliger Überzeugung auch Spenden für die Kirche. Deshalb wurde die Kirche im Mittelalter sehr reich. Manche Geistliche gehörten zu den mächtigsten Grundherren. Sie verlangten auch Dienste und Abgaben von den Bauern. Im Lauf der Jahrhunderte war die Kirche zu einer mächtigen Einrichtung geworden, die auch auf die Politik Einfluss nahm. Der Papst in Rom, das Oberhaupt aller Christen in Europa, war zeitweise sogar mächtiger als Könige und Kaiser.

Pilgerfahrten

Als besondere Form frommer Taten galten die Wallfahrten. Dies waren Fußwanderungen zu heiligen Stätten, die meist sehr beschwerlich und oft auch gefährlich waren. Die Pilger hofften zum Beispiel, dass sie durch die Reise von einer Krankheit geheilt oder dass ihnen ihre Sünden vergeben würden. Andere begaben sich allein aus Frömmigkeit auf eine Pilgerfahrt. Die bedeutendsten Wallfahrtsorte waren Jerusalem, Rom und das spanische Santiago de Compostela.

M2 Pilgerstraßen in Europa

Weltdeutung und Religion

Die Ständeordnung

Die Menschen im Mittelalter lebten in einer festgefügten Ordnung, die vor allem durch den christlichen Glauben bestimmt war. Die Religion beeinflusste im Mittelalter alles Tun und Handeln, den Alltag der Untertanen wie der Mächtigen.

An der Spitze der Gesellschaft stand der König oder der Kaiser. Er war der höchste Richter, erließ Gesetze und konnte entscheiden, ob Krieg oder Frieden sein sollte. Im Mittelalter gehörte jeder Mensch einem Stand an. Es gab drei Stände: Geistliche, Adlige sowie Stadtbewohner und Bauern. Wer in einer Bauernfamilie geboren wurde, konnte nicht in einen höheren Stand aufsteigen. Die Menschen gehörten von ihrer Geburt bis zu ihrem Tod zu einem Stand. Die Kirche lehrte, dass dies von Gott gewollt sei. Die einzige Möglichkeit, den Stand zu wechseln, war der Eintritt in ein Kloster.

M3 Die drei Stände. Holzschnitt von 1492. Übersetzung der lateinischen Bildinschrift:
Tu supplex ora – Du bete demütig.
Tu protege – Du schütze.
Tuque labora – Und du arbeite.

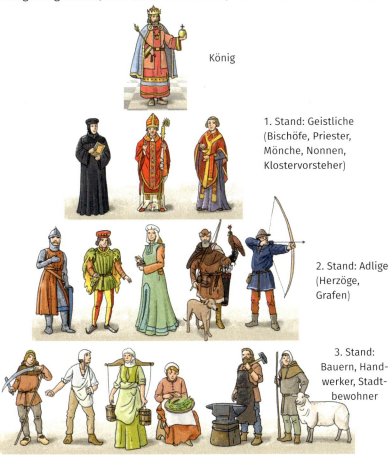

König

1. Stand: Geistliche (Bischöfe, Priester, Mönche, Nonnen, Klostervorsteher)

2. Stand: Adlige (Herzöge, Grafen)

3. Stand: Bauern, Handwerker, Stadtbewohner

M4 Die Ständegesellschaft im Mittelalter

Q1 Der Bischof von Laon zur Ständeordnung (1016):

Das Haus Gottes ist dreigeteilt: Die einen beten, die anderen kämpfen, die Dritten endlich arbeiten. Diese drei [...] können nicht getrennt werden. Die Dienste des einen sind die Bedingung für die Werke der beiden anderen.
Jeder trachtet danach, das Ganze zu unterstützen.

ARBEITSAUFTRÄGE

1. I Erkläre mithilfe von M1, woran du erkennst, dass die Religion im Mittelalter eine große Bedeutung hatte.
   II Arbeite mithilfe von M1 und dem Text die Bedeutung der Religion im Mittelalter heraus.
2. a) Nenne die Bevölkerungsgruppen der Stände im Mittelalter (M4).
   b) Erkläre die besondere Stellung des Königs in der Ständeordnung.
3. Beschreibe mithilfe von M3 und Q1 die Aufgaben der einzelnen Stände in der mittelalterlichen Gesellschaft. 🚏 Bushaltestelle

Digital+
Interaktives Arbeitsblatt zur Ständegesellschaft
WES-142805-103

Hörszene zu Pilgern im Mittelalter
WES-142805-104

Das Lehnswesen

Amt und Land gegen Dienste

Im Mittelalter regierte der König sein Reich nicht allein. Es bestand aus mehreren Landesteilen, die zum Beispiel von Herzögen oder Bischöfen regiert wurden. Das Land und das Amt als Landesherr wurden ihnen vom König übertragen. Sie waren von da an die Vasallen des Königs, und er verlangte von ihnen Treue und bestimmte Dienste. Hierzu zählte in Zeiten des Krieges der Dienst als Heerführer. In Friedenszeiten dienten die Vasallen dem König beispielsweise als Ratgeber. Aber auch der König war seinen Vasallen zur Treue verpflichtet. Gerieten sie zum Beispiel in einen Konflikt, musste er ihnen helfen.

Sowohl das Land als auch das Amt waren nur eine Leihgabe des Königs. Sie wurden daher Lehen genannt. War ein Vasall dem König nicht treu oder verweigerte er die Dienste, konnte der König dem Vasallen das Lehen wieder wegnehmen und an jemand anderen vergeben.

Die Vergabe des Lehens erfolgte nach strengen Regeln und mit symbolischen Handlungen. So wurde dem Lehnsmann bei der feierlichen Übergabe ein Gegenstand überreicht. Diesen behielt der Vasall so lange, bis das Lehen zurück an den König fiel.

Heerführer: der Befehlshaber eines Heeres, das heißt einer großen Anzahl von Soldaten

Lehen: Das Wort „Lehen" ist mit unserem heutigen Wort „leihen" verwandt.

Heute ist ein besonderer Tag. König Heinrich wird den Adligen Bernhard von Ebensbach zum Herzog ernennen. Zu diesem Fest sind viele bedeutende Gäste gekommen. Sie sollen Zeugen sein, wie Bernhard das Herzogtum übertragen wird.
Gleich zu Beginn der Feierlichkeiten setzt sich König Heinrich auf seinen Thron. Bernhard kniet vor ihm nieder. Heinrich stellt ihm eine Frage: „Willst du von nun an mein Gefolgsmann sein?" Bernhard antwortet: „Ja, das will ich!" Nun umschließt Heinrich die Hände von Bernhard. Dann wendet sich Bernhard an den König: „Ich verspreche dir, dass ich dir ein treuer Gefolgsmann sein werde. Ich werde dich nicht betrügen und dir immer ein ehrlicher Berater sein."
Heinrich antwortet ihm: „So nehme ich dich als Gefolgsmann an."
Zum Schluss gibt Bernhard ein Treueversprechen vor Gott ab. Er sagt: „Ich schwöre bei Gott, meinem Herrn, dem König, treu zu sein und mich um das Land zu kümmern, das ich als Herzogtum erhalten habe." Dann übergibt Heinrich an Bernhard eine Fahne. Sie ist ein Zeichen für das Herzogtum, für das Bernhard von nun an verantwortlich ist.

M1 Bernhard von Ebensbach wird Herzog (Geschichtserzählung mit mittelalterlichen Buchmalereien)

Herrschaft und Teilhabe

Kronvasallen und Untervasallen

Die Vasallen, die ihr Lehen direkt vom König erhielten, waren Kronvasallen. Sie teilten ihr Lehen wiederum in kleinere Lehen auf und gaben sie an Untervasallen. Damit wurde der Kronvasall selbst zum Lehnsherrn. Seine Untervasallen konnten zum Beispiel Ritter oder Äbte sein.

Auch bei diesem Lehnsverhältnis schworen sich beide Seiten gegenseitige Treue. Ebenso konnte der Lehnsherr einem untreuen Vasallen das überlassene Land wieder wegnehmen und neu vergeben.

Abt: Leiter eines Klosters

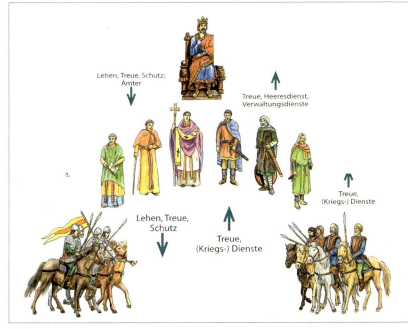

König
oberster Lehnsherr, verleiht Land und Ämter

Kronvasallen
verleihen Land und Ämter an Untervasallen

Untervasallen

M2 Das Lehnswesen

Das Lehen und die unfreien Bauern

Zu den Lehen gehörten immer auch unfreie Bauern, die dort lebten. Sie waren Bestandteil des Lehens und somit Besitz des jeweiligen Herrn. Ihre Aufgabe war es beispielsweise, das Land des Herrn zu bewirtschaften und seinen Hof mit Nahrungsmitteln zu versorgen. Erst durch diese Versorgung war es dem jeweiligen Herrn möglich, sich um seine Aufgaben als Herzog, Ritter oder Abt zu kümmern.

ARBEITSAUFTRÄGE

1. Erkläre mithilfe des Schaubildes M2 das Lehnswesen.
   Think – Pair – Share
2. Nenne den Unterschied zwischen Kronvasall und Untervasall.
3. Begründe, warum die unfreien Bauern für das Lehnswesen wichtig waren.
4. Diskutiert die Vor- und die Nachteile des Lehnswesens. Kugellager
5. Führt mithilfe von M1 ein Rollenspiel durch.
   a) Verteilt die Rollen: Wer ist Heinrich? Wer ist Bernhard?
   b) Übt eure Rolle ein.
   c) Spielt die Szene vor.
   d) Besprecht, wie die Szene auf die Zuschauer gewirkt hat.
   e) Beschreibt, wie ihr euch in eurer Rolle gefühlt habt.

Digital+
Hörszene über die Vergabe eines Lehens
 WES-142805-105

Methode

Historische Bilder zum Sprechen bringen

Bilder erzählen eine Geschichte

Bilder als Quellen berichten über die Vergangenheit. Sie zeigen, wie der Künstler eine bestimmte Situation zu einem konkreten vergangenen Zeitpunkt gesehen oder erlebt hat.

Der Betrachter kann so Informationen über das Leben der Menschen in der dargestellten Zeit gewinnen, um selbst eine Geschichte zu erzählen. Herrscherbilder spiegeln das Selbstverständnis der Kaiser und Könige des Mittelalters wider. Aus ihnen lassen sich Informationen über die Sicht der Zeitgenossen auf die mittelalterliche Ordnung herauslesen.

Schritte, um Informationen aus Bildern zu gewinnen

1. Beschreibe das Bild als Ganzes.
2. Teile das Bild in einzelne Szenen ein und beschreibe diese genau.
3. Sammle weitere Informationen zum Thema des Bildes.
4. Vergleiche diese Informationen mit der Darstellung des Bildes.
5. Informiere dich über die Entstehungszeit des Bildes.
6. Überprüfe, ob der Künstler ein Zeitgenosse der dargestellten Zeit war.
7. Formuliere ein Thema für die Geschichte zum Bild.
8. Verbinde die Beschreibung der einzelnen Bildszenen zu einer Geschichte.

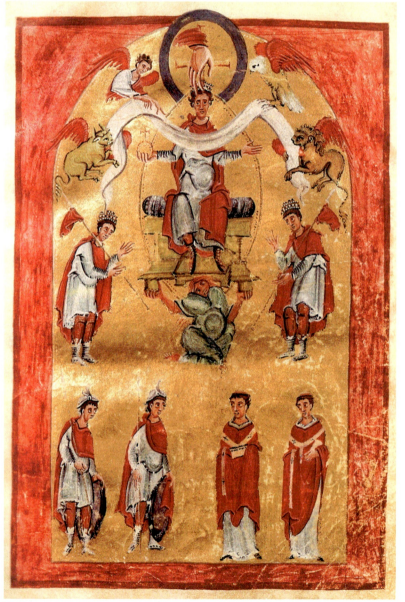

Otto III.: (980–1002), römisch-deutscher König (ab 983) und Kaiser (ab 996) aus der Familie der Ottonen

M1 Thronbild Otto III. aus dem Liuthar-Evangeliar, einer um das Jahr 1000 in einem Kloster auf der Bodenseeinsel Reichenau entstandenen Handschrift mit prachtvollen Buchmalereien.

Weltdeutung und Religion 33

Buchmalereien und Evangeliare

Typische Bildquellen aus dem Mittelalter sind Buchmalereien. Da Bücher nicht gedruckt, sondern abgeschrieben wurden, mussten auch alle Bilder von Hand gemalt werden. Diese Arbeit wurde vor allem von Mönchen in Klöstern ausgeführt und war sehr aufwendig.

Besonders prachtvolle Bildmalereien finden sich in Evangeliaren. Das sind handgeschriebene Ausgaben der vier Evangelien aus dem Neuen Testament der Bibel. Einige dieser Bücher wurden von Königen und Kaisern in Auftrag gegeben. Für besonders aufwendige Evangeliare benötigten die Mönche teilweise mehrere Jahre.

Musterlösung zum M1

1. Im Zentrum des Bildes sitzt ein Mann auf einem Thron, darum sind weitere Personen und Fabelwesen gruppiert. Die Farben Gold, Rot und Weiß sind bestimmend. Das Bild wirkt sehr prachtvoll.
2. In der oberen Szene wird ein Mann durch eine direkt von oben kommende Hand gekrönt. Geflügelte Fabelwesen halten eine Art Fahne vor ihn hin. Im mittleren Bildteil verneigen sich zwei Könige (Kronen) vor dem Thron, der von einer zusammengekauerten Person getragen wird. Unten stehen vier Personen: zwei mit Lanze, Helm und Schild; zwei mit Schreibgeräten.
3. Die Herrscher des Mittelalters verstanden sich als von Gott auserwählt.
4. Durch die von oben, also direkt aus dem Himmel kommende Hand mit der Krone kommt dieser Anspruch im Bild zum Ausdruck.
5. Um das Jahr 1000.
6. Der Mönch Liuthar war ein Zeitgenosse Otto III.
7. Ein von Gott gekrönter Herrscher.
8. Otto III. ist ein von Gott auserwählter Herrscher. Andere Könige verneigen sich vor ihm. Er herrscht in Gottes Auftrag über die Welt. Er steht weit über allen übrigen Menschen.

M2 Christus krönt Heinrich II. und Königin Kunigunde. Aus dem Evangeliar Heinrich II., um 1010, Insel Reichenau, Künstler unbekannt (eventuell ebenfalls Liuthar)

ARBEITSAUFTRÄGE

1 Erzähle mithilfe der Schritte von Seite 32 eine Geschichte zu dem Bild M2
   Partnervortrag

Heinrich II.: (978–1024), römisch-deutscher König (ab 1002) und Kaiser (ab 1014) aus der Familie der Ottonen

Königsmacht im Wandel

M1 Konrad II. (rechts) mit seinen Nachfolgern, oben sein Sohn Heinrich (mittelalterliche Handschift, 12. Jahrhundert)

M2 Die sogenannte Heinrichskrone aus dem 12. Jahrhundert (Replikat)

König kann nicht jeder werden

Natürlich konnte im Mittelalter nicht jeder König werden. Dazu musste der geeignete Kandidat einer besonderen Familie angehören. Noch unter Karl dem Großen wurde der Titel eines Königs vererbt. Nach der Teilung des Frankenreichs setzte sich diese Regelung in dem von den Ottonen beherrschten Ostteil durch.

Als 1024 Heinrich II. aus der Familie der Ottonen starb, entstand ein Problem: Da er keine Kinder hatte, konnte die Königsherrschaft nicht an seinen Sohn vererbt werden. Daher stimmten die mächtigsten Fürsten des Reiches über einen Nachfolger ab. Die Wahl fiel auf Konrad II. aus der Familie der Salier.

Konrad II. wollte seine Nachfolge sichern und bestimmte seinen Sohn Heinrich zum Erben. Dafür holte er sich die Zustimmung der mächtigsten Fürsten ein. Ähnlich verfuhren auch die folgenden Herrscher, zum Beispiel indem sie den gewünschten Nachfolger bereits zu ihren Lebzeiten zum Mitkönig wählen ließen.

Das Wahlkönigtum setzt sich durch

Neben der Erbfolge hatte sich somit das Prinzip der Wahl des Königs mit der Zeit immer mehr verfestigt. Zu einer echten Wahl mit mehreren Kandidaten kam es jedoch nur, wenn eine Herrscherfamilie ausstarb, es also keinen männlichen Verwandten mehr gab, der die Nachfolge des Königs antreten konnte. So geschah es nach dem Tod des letzten Saliers Heinrich V. im Jahr 1125. Erst 1140 setzte sich mit den Staufern eine neue Familie durch, die über mehrere Generationen Könige stellte. Nach dem Tod des letzten Stauferherrschers Friedrich II. 1250 konnte sich zunächst kein neuer Anwärter durchsetzen. Diese königslose Zeit endete erst 1272 mit der Wahl Rudolfs von Habsburg. Das Wahlkönigtum hatte sich nun endgültig durchgesetzt.

Wer wählt den König?

Doch wer durfte den König „küren", also wählen? Die Königswähler waren die mächtigsten Fürsten des Reichs. Wer zu den „Kurfürsten" gehörte und wie die Wahl abzulaufen hatte, war jedoch lange nicht genau geregelt. Das führte immer wieder dazu, dass die Wahl nicht von allen anerkannt wurde und es zum Teil zu langwierigen gewaltsamen Konflikten über die Thronfolge kam.

Herrschaft und Teilhabe

Die Goldene Bulle

Im Jahre 1356 gelang es Karl IV., die Königswahl endgültig zu regeln. Mit der sogenannten „Goldenen Bulle", einem in Urkundenform verfassten Gesetzbuch, wurden fortan die Regeln für die Wahl und die Krönung des Königs durch die Kurfürsten festgeschrieben.

Die Wahl erfolgte durch sieben Kurfürsten. Durch die ungerade Anzahl wurde sichergestellt, dass es kein Patt, also ein Unentschieden zwischen zwei Kandidaten, geben konnte. Als Kurfürsten wurden die Erzbischöfe von Köln, Mainz und Trier sowie der Pfalzgraf, der König von Böhmen, der Herzog von Sachsen und der Markgraf von Brandenburg festgelegt. Die Anwesenheit von mindestens vier Kurfürsten für eine gültige Wahl eines Königs in Frankfurt am Main war vorgeschrieben. In der Tradition Karls des Großen wurde Aachen als die Krönungsstätte festgelegt.

M4 Karl IV. und die Kurfürsten (Darstellung aus einem Wappenbuch von 1370)

M3 Die Goldene Bulle aus dem Jahr 1356: Das goldene Siegel soll die Wichtigkeit des Gesetzes betonen und gab der Urkunde den Namen.

Veränderte Rolle des Königs

Durch die Durchsetzung und Regelung des Wahlkönigtums veränderte sich aber auch die Rolle des Herrschers in der mittelalterlichen Ordnung. Die Könige hatten sich zunächst als auserwählte Herrscher betrachtet, die von Gott an die Spitze des Reichs gestellt wurden. Durch die Wahl verlor der König zusehends diese Sonderstellung. Die Macht der Fürsten wurde größer, die des Königs schwand.

ARBEITSAUFTRÄGE

1. Arbeite heraus, wie die Nachfolge des Königs zur Zeit der Ottonen geregelt war.
2. Beschreibe, wie die Herrscher aus der Familie der Salier ihre Nachfolge regelten.
3. Fasse den allmählichen Übergang vom Erb- zum Wahlkönigtum zusammen.
4. Begründe, warum die Königswahl immer wieder gewaltsame Konflikte zur Folge hatte.
5. Erkläre den Begriff „Kurfürst".
6. I Arbeite den Zweck der Goldenen Bulle heraus.
   II Fasse die wesentlichen Regelungen der Goldenen Bulle zusammen.
   III Nimm Stellung zu den Regelungen der Goldenen Bulle.
7. a) Vergleiche die Darstellung des Königs im M4 mit der auf Seite 32.
   b) Bewerte die veränderte Rolle des Königs.

Die Kreuzzüge

Gläubige gegen Gläubige

Krieg im Auftrag der Kirche

Für alle drei Religionen war Jerusalem ein Ort prägender Ereignisse ihres Glaubens: Für die Christen, weil Jesus in der Nähe Jerusalems geboren und auferstanden sei. Für die Juden, weil es den geografischen Mittelpunkt ihres Glaubens bildete. Sie glaubten, dass dort der Tempel von König Salomon gestanden hat. Für die Muslime, weil von dort Mohammed in den Himmel aufgefahren sein soll. Für die drei Religionen war Jerusalem damit eine heilige Stadt und das Ziel vieler Pilger.

638 n. Chr. besetzten arabische Muslime Jerusalem. Dennoch blieb die Stadt für Pilger anderer Religionen offen. Diese Situation änderte sich grundlegend im 11. Jahrhundert. Die Seldschuken, ein türkisches Reitervolk, vertrieben die Araber aus Jerusalem und behinderten gewaltsam christliche Wallfahrten zu den heiligen Stätten. Als Papst Urban II. 1095 von dieser Entwicklung erfuhr, hielt er auf einer Versammlung von Kirchenvertretern in Clermont in Frankreich eine Rede.

Q1 Papst Urban II. rief 1095 zum Kreuzzug auf:

Von Jerusalem […] kommt schlimme Nachricht zu uns. Die Seldschuken, ein fremdländisches und gottloses Volk, sind in das Land der Christen eingedrungen und haben es mit Schwert, durch Plünderungen und Brandstiftungen verwüstet. […] Unerschrockene Ritter, Nachkommen unbesiegter Vorfahren, gedenkt der Tapferkeit eurer Väter. […] Geht hin zum heiligen Grabe, nehmt das Land den verruchten Heiden ab und macht es zu eurem eigenen – jenes Land, von dem die Schrift sagt, dass Milch und Honig dort fließt. Beschreitet den Weg, der zur Vergebung eurer Sünden führt, des unvergänglichen Ruhmes seid ihr gewiss.

M1 Papst Urban II. ruft im Jahr 1095 zum Kreuzzug auf. (Holzschnitt, 1482)

M2 Ein Prediger führt Kreuzfahrer. (Buchmalerei, 14. Jh.)

Konflikte und Konfliktlösungen

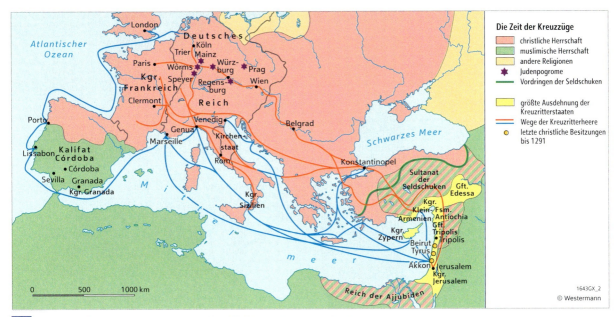

M3 Europa und der Mittelmeerraum zur Zeit der Kreuzzüge (Ende des 12. Jh.)

Kreuzfahrer auf dem Weg in das Heilige Land

Tausende Menschen, Ritter und Bauern, in ganz Europa machten sich nach diesem Aufruf auf den Weg, um Jerusalem zu befreien. Zum Zeichen, dass sie einem Aufruf des christlichen Papstes folgten, nähten sie sich ein Kreuz auf ihre Kleidung. Die meisten Kreuzfahrer legten den beschwerlichen und gefahrvollen Weg nach Palästina zu Fuß zurück. Viele überstanden den Weg von Europa nicht. Sie starben an Hunger, Durst und unbekannten Krankheiten. Nur etwa ein Zehntel des christlichen Heeres erreichte nach drei Jahren endlich Jerusalem. Aber nicht alle Kreuzfahrer verfolgten christliche Ziele, viele waren Abenteurer, die Kriegsbeute machen wollten.

Die Verfolgung der Juden

Unter den mittelalterlichen Christen war die Ansicht weit verbreitet, die Juden seien für den Tod von Jesus verantwortlich. Aus diesem Grund griffen die Kreuzfahrer Juden in mehreren Städten, durch die sie auf ihrer Reise zogen, an. Jüdische Wohngebäude wurden geplündert, Synagogen zerstört und Juden ermordet, die sich der christlichen Taufe verweigerten.

M4 Bauern in Frankreich brennen einen Turm nieder, in den sich 500 Juden geflüchtet haben. Der Zeichner stellt die Szene so dar, dass es scheint, als würden die Juden auf dem Turm einen nackten Knaben misshandeln. Damit ist das Jesuskind gemeint. (französische Buchmalerei, um 1375)

ARBEITSAUFTRÄGE

1. Keine der drei Religionen hat einen alleinigen Anspruch auf Jerusalem. Begründe.
2. Nenne mithilfe von Q1 die Gründe für den Aufruf und die Versprechungen, die der Papst machte.
3. Nimm Stellung zu dem Aufruf in Q1.
4. Werte die Karte M3 aus. HILFE
5. Manche Bildelemente in M4 sind wirklichkeitsnah, aber Juden haben keine nackten Knaben misshandelt. Diskutiert, warum der Zeichner die Szene in M4 so darstellte. Kugellager
6. Manche christliche Fürsten nahmen die Juden in ihrem Gebiet unter ihren persönlichen Schutz. Formuliere eine Begründung aus Sicht eines solchen Fürsten, warum du den Juden Schutz gewährst.

Digital+
Hörszene über die Kreuzritter
WES-142805-106

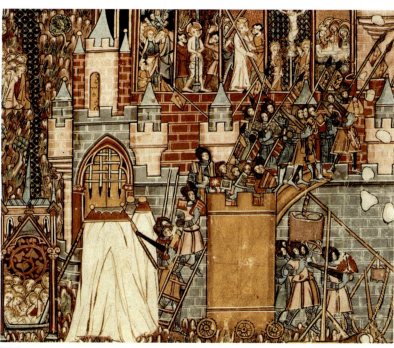

M1 Eroberung von Jerusalem durch die Kreuzfahrer am 15. Juli 1099 (franz. Buchmalerei, 14. Jh.). Die obere Bildhälfte stellt die Leidensgeschichte von Jesus dar.

Die Eroberung Jerusalems

Die Kreuzfahrer in Jerusalem

Im Jahr 1099 erreichte das Kreuzfahrerheer Jerusalem. Angeführt wurde es von Rittern aus Frankreich. Viele Kreuzfahrer waren schon während des langen Weges in verschiedenen Schlachten oder durch Krankheiten gestorben. Nach einer Belagerung, die mehrere Wochen dauerte, stürmten die verbliebenen Kreuzritter Jerusalem.

Die meisten Kreuzritter kehrten nach der Einnahme Jerusalems wieder in ihre Heimat zurück. Einige Anführer jedoch errichteten in den eroberten Gebieten eigene christliche Staaten und zur Verteidigung befestigte Burgen. Doch ohne Unterstützung aus Europa konnten sich diese neuen Staaten nicht lange halten. Nach insgesamt sieben Kreuzzügen fiel im Jahr 1291 der letzte Stützpunkt der Kreuzritter. Damit endete die Herrschaft der Christen in Palästina. Nach heutigen Schätzungen nahmen über eine Million Menschen an den Kreuzzügen teil.

M2 Eroberung Jerusalems (französische Buchmalerei, um 1250 aus der Chronik Wilhelm von Tyrus')

Sarazenen: Ursprünglich bezeichnete der Begriff einen Volksstamm auf der arabischen Halbinsel. Später nutzten die christlichen Kreuzfahrer diesen Begriff als Sammelbezeichnung für alle Muslime.

Q1 Ein Augenzeuge schilderte die Einnahme der Stadt:

In die Stadt eingedrungen, verfolgten unsere Pilger die Sarazenen. [...] Nachdem die Unsrigen die Heiden endlich zu Boden geschlagen hatten, ergriffen sie im Tempel eine große Zahl Männer und Frauen und töteten oder ließen leben, wie es ihnen gut schien. Bald durcheilten die Pilger die ganze Stadt und rafften Gold, Silber, Pferde und Maulesel an sich. [...] Niemand hat jemals von einem ähnlichen Blutbad unter dem heidnischen Volk gehört oder es gesehen. Scheiterhaufen gab es wie Ecksteine, und niemand außer Gott kennt ihre Zahl.

Konflikte und Konfliktlösungen

Die Kreuzfahrer errichten Staaten

Einige Kreuzfahrer ließen sich dauerhaft im Heiligen Land nieder. Neben Burgen errichteten sie kleinere Siedlungen und Bauernhöfe. Einheimische Christen und Muslime, die in den Kreuzfahrerstaaten geblieben waren, mussten für die Ritter das Land bebauen.

> **Q2** Der muslimische Geograf und Poet Ibn Jubair berichtete:
>
> [Ich kam] auf eine Straße, an der aufgereiht von Muslimen bewohnte Bauernhöfe liegen, deren Wohlstand unter der Frankenherrschaft unverkennbar ist. [...] Sie müssen die Hälfte ihrer Erträge zur Erntezeit abliefern und eine Kopfsteuer zahlen. Die Christen verlangen darüber hinaus nur noch eine geringe Fruchtsteuer [...]. Doch die Muslime sind in ihren Wohnstätten ihre eigenen Herren und können tun, was ihnen beliebt.

Franken: Weil die ersten Kreuzritter überwiegend aus Frankreich kamen, wurden die Kreuzfahrer allgemein als Franken bezeichnet.

Durch die Ansiedlungen der Kreuzritter wurde der wirtschaftliche und kulturelle Austausch zwischen dem christlichen Europa und den islamischen Staaten intensiver. Die in den fremden Ländern heimisch gewordenen Ritter nahmen außerdem häufig den Lebensstil ihrer arabischen Umgebung an. Die Begegnung mit den arabischen Sitten und der Kultur veränderte den Lebensstil der Ritter. Kostbare Stoffe, prächtige Teppiche, Porzellan und vieles mehr kamen so nach Europa.

M3 Kreuzfahrerburg Krak im heutigen Syrien, erbaut im 12. Jh.

ARBEITSAUFTRÄGE

1. a) Beschreibe mithilfe von M1 und Q1 die Eroberung Jerusalems.
   b) Nenne die Unterschiede in beiden Darstellungen.
2. a) Beurteile die Kreuzzüge aus Sicht eines zeitgenössischen Muslims und eines Christen.
   b) Bewerte die Kreuzzüge aus heutiger Sicht.
3. Beschreibe das Zusammenleben von Muslimen und Christen in den Kreuzfahrerstaaten. Nutze dazu Q2 und M3.
4. Ein christlicher Ritter und ein muslimischer Verwalter diskutieren über die Berechtigung der Errichtung von Kreuzfahrerstaaten. Schreibe einen Dialog. Partnervortrag

Digital+
Film über die Kreuzzüge
 WES-142805-107

M1 Kreuzfahrer schießen die abgeschlagenen Köpfe ihrer Feinde mit Katapulten über die Stadtmauer von Jerusalem. (Malerei, 13. Jh.)

Textquellen vergleichen

Bisher hast du erfahren, wie du einen Sachtext lesen und verstehen kannst und wie du eine Textquelle auswertest. Dabei wurde auch immer erwähnt, dass du verschiedene Quellen miteinander vergleichen sollst. Das ist wichtig, um ein genaueres und vollständigeres Bild der Ereignisse zu erhalten. Zu einem Thema gibt es häufig Textquellen, die das gleiche Ereignis unterschiedlich schildern. Diese unterschiedlichen Sichtweisen müssen zuerst einzeln ausgewertet werden. Zum Schluss musst du sie miteinander vergleichen. Erst wenn du weißt, warum es Unterschiede in den Sichtweisen gibt, kannst du dir ein genaueres Bild des Ereignisses machen.

Schritte zum Vergleichen von Textquellen

1. **Schritt: Textquellen einzeln lesen, verstehen und auswerten**
   - Um welche Art von Textquellen handelt es sich?
   - Wer sind die Verfasser der Quellen?
   - Was ist der Inhalt der Quellen? Über welches historische Ereignis wird berichtet?
   - Wie glaubwürdig ist die jeweilige Quelle?

2. **Schritt: Inhalte miteinander vergleichen**
   - Vergleiche die Antworten miteinander: Was ist gleich? Welche Unterschiede gibt es?

3. **Schritt: Informationen auswerten**
   - Ordne dein bisheriges Wissen zum Thema den neuen Informationen zu.
   - Erkläre, wie die Unterschiede in den Textquellen zustande gekommen sind: Was wollen die Autoren erreichen?
   - Halte mithilfe der Gemeinsamkeiten fest, was wirklich geschehen ist.

4. **Schritt: Ergebnis festhalten**
   - Schreibe eine Zusammenfassung.
   - Beziehe sowohl die Gemeinsamkeiten als auch die Unterschiede mit ein.
   - Begründe dein Ergebnis.

M2 Die Eroberung Jerusalems durch die Kreuzfahrer 1099 (Buchmalerei)

Konflikte und Konfliktlösungen

Blut und Elend

Den Kreuzzug nach Jerusalem sahen die Kreuzfahrer als heiligen Krieg an, der von der Kirche gefordert wurde und dem Wohle des Christentums diente. Da es galt, Jerusalem von den Muslimen zu befreien, waren die Kreuzritter der Überzeugung, dass alles im Kampf erlaubt sei.

Q1 Wilhelm von Tyrus schilderte weniger als hundert Jahre nach der Eroberung durch die Kreuzritter die Ereignisse:

Alle Feinde, die sie finden konnten, streckten sie mit der Schärfe des Schwertes nieder, ohne auf Alter oder Rang Rücksicht zu nehmen. Und es lagen überall so viele Erschlagene und solche Haufen abgehauener Köpfe umher, dass man keinen anderen Weg mehr finden konnte als über Leichen [...]. Der größte Teil der Bevölkerung hatte sich nach dem Tempelhof geflüchtet, weil dieser mit Türmen und Toren verwahrt war. Diese Flucht brachte den Leuten wahrlich keine Rettung. Sofort gingen auch die Fürsten nach dem Tempel. Sie drangen mit einer Menge von Reitern hinein und stießen, was sie dort fanden, mit den Schwertern nieder und erfüllten alles mit Blut. [...]
Andere gingen in die Häuser, wo sie die Familienväter mit Frauen und Kindern herausrissen und entweder mit den Schwertern durchbohrten oder von den Dächern herabstürzten, dass sie sich den Hals brachen.

Q2 Der arabische Geschichtsschreiber Ibn al-Atir, Zeitgenosse des Chronisten der Textquelle Q1, schilderte die Ereignisse ebenfalls:

Die Franken wandten sich also gegen Jerusalem [...] und hielten es nach ihrer Ankunft mehr als vierzig Tage lang eingeschlossen. [...]
Die Franken nahmen sie [...] morgens am Freitag [...]. Die Einwohner wurden ans Schwert geliefert, und die Franken blieben eine Woche in der Stadt, während deren sie die Einwohner mordeten. Eine Gruppe von diesen suchte Schutz in Davids Bethaus, verschanzte sich dort und leistete einige Tage Widerstand. Nachdem die Franken ihnen das Leben zugesichert hatten, ergaben sie sich; die Franken hielten den Vertrag [...]. In der Al-Aqsa-Moschee dagegen töteten die Franken mehr als siebzigtausend Muslime, unter ihnen viele Imame, Religionsgelehrte, Fromme und Asketen, die ihr Land verlassen hatten, um in frommer Zurückgezogenheit an diesem heiligen Ort zu leben. Aus dem Felsendom raubten die Franken mehr als vierzig Silberleuchter [...], außerdem von den kleineren Leuchtern einhundertundfünfzig silberne und mehr als zwanzig goldene, und andere unermessliche Beute.

ARBEITSAUFTRÄGE

1.
   I. Nenne einen Grund dafür, dass die Köpfe über die Mauer geschleudert wurden.
   II. Erkläre, warum die Kreuzfahrer Köpfe über die Mauern schleuderten.
   III. Begründe, welche Wirkung die Köpfe, die über die Mauern geschleudert wurden, auf die Menschen in Jerusalem hatten.
2. Vergleiche mithilfe der Musterlösung Q1 und Q2 miteinander.

Musterlösung zum Vergleich von Q1 und Q2:

1. Schritt 1:
Beide Textquellen berichten über die Eroberung Jerusalems. Die Autoren waren keine Augenzeugen der Ereignisse. Die Quellen sind ungefähr 100 Jahre später entstanden. Ibn al-Atir schreibt aus der Sicht der Muslime, Wilhelm von Tyrus aus der Sicht der Kreuzfahrer. Die Quellen erscheinen trotzdem glaubwürdig, da sie inhaltlich sehr ähnlich sind.

2. Schritt 2:
In beiden Texten werden die Grausamkeiten geschildert, die die Kreuzfahrer bei der Eroberung Jerusalems begannen. Wilhelm von Tyrus rechtfertigt dies damit, dass es sich dabei ausschließlich um Feinde handelt. Ibn al-Atir schreibt aber, dass dabei viele friedliche Muslime, wie Pilger und Imame, ermordet wurden. Außerdem erzählt er, dass die Kreuzfahrer den Tempelschatz geraubt haben. Davon erwähnt Wilhelm von Tyrus nichts.

3. Schritt 3:
Wenn du noch nicht genug zu diesem Thema weißt, musst du dich zuerst in Büchern oder im Internet informieren.
Wilhelm von Tyrus möchte das Töten der Muslime rechtfertigen. Ibn al-Atir will aufzeigen, dass es die Kreuzfahrer vor allem auf den Tempelschatz abgesehen hatten.

4. Schritt 4:
Beide Textquellen beschreiben die Eroberung Jerusalems als sehr grausames Ereignis. Die Unterschiede in der Beschreibung kommen daher, dass die beiden Verfasser aus unterschiedlichen Blickwinkeln berichten.

Projekt

Wir entwerfen eine Medaille

Der Karlspreis in Aachen

Im Zweiten Weltkrieg war die Stadt Aachen sehr stark zerstört worden. Während des Krieges durften die Deutschen nicht alle Bücher lesen oder jede Musik hören. Bücher, Musik und Kunst wurden stark eingeschränkt. Die Menschen im Deutschen Reich sollten nur das lesen, hören und sehen, was der Staat ihnen erlaubte. Nach dem Zweiten Weltkrieg fanden sich mehrere Personen in Aachen zusammen und entwickelten die Idee für den Karlspreis. Sie wollten damit ein Zeichen für eine gemeinsame und friedliche Zukunft in Europa setzen. Da Karl der Große oft als „Vater Europas" bezeichnet wird und Aachen seine Lieblingspfalz war, wurde er zum Namensgeber des Karlspreises. Er setzte sich zu seiner Zeit dafür ein, Europa zu vereinen. Seit 1950 wird jedes Jahr am Himmelfahrtstag der Karlspreis in Aachen verliehen. Mit ihm werden Personen geehrt, die sich für den europäischen Gedanken einsetzen. Der Karlspreis gehört zu den wichtigsten europäischen Preisen. Seit 2008 wird der Europäische Karlspreis der Jugend an junge Menschen zwischen 16 und 30 Jahren für Projekte, die zur Entwicklung Europas beitragen, verliehen.

M1 Medaille des Karlspreises

Schritte für das Entwerfen einer Medaille

So geht ihr vor:

1. Nehmt ein Blatt goldenes Tonpapier.

2. Zeichnet mit eurem Zirkel einen Kreis mit einem Durchmesser von 10 cm.

3. Recherchiert zum Aussehen der Medaille des Karlspreises.

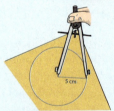

5. Entwerft für eure Idee eine eigene Medaille.

6. Zeichnet zuerst mit Bleistift.

7. Wenn euch eure Zeichnung gefällt, könnt ihr sie farbig gestalten.

8. Schneidet die fertige Medaille aus.

9. Bittet eure Lehrkraft, eure Medaille zu laminieren.

ARBEITSAUFTRÄGE

1. Recherchiere die Geschichte des Karlspreises.
2. a) Erstelle eine Tabelle mit den Preisträgern seit 1950.
   b) Schreibe in Stichpunkten dazu, wofür die Personen jeweils den Karlspreis bekommen haben.
3. Gestalte eine eigene Medaille.
4. Stellt euch eure Medaillen und eure Idee gegenseitig vor.
   Galeriegang

In Kürze

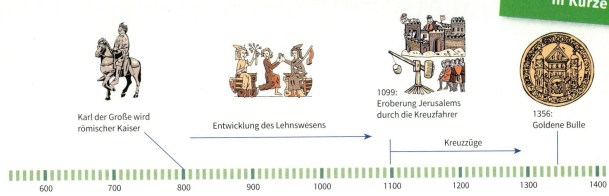

Herrschaft und Glaube im Mittelalter

Im 8. Jahrhundert vergrößerte Karl der Große durch Kriege das Frankenreich. Durch eine moderne Verwaltung sowie die Unterwerfung und Christianisierung der Sachsen festigte er seinen Machtanspruch und wurde im Jahr 800 zum römischen Kaiser gekrönt.

Als Sachsenherzog Heinrich I. 919 von den Stämmen des Ostfränkischen Reiches zum König gewählt wurde, begann mit ihm die Herrschaft der Ottonen, die als Könige und Kaiser an der Spitze des Reiches standen.

Zunächst erstreckte sich das ottonische Reich im Osten bis zur Elbe und Saale. Östlich dieser Flüsse siedelten Slawen. Da die ottonischen Kaiser sich auch als Wahrer und Verbreiter des Christentums sahen, begann unter Kaiser Otto I. die deutsche Besiedlung slawischer Gebiete und die Verbreitung des Christentums. Die 968 gegründete Mark Meißen war ein wichtiger Ausgangspunkt für den mittelalterlichen Landesausbau: die deutsche Besiedlung, Verwaltung und Beherrschung der eroberten wie auch der friedlich erschlossenen Gebiete im östlichen Mitteleuropa.

Nachdem die muslimischen Seldschuken das Heilige Land erobert hatten, rief Papst Urban II. zu einem Kreuzzug nach Jerusalem auf. Vom 11. bis 13. Jahrhundert zogen immer wieder Ritter aus Europa in das Heilige Land. Der Kontakt mit der hoch entwickelten Kultur des islamischen Orients hatte auf Europa vielfältige Einflüsse zur Folge.

WICHTIGE BEGRIFFE:

Frankenreich
Jerusalem
Kaiser
Karl der Große
Kreuzzüge
Lehnswesen
Muslime
Ottonen
Papst
Ständeordnung

Leben im Mittelalter

Die Zeit von etwa 500 n. Chr. bis etwa 1500 n. Chr. bezeichnen wir als Mittelalter. Die meisten Menschen lebten damals auf dem Land. Grund und Boden, den die Bauern bewirtschafteten, gehörte einem Grundherrn. Dies konnte ein adliger Ritter, aber auch der Abt oder die Äbtissin eines Klosters sein.

Nach und nach entstanden immer mehr Städte. Hier entwickelten sich verschiedene Gesellschaftsschichten. Sie besaßen unterschiedliche Rechte und Pflichten.

Ein großes Problem mittelalterlicher Städte war die Hygiene. Müll und Abwasser wurden auf die Straße gekippt. Krankheiten verbreiteten sich schnell.

Bauern bei der Kornernte (Gemälde von Pieter Bruegel, 1565)

Leben auf dem Land

1. Jährliche Abgaben
- Feldzehnt (Getreide, Wein, Garten- und Baumfrüchte), Blutzehnt (Haustiere und tierische Erzeugnisse: Eier, Milch, Butter, Honig, Wachs, Felle, Wolle)
- Grundzins (Abgabe nach der Größe des Landes)
- Kopfsteuer (Abgabe nach der Anzahl der Familienmitglieder)
- Abgaben zu bestimmten Festtagen

2. Besondere Abgaben
- Abgabe für Heiratserlaubnis
- Abgabe beim Todesfall des Bauern (das „Besthaupt" – das beste Stück Vieh – und das „Bestgewand" – das beste Kleidungsstück)
- besondere Umlagen im Kriegsfall

3. Frondienste
- Arbeit auf dem Fronhof (Herrenhof): bis zu vier Tage in der Woche
- Sonderarbeit zur Saat- und Erntezeit
- Stellung von Arbeitskräften und Gespannen (beim Holzschlag, beim Wege- und Brückenbau usw.)

M1 Abgaben und Leistungen, die Bauern erbringen mussten

Die Grundherrschaft

Herren und Knechte

Im Mittelalter herrschte eine kleine Schicht der Mächtigen. Dazu zählten die Adligen und Geistlichen des ersten und zweiten Standes. Diese Herrschaft baute auf dem breiten Sockel der bäuerlichen Bevölkerung auf, die keine Lehen bekommen konnte. Die Bauern waren fast überall in Europa in Abhängigkeit von dieser kleinen Schicht der Mächtigen, der geistlichen oder weltlichen Herren, geraten. Dieses System der Abhängigkeit der Landbevölkerung von solchen Herren wird als Grundherrschaft bezeichnet. Die Abhängigen werden „Hörige" genannt. Der Grundherr schlichtete Rechtsstreitigkeiten und konnte über die hörigen Bauern herrschen. Zentrum der Grundherrschaft war der Herrenhof.

Wie entstand die Grundherrschaft?

Bereits im 9. Jahrhundert hatten sich immer mehr freie Bauern dem Schutz eines Mächtigen unterstellt und ihm ihren Besitz übertragen. Nur im Küstengebiet der Nordsee, vereinzelt in Niedersachsen und Westfalen sowie im Alpengebiet der Schweiz blieben die Bauern frei.

Es gab verschiedene Gründe dafür, dass ein Bauer seinen Besitz einem Adligen oder einem Kloster übertrug: Ein freier Bauer war wehrpflichtig, ein abhängiger Bauer musste keinen Kriegsdienst leisten – und Kriege und Fehden gab es fast jedes Jahr. Der Grundherr übernahm seine Wehrpflicht und gewährte ihm auch sonst Schutz in Streitfällen. Ein weiterer Grund konnte sein, dass der Bauer viele Schulden gemacht hatte oder dass der Hof durch Erbteilung so klein geworden war, dass er die Familie nicht mehr ernähren konnte.

Auch die Kirche oder ein Kloster konnte Grundherr sein. Der christliche Glaube prägte das Leben der Menschen. Aus Angst, nach dem Tod nicht in den Himmel zu kommen, überschrieben viele Bauern ihr kleines Stück Land an die Kirche oder ein Kloster. Als Gegenleistung erwarteten sie Gebete für ihr Seelenheil.

Der hörige Bauer durfte auch nicht jagen, denn die Jagd war allein dem Grundherrn vorbehalten. Oft konnte er sich nur mit Mühe vor Wildschäden schützen. Unerlaubtes Jagen wurde streng bestraft.

Sehr oft kam es auch vor, dass Grundherren versuchten, kleine Bauern in die Abhängigkeit zu zwingen.

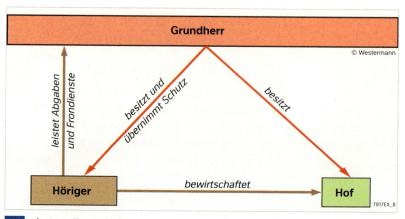

M2 Die Grundherrschaft

Wirtschaft und Alltag

Besitz und Abhängigkeit

Die hörigen Bauern durften weder Hof noch Dorf verlassen. Dafür konnte der Grundherr das Land des Hörigen nicht verkaufen – nur das Land mit dem Bauern. Wenn ein Bauer einem Grundherrn sein kleines Eigentum übertrug, erhielt er es zur Bewirtschaftung wieder zurück. Als Gegenleistung musste er eine Reihe von Abgaben und Frondiensten erbringen.

Am 25. Mai (St. Urban) war der Obst- und Weinzehnt fällig. Links sind zwei Obstbäume und zwei Weinstöcke zu sehen. Rechts ist (schwer zu erkennen) ein Hackklotz ① mit einem Beil abgebildet, weil an diesem Tag der Heilige St. Urban mit einem Beil hingerichtet worden war.

Am 24. Juni (Johanni) ist der Fleischzehnt fällig (links: Rind, Kalb und Ziege). Rechts sieht man eine Lichterkrone ②.

Für den 13. Juli, den Tag der heiligen Margarethe ③, ist die Heilige abgebildet, wie sie den vor ihr sitzenden Teufel fesselt. Das ist der Tag für den Kornzehnt.

Für den 15. August stehen drei Bündel mit Kräutern. Hier ist der „Gänsezehnt" fällig.

Das letzte Bild bezeichnet den 24. August. An diesem Tag wurde ein weiterer Heiliger ④ ermordet. Nach der Legende zog man ihm die Haut ab. So wird er hier mit seiner abgezogenen Haut dargestellt, die er auf einem Stock trägt. Es sind verschiedene Abgaben fällig: Eier, Getreide, aber auch Geld.

M3 Abgaben der Bauern (Bilderfolge aus dem Sachsenspiegel, 14. Jh.)

ARBEITSAUFTRÄGE

1. Nenne mögliche Gründe, die Bauern in die Abhängigkeit des Grundherren führten. Placemat
2. I Nenne die verschiedenen Abgaben, die ein Bauer erbringen musste.
   II Ordne die Abgaben und die dazu passenden Zeitangaben in eine Tabelle ein.
   III Erläutere mithilfe von M1 und M3, welche Abgaben die Bauern entrichten mussten. Beschreibe dabei auch, was sie abgeben mussten.
3. Erläutere anhand von M2 die Aufgaben von Hörigen und Herren.
4. „Der hörige Bauer opferte Freiheit und gewann dafür Sicherheit."
   Nimm Stellung zu der Aussage. HILFE

Das Leben der Bauern

Die Bauernhäuser

Im Mittelalter waren die meisten Menschen Bauern. Sie lebten in Dörfern und wohnten in Häusern, die sie selbst aus Holz, Stroh und Lehm gebaut hatten. Geschlafen wurde meist auf Stroh, das auf dem Lehmfußboden ausgebreitet war. Toiletten gab es nicht. Wasser wurde aus Bächen oder Brunnen geholt. Mensch und Vieh lebten unter einem Dach.

Über die Not der Bauern

Das wichtigste Nahrungsmittel war das Getreide. Die einfachen Bauern aßen grobes Brot oder Getreidebrei. Rüben, Kohl und Zwiebeln wurden zu Suppen zubereitet. Fleisch, Eier und Käse wurden von den einfachen Leuten nur selten gegessen, denn vor allem die hörigen Bauern mussten einen Teil ihres Geflügels, des Jungviehs, der Eier sowie des Käses als Abgaben ihrem Grundherrn überlassen.

In guten Erntejahren hatten die Bauern gerade genug Nahrung zum Überleben. Wenn jedoch durch Trockenheit oder Unwetter die Ernte ausblieb, mussten die Menschen hungern.

Die Dorfgemeinde

Die Dörfer im Mittelalter lagen weit auseinander. Befahrbare Wege oder Brücken gab es damals nur wenige. Selten hatten die Dörfer mehr als 150 Einwohner. Alle Bewohner waren gemeinsam für das Wohl ihres Dorfes verantwortlich. Viele Arbeiten wurden zusammen organisiert und ausgeführt. Gemeinsam besserten die Bauern die Dorfstraße aus oder rodeten Wälder, um neue Ackerflächen zu gewinnen.

M1 Mittelalterliches Bauernhaus (heutige Zeichnung)

Die Arbeit der Bauern

Die Bauernfamilien stellten fast alles, was sie zum Leben brauchten, selbst her. Ihre Arbeiten hingen dabei von den Jahreszeiten ab. Denn zu verschiedenen Jahreszeiten waren unterschiedliche Arbeiten nötig.

Tätigkeiten der Bauern
- Getreide mähen und Schafe scheren
- Heu ernten
- dem Grundherrn bei der Jagd helfen
- Schweine zur Mast in den Wald treiben
- Weintrauben ernten
- pflügen und säen

M2 Tätigkeiten der Bauern über das Jahr – eine Auswahl (Darstellungen von 1513/15)

ARBEITSAUFTRÄGE

1. a) Beschreibe mithilfe von M1, wie die Bauernhäuser gebaut waren.
   b) Erkläre, wie die einzelnen Räume genutzt wurden.
2. I Nenne die Nahrungsmittel, von denen sich die Bauern hauptsächlich ernährten.
   II Erkläre, warum die Bauern nur selten Fleisch, Käse und Eier aßen.
   III Arbeite heraus, warum die Bauern oft hungern mussten.
3. a) Ordne die Tätigkeiten der Bauern in M2 in eine Tabelle passend zu den Monaten ein. HILFE
   b) Erkläre, warum die Arbeit der Bauern von den Jahreszeiten abhing.

Fortschritte in der Landwirtschaft

Das Landschaftsbild verändert sich

Den größten Teil der Landschaft des heutigen Deutschlands bedeckten um 800 große Flächen mit wildem, unerschlossenem Urwald, in dem Wölfe und Bären lebten. Bäche und Ströme flossen ungebändigt durch breite, versumpfte Täler. Nur an wenigen Stellen fanden sich Siedlungsräume. Es gab keine Brücken und nur wenige befahrbare Wege. In den Wäldern verirrte man sich leicht.

Höchstens drei Millionen Menschen lebten um 800 auf deutschem Boden. Um 1300 waren es 12 Millionen. Durch dieses Anwachsen der Bevölkerung konnte bald der bewirtschaftete Boden nicht mehr alle ernähren. Deshalb mussten die Menschen Wälder und Gestrüpp roden und Flusstäler entsumpfen, um das Land zu Ackerland zu machen. Das geschah vor allem vom 9. bis 13. Jahrhundert.

Felder, Gärten und Wiesen breiteten sich mehr und mehr aus und bestimmten nun das Landschaftsbild. Adlige bauten Burgen, Mönche legten Klöster an, Städte entstanden, Straßen und Wege durchzogen das Land.

Dörfer und Felder

In den alten Siedlungsgebieten und in den neuen Rodungsgebieten lagen die Dörfer der Bauern – meist nur aus wenigen Höfen zusammengesetzt. Die einzelnen Dörfer lagen weit auseinander. Sie hatten selten mehr als 150 Einwohner.

Wälder, Wege, Wiesen, Bäche und Teiche gehörten allen gemeinsam. Man nannte sie die Allmende. Auf die gemeinsame Wiese durfte auch der ärmste Bauer sein Vieh hintreiben, im Wald sein Holz schlagen und Wild jagen sowie im Dorfteich oder im nahe gelegenen Bach fischen. So entstand allmählich eine Dorfgemeinschaft, in der sich der eine mit dem anderen durch alltägliche Arbeiten und Sorgen verbunden fühlte.

Seit der Antike hatten die Bauern immer nur eines von zwei Feldern bestellt. Das andere lag ein Jahr brach, damit es sich wieder erholte. Das hatte zur Folge, dass in jedem Jahr immer nur die Hälfte des vorhandenen Ackerbodens bestellt werden konnte. Im Laufe des Mittelalters ging man von dieser Zweifelderwirtschaft zu einer neuen, besseren Form der Feldbewirtschaftung über.

Vorteile der Dreifelderwirtschaft:
1. Es wurden jetzt 2/3 der Ackerfläche genutzt.
2. Gleichmäßige Verteilung der Feldarbeit auf das ganze Jahr.
3. Geringeres Risiko von Missernten bei zwei Ernten im Jahr.
4. Fruchtwechsel und lange Brachzeit verbesserten die Qualität des Bodens und damit auch der Ernte.

roden: wildes Land in Ackerland verwandeln

Allmende: Wald, Wiesen, Wege und Gewässer, die vom ganzen Dorf genutzt wurden.

brach/Brache: unbestelltes Feld

M1 Bauern pflügen das Feld (Gemälde von 1525)

Wirtschaft und Alltag

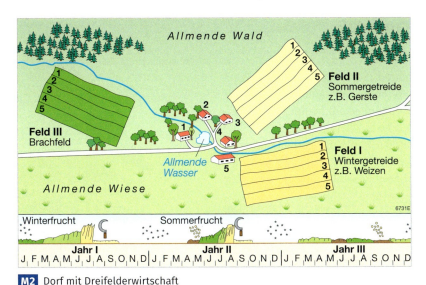

M2 Dorf mit Dreifelderwirtschaft

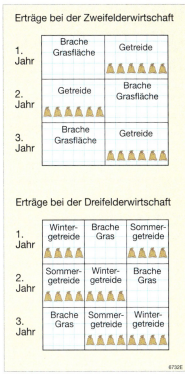

M3 Erträge der Zwei- und Dreifelderwirtschaft im Vergleich

Wintergetreide: benötigt eine Frostperiode als Ruhephase. Wird ab September gesät und ab Juli des folgenden Jahres geerntet; z. B. Roggen und Weizen.

Sommergetreide: braucht nur ein halbes Jahr, bis es erntereif ist; z. B. Hafer und Sommergerste.

Korn: anderer Name für Getreide

Die Dreifelderwirtschaft

Die Bauern lernten, die Vorteile, die die Aussaat von Sommer- und Wintergetreide mit sich brachte, für sich zu nutzen. Die Bauern säten nun einige Getreidesorten im Frühjahr, andere im Herbst und konnten jetzt zweimal im Jahr ernten: jeweils ab Juli sowohl das Winterkorn wie das Sommerkorn. Die Felder wurden dreigeteilt bewirtschaft: mit Wintergetreide, Sommergetreide und als Brache (z. B. als Weidefläche). Im nächsten Jahr wurde gewechselt und im dritten wieder. Mit der Durchsetzung der Dreifelderwirtschaft erhöhten sich die Ernteerträge.

Räderpflug, Dünger und Mühlen

Technische Fortschritte brachten den Bauern eine gewisse Arbeitserleichterung und ermöglichten eine bessere Nutzung des Bodens.

Als Zugtier wurde mehr und mehr das Pferd neben dem Ochsen üblich. Die Bauern lernten es, beide Tiere in der heutigen Weise anzuschirren, sodass sie wirklich unter Ausnutzung ihrer vollen Kraft mit Schultern und Brust den Pflug ziehen konnten. Ihre empfindlichen Hufe schützte man mit Eisen. Der Pflug erhielt Räder: Der alte Hakenpflug wurde zum Räderpflug. So konnten die Bauern ihn besser führen und die Zugleistung der Tiere steigern. Dann baute man den ganzen Pflug aus Eisen; auch schwere Lehmböden waren jetzt gut zu beackern. Zugleich lernten die Bauern, ihre Felder mit Mist und Kalk zu düngen und so fruchtbar zu machen.

Schließlich begannen die Bauern, die Kräfte von Wasser und Wind zu nutzen. Die Wassermühle und später auch die Windmühle nahmen ihnen die schwere und langwierige Arbeit des Kornmahlens ab.

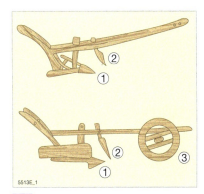

M4 Erfindungen erleichtern die Arbeit: vom Hakenpflug zum Räderpflug
① Pflugschar
② Pflugmesser
③ Radvorgestell

ARBEITSAUFTRÄGE

1. Beschreibe die Veränderungen des Landschaftsbildes zwischen dem 9. und dem 13. Jahrhundert.
2. Erläutere das Prinzip der Dreifelderwirtschaft.
3. Erörtere die Folgen der Einführung der Dreifelderwirtschaft für die ländliche Gesellschaft des Mittelalters.

Leben auf der Burg

Burgen als Verteidigungsanlagen

Burgen sind unterschiedlich

Ähnlich wie die Kastelle der Römer dienten die Burgen des Mittelalters zur Bewachung und zum Schutz von Handelswegen und Grenzen. Burgen waren Verteidigungsanlagen und wurden deshalb immer an sicheren Orten gebaut: Auf Bergkuppen oder an schwer zugänglichen Steilhängen standen die Höhenburgen. Die Wasserburgen waren durch tiefe und breite Gräben geschützt. Um wichtige Burgen herum entstand im Laufe der Zeit oft ein Dorf oder eine kleine Stadt. Deren Bewohner konnten die Burg im Krieg als Zufluchtsort nutzen.

M1 Eine mittelalterliche Burganlage (Rekonstruktionszeichnung)

Wirtschaft und Alltag

① **Das Torhaus**
Der einzige Weg ins Innere der Burg führt durch das Burgtor. Es ist die schwächste Stelle in den dicken Mauern.

② **Der Wachraum**
Hier sitzen die Torwächter, die gerade Pause haben.

③ **Das Burgverlies**
Gefangene werden ganz unten in einem Turm oft an der Mauer angekettet.

④ **Die Pferdeställe**

⑤ **Der Brunnen**
Warum ist die eigene Wasserversorgung für Menschen und Tiere lebensnotwendig?

⑥ **Die Schmiede**
Für welche Arbeiten ist der Burgschmied verantwortlich?

⑦ **Die Burgkapelle**

⑧ **Die Toiletten**
Wie funktionieren diese Burgtoiletten eigentlich?

⑨ **Die Senkgrube**
Was macht dieser Mann hier?

⑩ **Die Zisterne**
In großen Steintanks wird das Regenwasser aufgefangen. Wo und wozu wird es benutzt?

⑪ **Der Wehrgang**
Er führt über die gesamte Burgmauer. Von hier aus hat man eine gute Aussicht. Warum ist das wichtig?

⑫ **Der Bergfried**
Der Bergfried ist der mächtigste Turm einer Burg.

⑬ **Der Palas**
Hier befinden sich die Wohn- und Schlafräume.

⑭ **Die Küche**
Dienstmägde und Küchenjungen kochen in riesigen Kesseln und braten über offenem Feuer.

⑮ **Der Rittersaal**
Er ist besonders prächtig ausgestattet.

⑯ **Der Vorratskeller**
In welcher Situation kann ein gut bestückter Vorratskeller die entscheidende Rolle spielen?

ARBEITSAUFTRÄGE

1. Finde mithilfe der Textinformationen heraus, um welche Art von Burg es sich in Abbildung M1 handelt.
2. Suche dir einen Partner oder eine Partnerin. Macht anhand der Nummern einen Spaziergang durch die Burg. Sprecht in der Klasse über eure Eindrücke.

Der Ritter und seine Erziehung

M1 Ein König zieht mit einem Ritterheer in den Krieg. (Miniatur aus dem 12. Jh.)

Anfänge des Rittertums

„Ritter" bedeutete im 11. Jahrhundert zunächst nur „bewaffneter Reiter". Als Belohnung für ihre Dienste im Krieg erhielten sie oft Land zum Lehen, das von abhängigen Bauern bewirtschaftet wurde. Mit den Einnahmen konnten sie den Unterhalt für Pferde und Ausrüstung bezahlen. Aus diesen Kämpfern bildete sich allmählich ein neuer Adelsstand heraus. Neben den kriegerischen Talenten sollte ein Ritter auch höhere Eigenschaften besitzen. So sollte er ehrenhaft und maßvoll leben, Gott und seinem Lehnsherren treu dienen, die Schwachen und Armen schützen und Frauen gegenüber höflich sein. Nicht immer entsprach die Wirklichkeit diesem Ideal.

Die Ausbildung zum Ritter

Zum Ritter wurde ein junger Adliger nicht geboren, sondern musste erst das Recht erwerben, so genannt zu werden. Die Ausbildung dazu war genau geregelt und in verschiedene Abschnitte geteilt: Mit 7 Jahren wurde er zur Erziehung und Ausbildung auf andere Burgen geschickt. Als Page lernte er sowohl die richtigen Umgangsformen bei Tisch, als auch den Umgang mit den Waffen und das Reiten.

Mit 14 Jahren wurde er zum Knappen ernannt. Nun musste sich der junge Mann jahrelang im Krieg, bei der Jagd und in der höfischen Bedienung des Herrn und seiner Gäste bewähren. Er lernte aber auch Anstandsregeln, Tanzen, Musizieren und Brettspiele. Hatte er sich in der Ausbildung bewährt, konnte er mit 21 Jahren in die Ritterschaft aufgenommen werden. Dazu wurde ein großes Fest veranstaltet. Der Knappe wurde feierlich zum Ritter geschlagen und erhielt sein Ritterschwert überreicht. Diese Zeremonie wurde als Schwertleite bezeichnet. Der Ritter verpflichtete sich dabei seinem Herrn gegenüber zu lebenslanger Treue und Unterstützung.

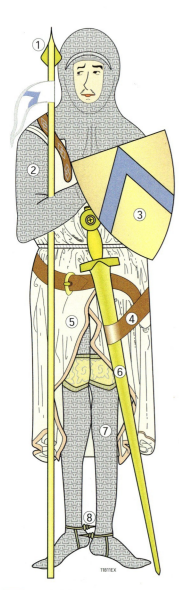

M2 Ein Ritter aus dem 13. Jh. und seine Ausrüstung:
Sporen – Schwert – Waffenrock – Kettenhemd – Panzerstrumpf – Schwertgürtel – Schild – Lanze

> **Q1** Gottfried von Straßburg beschrieb um 1200 eine Schwertleite:
>
> So kamen sie zum Dom, hörten die Messe und empfingen den Segen. Marke trat dann zu seinem Neffen Tristan, gürtete ihn mit dem Schwert, legte ihm die Sporen an und sprach: „Sieh, Neffe, nun ist dein Schwert gesegnet, und du bist Ritter geworden. Nun denke an ritterliche Ehre und an das, was du bist: Deine Geburt und dein Adel seien dir vor Augen, sei demütig und ohne Falsch, wahrhaft und wohlerzogen, sei gütig gegen die Armen und hochgesinnt gegen die Reichen. Halte dich schmuck und würdig. Ehre alle Frauen. Sei freigebig und getreu."

> **Q2** Der Geistliche Petrus von Blois schrieb 1204 über die Ritter:
>
> Sie plündern und berauben und [...] sie unterdrücken erbarmungslos die Armen. [...] Die im Kampf gegen die Feinde des Kreuzes Christi ihre Kräfte beweisen sollten, die liegen lieber mit ihrer Trunkenheit im Streit, geben sich dem Nichtstun hin, erschlaffen in Völlerei, und durch ihr verderbtes und unanständiges Leben schänden sie den Namen und die Pflichten des Rittertums.

Wirtschaft und Alltag

Tischsitten müssen gelernt werden

Das Essen in der Burg unterschied sich wenig von dem der Bauern außerhalb der Burg. Hauptnahrungsmittel waren Brot, Gerstenbrei und Bier.

Der junge Ritter musste lernen, wie er sich beim Essen benehmen sollte. In vielen mittelalterlichen Schriften wurden Verhaltensmaßregeln für Ritter aufgestellt. In ihnen wurden dem edlen „höfischen" Benehmen immer wieder die „bäurischen Sitten" als abschreckendes Beispiel entgegengestellt. Wenn man diese Verhaltensmaßregeln für Ritter genauer anschaut, kann man eine ganze Menge darüber erfahren, wie der Alltag der Menschen im Mittelalter aussah: Die Tafelnden griffen alle gemeinsam in die Schüsseln. Feste Nahrung – vor allem Fleisch – wurde mit der Hand genommen, flüssige mit Kellen oder Löffeln. Sehr oft wurden Suppen und Soßen getrunken.

Q3 Ein angehender Ritter musste auch lernen, sich beim Essen zu benehmen (aus: Des Tannhausers Hofzucht, um 1240):

1. Kein Edelmann soll mit einem anderen zusammen von einem Löffel essen.
2. Beim Essen rülpst man nicht und schnäuzt sich auch nicht in das Tischtuch.
3. Wer mit dem Löffel seine Speisen nicht aufnehmen kann, der schiebe sie nicht mit den Fingern darauf.
4. Auch ziemt es sich nicht, sich während des Essens über die Schüssel zu legen und dabei wie ein Schwein zu schnaufen und zu schmatzen.
5. Beim Essen kratzt man sich nicht mit bloßer Hand, wenn es an der Kehle juckt. Kann man es aber nicht vermeiden, so kratzt man sich besser mit seinem Gewand.
6. Es ist bäuerliche Sitte, mit angebissenem Brot wieder in die Schüssel einzutunken.
7. Auch den Knochen, den man abgenagt hat, legt man nicht in die Schüssel zurück.
8. Wer gerade Essen im Mund hat, der trinke nicht wie ein Vieh.
9. Man stochere nicht mit dem Messer in den Zähnen herum.
10. Man soll auch nicht gleichzeitig reden und essen wollen.

M3 Schwertleite (zeitgenössische Buchmalerei)

ARBEITSAUFTRÄGE

1. I Nenne die Etappen, die ein Junge durchlaufen musste, um Ritter zu werden.
   II Beschreibe die Ausbildung eines Jungen zum Ritter.
   III Verfasse einen Informationstext für ein Kinderlexikon zum Thema „Die Ausbildung zum Ritter".
2. I Ordne die Ausrüstungsteile den Nummern der Abbildung M2 zu.
   II Ordne den Ausrüstungsteilen eine Funktion zu.
3. Beschreibe mithilfe von Q1 und M3 die Bedeutung der Schwertleite für die Aufnahme eines Knappen in die Ritterschaft.
4. Erkläre die Eigenschaften und Werte, die ein Ritter haben sollte.
5. Diskutiert mögliche Widersprüche zwischen Q1 und Q2.
6. Vergleiche die heutigen Tischsitten mit denen eines Ritters. Nutze Q3.

Digital+
Interaktives Arbeitsblatt zu einer mittelalterlichen Burganlage
WES-142805-201

Hörszene zum Leben auf der Burg
 WES-142805-202

Turniere

Kämpfen für Ruhm und Ehre

Turniere waren Kampfspiele mit Schiedsrichtern und festen Regeln. Zu den Festen kamen die Ritter aus weiter Entfernung herbei. Nach der Schwertleite durfte der junge Ritter erstmals an einem Turnier teilnehmen. Ein Feld oder ein großer Platz wurde durch Schranken abgesteckt. Handwerker zimmerten Tribünen für die vornehmen Zuschauer. Dann zogen die Kämpfer auf ihren Pferden in die Schranken – prächtig anzusehen in ihren bunten Wappenkleidern, mit wehendem Helmbusch und bemaltem Schild.

Sowohl bei den Rittern als auch beim Volk waren Turniere sehr beliebt. Innerhalb eines Turniers gab es verschiedene Wettkämpfe. Oft wurden nur stumpfe Waffen eingesetzt, um sich nicht zu schwer zu verletzen.

Wappen: Zeichen für eine Person oder Personengruppe, bei den Rittern meist auf Schild oder Helm angebracht

M1 Zwei Ritter sind beim Turnier mit ihren Lanzen aufeinandergeprallt. Die Damen auf der Tribüne reagieren unterschiedlich auf den Ausgang des Kampfes. (Manessische Handschrift, um 1310)

Wirtschaft und Alltag

Turniervorbereitung

Zu Beginn wurde ein Gottesdienst abgehalten. Danach unterhielten Akrobaten, Gaukler und Sänger das Publikum. Zunächst verkündete ein Herold die Turnierregeln. Dann rief ein zweiter Herold die Namen der Kämpfer auf. Die Reiter kontrollierten, ob sie fest im Sattel saßen. Dann begannen die Wettkämpfe. Auf ein Zeichen des Herolds stürmten die Ritter gegeneinander, die Lanze auf den Gegner gerichtet. Wenn beim Aufprall der Lanze auf den gegnerischen Schild die Lanze zersplitterte, reichte einer der Knappen dem Ritter eine neue. Je mehr Gegner ein Ritter aus dem Sattel werfen konnte, desto höher stieg sein Ruhm.

Den Siegespreis empfing er aus der Hand einer vornehmen Dame: eine kostbare Kette vielleicht, einen goldenen Ring oder einen Kranz. Der Sieger erhielt auch Waffen, Rüstung und Pferd des Besiegten.

In späterer Zeit wurden Turniere zum Geschäft. Hohe Startgelder wurden erhoben. Ritter aus ärmeren Familien lebten manchmal von den Turniergewinnen und konnten ihre Angehörigen dadurch unterstützen.

Turniere als Ausbildung für Ritter

Diese Spiele waren nicht nur höfischer Zeitvertreib, sondern auch „Übung für den Ernstfall". Häufig gab es dabei Verwundete oder sogar tödliche Unfälle. Da die Chroniken aus dem Mittelalter aber nur selten über das Schicksal der einfachen Ritter berichten, liegen nur wenige Angaben über Tote und Verletzte vor. Doch vereinzelte Berichte zeigen, wie hoch die Verluste bei einem Turnier sein konnten. So starben 1241 bei einem Turnier in Neuss bei Köln 60 Ritter. Obwohl die Kirche mit vielen Verboten gegen diese blutigen Veranstaltungen vorzugehen versuchte, blieben die Turniere äußerst beliebt.

Herold: Hofbeamter, der Festlichkeiten leitete, bei Turnieren die Wappen prüfte und als Bote unter anderem Kriegserklärungen überbrachte

M2 Der Gewinner des Turniers bekommt von seiner Dame den Siegerkranz gereicht. (Buchmalerei, Manessische Handschrift, um 1310)

> **Q1** In einer Chronik von 1175 wurden die Folgen der Turniere kritisiert:
>
> Graf Konrad, der Sohn des Markgrafen (von der Lausitz) Dietrich, wurde bei einer Waffenübung, die man gewöhnlich Turnier nennt, am 17. November durch einen Lanzenstoß getötet. So sehr hatte sich aber dies verderbliche Spiel bei uns eingebürgert, dass binnen Jahresfrist sechzehn Ritter bei ihm ihren Tod gefunden haben sollen, und deshalb bannte der Erzbischof Wichmann von Magdeburg (1152–1192) alle, die sich [an einem Turnier] beteiligten.

bannen: Ausschluss aus der kirchlichen Gemeinschaft. Gebannte dürfen keine Kirche mehr betreten.

ARBEITSAUFTRÄGE

1. I Nenne drei mögliche Gründe für die Teilnahme eines Ritters an einem Turnier.
   II Beschreibe den Ablauf eines Turniers.
   III Erläutere anhand von M1 einen Wettkampf während eines Turniers.
2. Erkläre den Ursprung und die Bedeutung der folgenden Redewendungen:
   – auf hohem Ross sitzen,
   – für jemanden eine Lanze brechen,
   – sattelfest sein.
3. Vergleiche die Darstellungen von Turnieren in M1 und M2.
4. Beurteile mithilfe des Textes und von Q1 Ritterturniere.

Leben im Kloster

Rückzug von der Welt

Christentum und Kirche spielten für alle Menschen im Mittelalter eine sehr große Rolle. Vielen von ihnen war ihr Glaube sogar so wichtig, dass sie nur noch Gott dienen wollten und sich deshalb ganz aus der Welt zurückzogen. Sie gingen als Nonnen oder Mönche in ein Kloster. Hier lebten sie unter der Führung einer Äbtissin oder eines Abtes nach einer strengen Vorschrift: der Ordensregel.

Ein Abt oder eine Äbtissin waren die Klostervorsteher und wurden oft auf Lebenszeit gewählt oder von ihren Vorgängern ernannt.

Kloster: (lat.: claustrum) von der Außenwelt abgeschlossener Aufenthaltsort

M1 Buchinitiale (spätes 13. Jh.)

Sicherheit und Aufstiegsmöglichkeiten

Im Mittelalter kamen die Menschen nicht nur aus religiösen Gründen in ein Kloster. Viele Adlige schickten ihre unverheirateten Töchter und die nicht erbberechtigten Söhne dorthin. Als Mönche oder Nonnen beteten sie für das Seelenheil der Familie. Für viele Frauen war das Leben im Kloster interessant: Sie waren versorgt, konnten hier Lesen und Schreiben lernen und sich sogar wissenschaftlich fortbilden. Das war ihnen außerhalb des Klosters meist nicht möglich.

Mönche und Nonnen waren in der mittelalterlichen Gesellschaft hoch angesehen, weil sie ihr Leben dem Gottesdienst und dem Gebet weihten. Mitglieder von Orden galten als wichtiger Helfer zur Erreichung des ewigen Lebens.

Zentrum einer Klosteranlage war die Kirche, denn Gebet, Fürbitte und das Lob Gottes waren die wichtigsten Aufgaben der Mönche und Nonnen. Ruhe hierfür fanden sie im Kreuzgang.

Wirtschaft und Alltag

Das Kloster – ein wirtschaftliches Zentrum

Wurde ein neues Kloster gegründet, bauten die Mönche und Nonnen die Kirche als Zentrum einer Klosteranlage. Gebet, Fürbitte und das Lob Gottes waren die wichtigsten Aufgaben der Mönche und Nonnen. Sie rodeten aber auch Wälder, legten Felder an und veränderten so die Landschaft.

Viele Klöster besaßen nicht nur die Ländereien, welche in der Umgebung des Klosters lagen, sondern teilweise auch bis zu hundert Kilometer entfernt waren. Diese Ländereien wurden von Bauern bewirtschaftet, die an das Kloster Abgaben leisteten. Alle Einrichtungen, die die Klostergemeinschaft zum eigenständigen Leben benötigte, gehörten zum Kloster.

M2 Klostergründung der Benediktiner (Gemälde aus dem 15. Jh.)

> **Q1** Der Mönch Benedikt von Nursia schrieb 529 n. Chr.:
>
> Das Kloster soll so angelegt sein, dass sich alles Nötige innerhalb des Klosters befindet. Wasser, Mühle, Garten, Werkstätten. – Alle Gäste sollen wie Christus aufgenommen werden, besonders Glaubensgenossen und Pilger. Für Arme soll immer Kleidung bereitliegen. […] Die Sorge für die Kranken muss vor und über allem stehen: Man soll ihnen so dienen, als wären sie wirklich Christus. […] Die kranken Brüder sollen einen eigenen Raum haben und einen eigenen Pfleger, der Gott fürchtet und ihnen sorgfältig und eifrig dient. Man biete den Kranken, sooft es ihnen guttut, ein Bad an. […] Sind Handwerker im Kloster, können sie in aller Demut ihre Tätigkeit ausüben, wenn der Abt es erlaubt.

ARBEITSAUFTRÄGE

1. Nenne Gründe für den Eintritt in ein Kloster im Mittelalter.
2. Beschreibe M1 und vergleiche die dargestellten Geistlichen.
3. Erkläre mithilfe von Q1 die Aufgaben der Klostergemeinschaft. HILFE

Arbeit mit Modellen – ein Kloster erforschen

Viele geschichtliche Bauwerke sind im Laufe der Zeit zerstört oder abgerissen worden. Oft sind nur ein paar Mauern übrig geblieben. Manchmal haben die Wissenschaftler aber auch das Glück, dass Baupläne erhalten geblieben sind. Mithilfe der Mauerreste und der Baupläne können sie dann ein Modell, also eine verkleinerte Ausgabe, der Bauwerke herstellen. Mithilfe eines Modells kannst du dir das Aussehen des Gebäudes und auch seine Funktion besser vorstellen. Viele Gebäude existieren inzwischen auch als virtuelle 3-D-Modelle im Internet. Diese kannst du in alle Richtungen drehen, von oben hineinschauen oder sogar ins Innere gehen.

Ein Modell beschreiben

1. **Einen Überblick über ein Modell bekommen**
   - Aus welchen Einzelteilen besteht das Modell?
   - Welches Material wurde benutzt?
   - Was stellt das Modell dar?

2. **Genauere Informationen sammeln**
   - Beschreibe im Modell jedes Gebäude genau.
   - Überlege dir, welche Aufgabe dieses Gebäude jeweils erfüllt hat.
   - Vergleiche das Modell mit dem Bauplan.
   - Ordne jedes Bauteil dem Bauplan zu.

3. **Das Modell und seine Aufgaben zusammenfassen**
   - Schreibe einen zusammenhängenden Text.
   - Benenne zuerst das gesamte Modell. Was stellt es dar?
   - Erkläre die Aufgabe des gesamten Modells.
   - Beschreibe nun die Aufgaben jedes Einzelteils.
   - Schreibe einen Abschlusssatz.

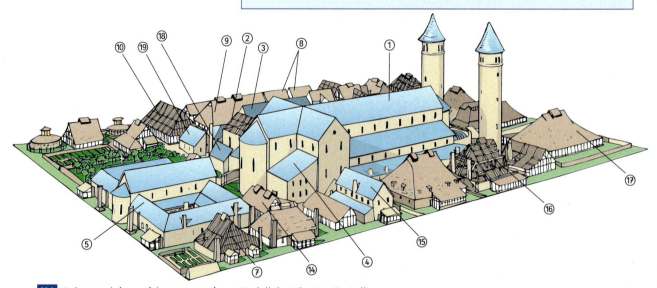

M1 Rekonstruktionszeichnung von einem Modell des Klosters St. Gallen

① Klosterkirche, ② Schlafsaal, ③ Refektorium (Speisesaal), ④ Bibliothek und Schreibstube, ⑤ Unterkünfte der Novizen, ⑥ Spital, ⑦ Arzt, Apotheke, ⑧ Brauerei, Bäckerei, ⑨ Handwerker, ⑩ Kornscheune, ⑪ Gemüsegarten, ⑫ Geflügelzucht, ⑬ Friedhof, ⑭ Küche, ⑮ Abthaus, ⑯ Herberge für vornehme Gäste, ⑰ Wirtshausgebäude, ⑱ Heizung, ⑲ Aborte, dahinter Bad

Wirtschaft und Alltag

Ein Klosterplan gibt Auskunft

Bauwerke als Sachzeugnisse sind Quellen, die Auskunft über Leben und Arbeit der Menschen in vergangenen Zeiten geben. Baupläne für Kirchen, Häuser oder Städte aus dem Mittelalter sind kaum überliefert.

Zunächst zeichneten die Baumeister ihre Pläne direkt auf die Erde des Bauplatzes. Später wurden Pläne auf Pergament gezeichnet, das ist ein Schreibmaterial aus Tierhaut (Kalb, Rind, Schaf). Die Haare wurden mit einer Lauge entfernt. Da dieses Schreibmaterial sehr wertvoll war, wurde es mehrfach verwendet. Nach Fertigstellung eines Bauabschnitts wurde mit einer scharfen Klinge die Tinte entfernt, um das Pergament erneut zu nutzen.

Der ideale Klosterplan

Im Kloster St. Gallen in der Schweiz ist ein alter Plan für die Anlage eines Klosters erhalten geblieben. Der 122 x 77,5 cm große Plan war auf fünf zusammengefügten Kalbshäuten gezeichnet. Der Bau wurde aber nie verwirklicht.

Historikerinnen und Historiker konnten mithilfe dieses Planes Rekonstruktionen von Klosteranlagen erstellen und daran untersuchen, welche Bestandteile zu einem Kloster gehörten. Aus diesen Erkenntnissen konnten sie ableiten, welche Aufgaben ein Kloster hatte.

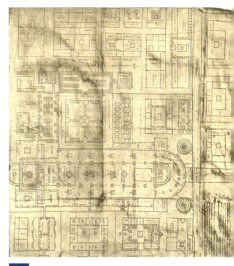

M2 Der Klosterplan von St. Gallen entstand um das Jahr 820 und ist auf fünf zusammengefügten Kalbshäuten gezeichnet (Ausschnitt).

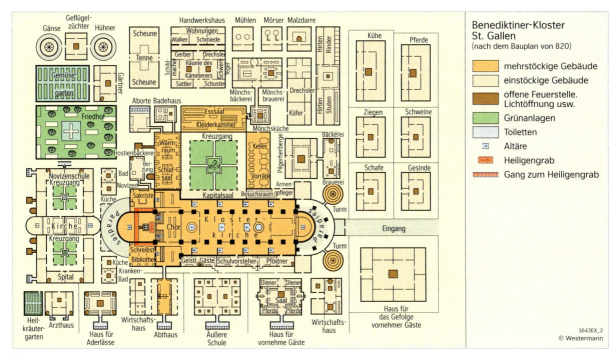

M3 Grundriss vom Klosterplan St. Gallen

ARBEITSAUFTRÄGE

1. Vergleiche den Grundriss M3 mit dem Modell M1.
   Partnervortrag
2. a) Besuche unter https://www.campus-galli.de/klosterplan/ das Kloster St. Gallen.
   b) Entdecke die Aufgaben der Gebäude. Berühre dazu mit der Maus die Punkte auf dem Klosterplan.

Digital+
Film über eine Klosterbaustelle
WES-142805-203

Beten und arbeiten

Regeln im Kloster

Viele zukünftige Mönche und Nonnen kamen schon als Kinder in ein Kloster und wurden dort erzogen. Mit etwa 15 Jahren wurden sie in die Ordensgemeinschaft aufgenommen. An diesem Tag versprachen die Novizinnen und Novizen ihren Oberen:

Ich will arm bleiben.
Ich will ehelos bleiben.
Ich will gehorsam und demütig sein.

Die erste Ordensregel für das Leben im Kloster hatte der italienische Mönch Benedikt von Nursia bereits um 530 n. Chr. aufgestellt. Diese wurde später von vielen Orden übernommen. Ihr wichtigster Satz hieß: ora et labora (lat.: bete und arbeite). Von den Mönchen und Nonnen wurden also nicht nur Gottesdienste und Gebete verlangt, sondern auch körperliche Arbeit.

Leben nach strengen Regeln

Innerhalb der Klostergemeinschaft gab es keine sozialen Unterschiede: Alle waren gleich arm und dem Abt untergeordnet. Zum Zeichen ihrer Ordenszugehörigkeit trugen alle dieselbe Kleidung (Ordenstracht). Mönche trugen als Zeichen ihres Glaubens und der Bereitschaft zur Unterwerfung unter die Ordensregel eine Tonsur. Die Nonnen bedeckten ihren Kopf mit einem Schleier. Mönche und Nonnen arbeiteten auf den Feldern, im Garten, in der Küche, in der Schreibstube oder im Krankensaal. Zweimal am Tag trafen sich alle im Speisesaal, wo in tiefem Schweigen gegessen wurde, während ein Ordensmitglied aus der Bibel vorlas. Die Ordensmitglieder aßen überwiegend Brot und Hülsenfrüchte, manchmal auch Eier, Fisch und Käse. Fleisch war im Allgemeinen verboten, Wein hingegen erlaubt. Alle schliefen angekleidet und gemeinsam in einem Schlafsaal beim Schein einer Kerze, bis die Nachtruhe vom Gebet unterbrochen wurde. Zeiten der Arbeit, des Gebetes, des Essens und der Ruhe waren streng geregelt.

M1 Mönch bei der Getreideernte mit einer Handsichel (ausgeschmückter Anfangsbuchstabe O einer Handschrift, 12. Jh.)

M2 Tagesablauf im Kloster

Wirtschaft und Alltag

M3 Nonnen beim Chorgebet (mittelalterliche Buchmalerei)

Klöster als Vorbilder und Wegbereiter

In der Landwirtschaft wurden die Klostergemeinschaften zum Vorbild für die Bauern der Umgebung. Die Mönche züchteten viele Obstsorten und hatten das prächtigste Vieh in den Ställen.

Klöster entstanden oft fern von Städten und Siedlungen mitten in Wäldern und Einöden. Hier rodeten Mönche in harter Arbeit die Wälder, legten die Sümpfe trocken und schufen so fruchtbares Land. Häufig wurden extra Teiche zur Fischzucht von der Klostergemeinschaft angelegt, um den Speiseplan des Klosters zu bereichern. Die Nachbarschaft der Klöster bot also Vorteile, und so siedelten sich bald Bauern in der Umgebung an. Die Ländereien um die Klöster herum gehörten meistens den Ordensgemeinschaften. Sie verpachteten sie an Bauern, die dafür einen Teil ihrer Ernte an das Kloster abgeben mussten.

Viele Klöster schickten nach einiger Zeit Mönche aus, die an einem neuen Ort ein Tochterkloster gründeten. Von dort aus wurden wiederum Mönche zu weiteren Klostergründungen ausgeschickt. So entstand ein ganzes Netz von Klöstern.

Die Ordensgemeinschaften lebten einerseits abgewandt von der Welt und waren andererseits wirtschaftlich mächtig und einflussreich.

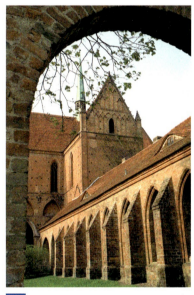

M4 Innenhof der Klosteranlage Chorin

ARBEITSAUFTRÄGE

1. I Ordne den Tagesablauf im Kloster nach Gebeten, Arbeit, Essen und Freizeit.
   II Beschreibe das Leben im Kloster.
   III Erläutere, inwieweit sich im Tagesablauf eines Benedektinerklosters die Ordensregel „Bete und arbeite" widerspiegelt.
2. Im manchen Klöstern können Schulklassen nacherleben, wie der Alltag in einem Kloster ausgesehen haben könnte.
   a) Informiert euch unter www.klöstermv.de über Angebote und findet Argumente für einen Besuch eines Klosters.
   b) Berichtet in der Klasse von eurer Recherche.

Klöster haben viele Aufgaben

Schreibkunst und Gelehrsamkeit

Klöster waren nicht nur Stätten des Gebetes und der Arbeit, sondern auch Orte der Bildung, Wissenschaft, Heilkunde und Kunst. In den Klosterschulen wurden die späteren Gelehrten, Priester, Künstler und Lehrer erzogen und ausgebildet. Die Klosterbibliotheken bewahrten wertvolle alte Bücher auf. Nonnen und Mönche gehörten zu den wenigen Menschen, die lesen und schreiben konnten. In besonderen Schreibstuben schrieben sie mühsam alte Werke mit der Hand ab und verzierten sie kunstvoll.

Die Schreibstube

Zur Ausstattung einer Schreibstube gehörten ein Pult mit Kuhhörnern für die Tinte, Gänsefedern zum Schreiben, ein scharfes Messer zum Radieren und zum Schneiden der Schreibfedern. Auch ein Schwamm, mit dem man die Radierkrümel abwischen konnte, war vorhanden. Tinte stellten die Mönche selbst her.

Sie schrieben auf Pergament, einer festen, dünnen Tierhaut. Pergament war teuer, deshalb wurden die Bögen oft mehrfach verwendet, indem der alte Text einfach abgekratzt wurde.

M1 Ein Mönch kauft Pergament bei einem Händler. (Buchinitiale um 1255, dargestellt ist der Buchstabe O)

M2 Ein Mönch und sein Helfer arbeiten in der Schreibstube des Klosters Echternach. (Buchmalerei, um 1040)

> **Q1** Ein mittelalterlicher Schreiber klagt über seinen Beruf:
>
> O glücklicher Leser, wasche deine Hände und fasse das Buch an, halte die Blätter sanft, halte die Finger weitab von den Buchstaben. Der, der nicht weiß zu schreiben, glaubt nicht, dass dies eine Arbeit sei. O wie schwer ist das Schreiben: Es trübt die Augen, quetscht die Nieren und bringt zugleich allen Gliedern Qual. Drei Finger schreiben, der ganze Körper leidet.

Heilpflanzen und Medizin

Zu den wichtigen Aufgaben der Klöster gehörte auch die Pflege von Kranken. Hierzu gab es in vielen Anlagen ein Spital und einen besonderen Garten für Heilkräuter. Das Wissen um die Heilkraft bestimmter Pflanzen und die Zubereitung von Arzneien wurde in den Klöstern aufgeschrieben und weitergegeben. So schrieb die Äbtissin Hildegard von Bingen ein Buch über Heilpflanzen, das Rezepte gegen viele Krankheiten enthielt. Sie empfahl zum Beispiel Blätter der Salbeipflanze gegen Kopfschmerzen und Magenbeschwerden. Wer an „stinkendem Atem" litt, sollte Salbeiblätter in Wein kochen und diese Flüssigkeit häufiger trinken.

M3 Krankenpflege als Aufgabe der Nonnen (Buchmalerei, 1492)

M4 Herstellung einer Medizin (Buchmalerei aus dem 14. Jh.)

> **Q2** Ernährungstipps der Hildegard von Bingen:
>
> Hafer fördert bei gesunden Menschen ein fröhliches Gemüt […] und die Haut wird schön. Wer aber krank und blutarm ist, soll keinen Hafer essen, weil seine Verdauung eine gute Durchblutung voraussetzt. Wer Speisen ohne Salz isst, wird innerlich schwach. Wer sie daher mit Salz anmacht oder würzt, den stärken und gesunden diese Speisen. Allzu stark gesalzene Kost aber schädigt. Darum soll jede Speise so gesalzen werden, dass man die Speise vor dem Salz herausschmeckt. Hühnerfleisch ist gut für Gesunde. Den Kranken erfrischt es.

ARBEITSAUFTRÄGE

1. Erkläre mithilfe von Q1 und M2, warum der Schreiber über seinen Beruf klagt. Stühletausch
2. Erkläre mithilfe von Q2, welche Bedeutung Salz laut Hildegard von Bingen für den Körper hat.
3. Nutze den Klosterplan von St. Gallen auf der Seite 61 und erkläre, welche Einrichtungen des Klosters für die Pflege von Kranken geschaffen worden sind.
4. a) Recherchiere zu mittelalterlicher Medizin und ihrer Herstellung.
   b) Halte einen Kurzvortrag.

Digital+
Erklärvideo zu Hildegard von Bingen
WES-142805-204

M1 Orte, an denen im Mittelalter oft Städte entstanden

Städte entstehen und entwickeln sich

Im frühen Mittelalter gab es nur wenige Städte. Die meisten Menschen lebten in kleinen Dörfern oder auf einzelnen Höfen. Mit dem Anwachsen der Bevölkerung ab etwa 1000 n. Chr. wurden neue Städte gegründet. Sie entstanden an Kreuzungen von Handelsstraßen, an Flussübergängen wie Brücken oder Furten, an Meeresbuchten, wo sich Häfen anlegen ließen, oder an Burgen und Klöstern. Die Entwicklung neuer Städte wurde auch durch das Marktwesen gefördert. Auf den Märkten verkauften Bauern, Handwerker und Händler ihre Waren gegen Geld. Sie mussten Marktgebühren dafür zahlen, dass sie auf dem Markt ihre Waren verkaufen durften. Es war vor allem die Aussicht auf diesen wirtschaftlichen Gewinn, die viele Fürsten bewog, die Gründung von Städten auf ihrem Herrschaftsgebiet zu fördern. Erhielt eine Stadt vom Landesherrn das Stadtrecht verliehen, so durfte sie Befestigungsanlagen bauen, Märkte abhalten und Münzen prägen.

Furt: eine flache Stelle zum Durchqueren eines Flusses

M2 Stadtgründungen im Mittelalter

Wohnen und Bauen nach Plan

Städte im Mittelalter hatten Ähnlichkeiten mit Burgen. Deswegen wurden die Stadtbewohner auch Bürger genannt. Starke Mauern mit Türmen und Stadttoren schützten die Bewohner. Die Stadttore wurden nachts geschlossen. Zusätzlich sorgten Nachtwächter für Sicherheit. Im Mittelpunkt der Stadt befanden sich der Marktplatz mit Brunnen und das Rathaus.

Kirchtürme überragten alle anderen Gebäude der Stadt. Die meisten Häuser standen sehr dicht beieinander. Die Gassen waren schmal, dunkel und schmutzig. Im Stadtzentrum wohnten die reichen Bürger in prächtigen Häusern. Die arme Bevölkerung wohnte dicht gedrängt an der Stadtmauer. Ackerbürger hatten ihre Häuser nahe der Stadttore, da sie die Äcker vor den Toren bewirtschafteten, aber in der Stadt wohnten. Auch Krankenhäuser wurden am Stadtrand errichtet.

Handwerker lebten in eigenen Gassen. Die Namen der Gassen deuteten oft darauf hin, welche Handwerker hier wohnten. Die Häuser der Stadt waren meist Fachwerkhäuser, die aus Stroh und Lehm gebaut waren und oft ein strohgedecktes Dach hatten. Ein Feuer in der Stadt konnte deshalb ganze Stadtteile zerstören. Außerhalb der Stadt lagen der Galgenberg und das Seuchenhaus.

M3 Fachwerkhaus aus dem Mittelalter

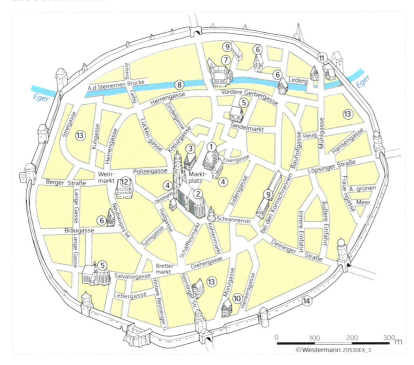

① Rathaus
② Stadtkirche St. Georg
③ Brot- und Tanzhaus
④ Patrizierhäuser
⑤ Klöster
⑥ Gerberhäuser
⑦ Spital
⑧ Pferdetränke
⑨ Kornspeicher
⑩ Münzhaus
⑪ Mühle
⑫ Salz- und Weinspeicher
⑬ Ackerbürgerhäuser
⑭ Stadtmauer mit Toren, Türmen und Bastionen

M4 Plan der Innenstadt von Nördlingen

ARBEITSAUFTRÄGE

1. I Nenne Orte, an denen im Mittelalter Städte entstanden.
   II Beschreibe mithilfe von M1 Orte, an denen Städte entstanden.
   III Wähle aus der Karte M2 fünf Städte aus und erkläre anhand des Namens die Standortwahl für deren Gründung.
2. Nenne wichtige Kennzeichen einer mittelalterlichen Stadt.
3. Suche in M4 Straßennamen, die zeigen, welche Handwerker dort lebten.
4. a) Recherchiere Städte in Mecklenburg-Vorpommern, die im Mittelalter gegründet wurden.
   b) Erstelle eine Tabelle mit Städtenamen und Gründungsdatum.

Stadtegründungen nach lübischem Recht

M1 Bardewiker Kodex des lübischen Rechts, niederdeutsche Fassung von 1294

Albert von Bardewik: Leiter der Lübecker Kanzlei, später Bürgermeister. Er ließ 1294 eine prachtvolle Ausgabe des lübischen Stadtrechts anfertigen.

Ein Stadtrecht wird zum Exportschlager

Der Rat in der Stadt Lübeck entwickelte im 12. Jahrhundert aus dem bis dahin bestehenden sogenannten Gewohnheitsrecht das „lübische Recht". Später übernahmen rund 100 Städte im Ostseeraum diese Rechtsgrundlagen und Vorstellungen.

Die starke Stellung des Rates gegenüber der Bürgerschaft ist das Hauptmerkmal dieser Rechtsgrundlage. Darauf aufbauend konnte der Rat die oberste Gerichtsgewalt ausüben. Im Weiteren entwickelte sich das lübische Recht zu einem Kaufmanns- und Handelsrecht. In weiten Teilen seines Verbreitungsgebietes galt es gar bis ca. 1900 und wurde erst dann vom Bürgerlichen Gesetzbuch abgelöst.

M2 Hochdeutsche Ausgabe des Lübecker Stadtrechts von 1586

1218	Rostock		1258	Memel
1224	Danzig		1266	Köslin
1226	Wittenburg		1267	Boizenburg
1230	Segeberg		1282	Wolgast und Wilster
1234	Stralsund		1284	Braunsberg
1235	Oldenburg		1285	Tribsees
1236	Demmin		1287	Grimmen
1236	Plön		1305	Heiligenhafen
1242	Kiel		1309	Naugard
1242	Loitz		1310	Neustettin und. Frauenburg
1243	Tondem		1312	Rügenwalde
1244	Neustadt		1317	Schlawe
1246	Elbing		1343	Zanow
1248	Reval		1613	Bergen (Rügen)
1250	Greifswald			

M3 Städte, die nach lübischem Recht gegründet wurden (Auswahl)

Wirtschaft und Alltag

M4 Schloss und Stadt Wolgast an der Peenemündung, Kupferstich von Matthäus Merian aus dem Jahr 1660

M6 Stadtwappen Wolgast

Die Stadt Wolgast

Die Stadt Wolgast ist ein klassisches Beispiel für die Stadtgründung an einer Meeresbucht. Hier ließ sich relativ einfach ein Hafen mit Zugang zur Ostsee errichten. Das Westufer des Peenestroms ergänzte diesen Standortvorteil. Eine gängige Übersetzung des aus dem Slawischen stammenden Stadtnamens lautet: "einen besseren Freund besitzen". In der Umgebung gab es offenbar bereits im 7. Jahrhundert eine Zollstation. Aus dem ursprünglichen Namen Hologosta wurde Wologost und dann wohl um 1250 Wolgast.

Die Verleihung des Stadtrechts datiert man heute in die Zeit zwischen 1250 und 1259. Im Jahr 1282 erhielt Wolgast die Bestätigungsurkunde für das lübische Stadtrecht. Die Stadt wurde Mitglied des Städtebundes der Hanse.

M5 Die Stadt Wolgast heute. Der historische Kern der Stadt, die Schlossinsel in der Peenemündung, ist gut zu erkennen.

ARBEITSAUFTRÄGE

1. Nenne die Entstehungszeit des lübischen Rechts.
2. Gib die Hauptmerkmale des lübischen Rechts wieder.
3. Erarbeite anhand von M3 das Verbreitungsgebiet des lübischen Rechts.
4. Beschreibe Lage und Entstehung der Stadt Wolgast.
5. a) Recherchiere, wo es in deiner Umgebung Städte gibt, in denen das lübischen Recht galt.
   b) Gestalte einen Kurzvortrag zu einer dieser Städte und präsentiere in der Klasse.

Die Stadt und ihre Bewohner

Im Mittelalter entwickelten sich die Städte sehr schnell. Wer in einer Stadt lebte, war persönlich frei und keinem Herrn untertan. Daher zogen viele unfreie Bauern in die Städte. Wurden sie nicht innerhalb eines Jahres von ihren Herrn zurückgefordert, waren sie freie Stadtbewohner. Jahrhunderte später hieß es deshalb: „Stadtluft macht frei."

Das Bürgerrecht – gleiches Recht für alle?

Die mittelalterliche Stadt stand unter der Führung eines adligen oder geistlichen Stadtherrn. Er sorgte für die Sicherheit der Stadtbewohner. Die Spitze der Gesellschaft bildeten die sogenannten Patrizier. Sie waren die Oberschicht der Stadt und hatten am meisten Macht und Einfluss. Das waren häufig Kaufmannsfamilien, die ihren Reichtum dem Handel mit fernen Ländern verdankten. Den größten Teil der Stadtbewohner bildete die Mittelschicht. Das waren kleinere Händler, Handwerker oder Stadtangestellte. Die Handwerksmeister und die Patrizier besaßen das volle Bürgerrecht. Das bekam nur, wer Steuern zahlte. Wer das Bürgerrecht erhalten hatte, konnte Grundstücke kaufen und vererben und hatte das Recht, vor dem Stadtgericht zu klagen. Außerdem durfte er den Rat der Stadt wählen und hatte somit Einfluss auf die Politik der Stadt.

Zum unteren Teil der städtischen Gesellschaft gehörten Handwerksgesellen, Tagelöhner oder Bettler. Sie besaßen kein Bürgerrecht und wohnten in den Randgebieten der Stadt oder außerhalb der Ummauerung. Sie hatten aber jederzeit Anspruch auf den Schutz innerhalb der Stadtmauern.

Die Bürgerpflichten

Die Bürger hatten jedoch nicht nur Rechte, sondern auch Pflichten. Als Erstes mussten sie Steuern an die Stadt zahlen. Darüber hinaus waren sie z. B. verpflichtet, einen Abschnitt der Stadtmauer zu bewachen und im Angriffsfall zu verteidigen. Als Bürger hatten sie als Einzige in der Stadt das Recht, Waffen zu tragen. Nur ihnen traute man zu, die Stadt richtig zu verteidigen, da sie als Einzige Besitz zu verlieren hatten.

> **Q1** Aus der Gründungsurkunde der Stadt Freiburg von 1120:
>
> Jeder, der in diese Stadt kommt, darf sich niederlassen, wenn er nicht Leibeigener eines Herrn ist.
> Wer aber ein Jahr und einen Tag in der Stadt gewohnt hat, ohne zurückgefordert zu werden, der genießt von da an seine Freiheit.

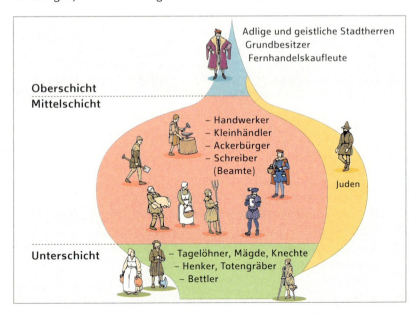

M1 Aufbau der städtischen Gesellschaft im Mittelalter

Wirtschaft und Alltag

M2 Kaufmann mit Familie

M3 Handwerker

M4 Tagelöhner

Gilden und Zünfte

Handwerksmeister arbeiteten allein oder mit Gesellen und Lehrlingen in ihren Werkstätten. Diese befanden sich im Wohnhaus des Handwerkers. Meist wohnten die Handwerker eines Berufs in der gleichen Straße. So erhielten viele Straßen ihre Namen wie z. B. „Weberstraße" oder „Töpfergasse".

Die Handwerksmeister eines Berufes schlossen sich in Zünften zusammen. In einer solchen Gemeinschaft konnten sie in der Stadt ihre Interessen besser vertreten. Die Zünfte erließen Vorschriften und Regeln, wie ihr Beruf in der jeweiligen Stadt auszuüben war. Die Zunftordnung schrieb beispielsweise die Materialien und die Preise für die hergestellten Produkte fest. Auf diese Weise unterschieden sich die Handwerker nur durch die Qualität ihrer Arbeit. Außerdem wurde die Anzahl der Handwerksmeister, Lehrlinge und Gesellen begrenzt. So sollte sichergestellt werden, dass für alle genug Arbeit und Einkommen vorhanden war. Starb ein Handwerker, versorgten die Zünfte dessen Frau und Kinder.

Die Kaufleute einer Stadt schlossen sich in Gilden zusammen. In ihnen sicherten sich die Gildemitglieder gegenseitigen Schutz auf ihren Handelsreisen zu. Sie verpflichteten sich überdies, sich an die vorgegebenen Maße und Gewichte zu halten. Auch in den Gildeordnungen war die Anzahl der ortsansässigen Händler begrenzt, um eine zu starke Konkurrenz zu vermeiden.

M5 Zunftzeichen der Bierbrauer

ARBEITSAUFTRÄGE

1. Nenne mithilfe von Q1 eine rechtliche Besonderheit der mittelalterlichen Stadt. HILFE
2. Beschreibe und vergleiche die Menschen in M2, M3 und M4.
3. a) Erkläre das Schaubild M1. Partnervortrag
   b) Ordne die Menschen aus M2–M4 dem Schaubild M1 zu.
4. Erläutere das Bürgerrecht in der mittelalterlichen Stadt. HILFE
5. Untersuche die Abbildung M5 und arbeite heraus, was sie über die dargestellte Bevölkerungsgruppe aussagt.
6. Erläutere die Aufgaben von Zünften und Gilden.
7. Diskutiert Vor- und Nachteile von Zunft- und Gildeordnungen.

Digital+
Hörszene zur Stadt im Mittelalter
WES-142805-205

Barbara: Was sind das für Leute mit den komischen spitzen Hüten?
Johannes: Juden. Wir sind hier in der Judengasse. Guck mal, da vorn trägt jemand eine Vase als Pfand zu einem Juden. Er will sicher Geld leihen.

Barbara: Warum geht er denn nicht zu einem Christen?
Johannes: Christen dürfen keine Zinsen nehmen und behalten daher ihr Geld lieber. Den Juden sind dagegen fast alle Berufe außer Geldverleiher verboten. Viele von ihnen sind natürlich sehr reich, und daher sind die Leute oft neidisch und schimpfen auf die Juden. Vati sagt aber, wir sollen dabei nicht mitmachen. Es ist schlimm genug, dass die Juden kaum Rechte haben und nur in bestimmten Straßen wohnen dürfen und diese auffallende Kleidung tragen müssen.

M1 Auf Entdeckungsreise in einer mittelalterlichen Stadt (Comic von Rolf Rettich)

Randgruppen in der Stadt

Die Juden

Seit der Römerzeit lebten die Juden verstreut in Europa. Sie hatten zu den ersten tüchtigen Fernhändlern gehört, die Salz und Pelze von weit her holten, und sie waren somit auch unter den ersten Bewohnern der neuen Städte. Als jedoch die christlichen Kaufleute immer mächtiger wurden, verdrängten sie die Juden aus dem großen Handel. Auch die Zünfte nahmen sie nicht auf, weil sie keine Christen waren. Sie durften in der Stadtverwaltung kein Amt bekleiden und konnten keinen Grund und Boden in der Stadt erwerben. Außerdem mussten sie in einer besonderen Straße („Judengasse") wohnen, die häufig noch abgesperrt wurde. Sie wurden gezwungen, besondere Kleidung zu tragen: zum Beispiel einen spitzen Hut.

M2 Der Arztberuf blieb einer der wenigen angesehenen Berufe, denen Juden nachgehen durften.
Die Abbildungen zeigen medizinische Eingriffe eines jüdischen Bader-Chirurgen. (Buchmalerei, 15. Jh.)

Sündenböcke gesucht und gefunden

Die Juden in den mittelalterlichen Städten hatten nur wenige Möglichkeiten, um ihren Lebensunterhalt zu verdienen. Manche wurden Geldverleiher, andere handelten mit gebrauchten Kleidern. Wegen ihres Glaubens und ihrer Geschäfte sind sie oft angefeindet und verfolgt worden, am schlimmsten 1349. Damals brach die Pest in Europa aus. Die Menschen kannten die Ursachen für diese Krankheit noch nicht. Schnell machten Gerüchte die Runde, dass die Juden für die Ausbreitung der Pest verantwortlich seien. Es kam zu Angriffen auf die jüdische Bevölkerung.

Wirtschaft und Alltag

> **Q1** In Erfurt wurden jüdische Einwohner 1349 brutal verfolgt:
>
> Im selben Jahr wurden die Juden in Erfurt entgegen dem Willen des Rates von der Bürgergemeinde erschlagen, hundert oder mehr. Die anderen aber haben sich, als sie sahen, dass sie den Händen der Christen nicht entkommen konnten, in ihren eigenen Häusern verbrannt. Mögen sie in der Hölle ruhn! Man sagt auch, sie hätten in Erfurt die Brunnen vergiftet und auch die Heringe, sodass niemand in den Fasten davon essen wollte. Ob sie recht haben, weiß ich nicht. Eher glaube ich, der Anfang ihres Unglückes war das unendlich viele Geld, das Ritter, Bürger und Bauern ihnen schuldeten.

Die Unterschichten

Am Rande der Städte, nahe den Mauern oder gar außerhalb, lebten die Armen – die städtischen Unterschichten. Jeder fünfte Einwohner, in manchen Städten sogar mehr, zählte zu dieser Schicht, die kein Bürgerrecht hatte. Sie wohnten in einfachen Hütten, Kellern oder in Bretterverschlägen unter Treppen. Viele arbeiteten als Handlanger oder Tagelöhner: Fuhrknechte, Kohlenträger, Hundefänger. Außerdem gab es viele verarmte Witwen, Krüppel, Waisenkinder, Bettler und Prostituierte. Zur Unterschicht gehörten alle, die einen „unehrlichen" Beruf hatten: der Henker, der Totengräber und alle fahrenden Spielleute. Sie waren in Zeiten der Hungersnot auf die Almosen der mildtätigen Bürger angewiesen.

Betteln galt im Mittelalter nicht als Schande. In Lumpen gehüllte Menschen, Blinde und Lahme, die um eine milde Gabe baten, gehörten zum Alltag. Armut wurde als Gottes Wille angesehen, und wer den Armen Almosen gab, glaubte, nach dem Tod ins Paradies zu kommen.

Fürsorge für Arme und Kranke

Um ein besonders gottgefälliges Werk zu tun, stifteten reiche Bürger Spitäler. Hier wurden Alte und Kranke gepflegt und Arme erhielten eine Mahlzeit. Geführt wurden sie oft von Mönchen oder Nonnen. Die Regeln waren streng. Gebet und Gottesdienst hatten einen festen Platz im Tagesablauf.

Außerhalb der Stadt lag das Lepraspital. Lepra (deshalb auch Aussatz genannt) war nicht heilbar, aber ansteckend. Die Gliedmaßen begannen zu eitern und verkrüppelten. Nach langem Leiden führte die Krankheit zum Tod. Damit Gesunde den Aussätzigen nicht begegneten, trugen diese immer eine Rassel oder eine Klapper mit sich.

M3 Bettler bitten um eine milde Gabe. (Altarbild um 1480)

ARBEITSAUFTRÄGE

1. Nenne die Randgruppen der Stadtbevölkerung.
2. I Nenne die Randgruppe, die in M1 hauptsächlich dargestellt wird.
   II Arbeite die Randgruppe in M1 heraus, indem du ihre Darstellung genau beschreibst.
3. Beschreibe das Zusammenleben von Christen und Juden in der mittelalterlichen Stadt.
4. Erläutere den Umgang mit den Erfurter Juden in Q1.
5. Erkläre die Bezeichnung „Aussätzige" für Leprakranke.
6. Diskutiert die Bedeutung der Aussage „Stadtluft macht frei" für die Randgruppen der Stadtbevölkerung. Fishbowl

Hygiene in der mittelalterlichen Stadt

Es stinkt zum Himmel!

Gestank, Lärm, Rauch und Umweltverschmutzung waren die täglichen Begleiter der Menschen in den mittelalterlichen Städten. Die Häuser standen eng zusammen. Müll und Abwasser wurden auf die Straße gekippt.

Ein großes Problem war der Kot der überall frei herumlaufenden Schweine. Andererseits fraßen die Tiere aber den Abfall, der überall herumlag. Störend war auch die Verschmutzung der Straßen und der Stadtbäche durch die Gerber, Metzger oder Färber.

In den Hinterhöfen befanden sich Ställe, Schuppen und Werkplätze ebenso wie die „schissgruoben", die Aborte. Steinhäuser wurden mit der Zeit mit einem Aborterker ausgestattet. Dessen Ablauf mündete in Gräben, die zwischen den Häusern lagen. Über die Reinigung dieser Gräben stritten sich die Stadtbewohner sogar vor Gericht. Fäkaliengruben und Brunnen lagen häufig in unmittelbarer Nähe.

Oft wurde das Trinkwasser aus Flüssen genommen, in die auch die Abwässer der Stadt geleitet wurden. Erkrankungen waren die Folge. Von Bakterien und anderen Krankheitserregern wussten die Menschen im Mittelalter noch nichts.

M1 Trippen, besondere Holzschuhe, verhindern das Einsinken in den häufig verdreckten Straßen. (Zeichnung aus einem Nürnberger Hausbuch, 1434)

Krankheiten bedrohen die Menschen

Die durchschnittliche Lebenserwartung betrug etwa 30 Jahre. Schuld waren die harten Lebensbedingungen und die mangelnde Hygiene. Viele Frauen starben bei der Geburt eines Kindes.

Seuchen und andere Krankheiten gehörten zum mittelalterlichen Leben. Die Gesellschaft versuchte, sich dagegen durch festgelegte Regeln zu schützen. So galten Leprakranke bereits als tot, obwohl sie noch lebten. Für sie wurde die Totenmesse gelesen. Sie mussten eine besondere Kleidung tragen und vor den Toren der Stadt leben.

Die Pest breitet sich aus

Die Pest aber stellte die Menschen vor unbekannte Probleme. Sie war die schlimmste aller Seuchen im Mittelalter und hatte schwerwiegende Folgen. Etwa ein Drittel aller Menschen starb an dieser Seuche. Die Bevölkerung nahm bis zum Ende des 15. Jahrhunderts stetig ab.

Die Krankheit war über Flöhe von Schiffsratten aus Asien nach Europa eingeschleppt worden. Flöhe übertrugen die Pest auch auf den Menschen. Die Seuche breitete sich um das Jahr 1347 von Genua aus auf den großen Schifffahrtswegen und Handelsstraßen in kürzester Zeit aus.

Die mittelalterlichen Ärzte standen der Krankheit und ihrer raschen Verbreitung hilflos gegenüber. Als Ursache für die Pest wurde alles Mögliche angesehen: Man dachte an „verseuchte Lüfte", Rattenflöhe waren unbekannt. Der Pestbazillus wurde erst 1894 entdeckt.

Warum sich die Pest so schnell ausbreitete, weiß man nicht genau. Missernten und Überschwemmungen hatten zu Hungersnöten geführt. Die verminderten Abwehrkräfte der unterernährten Menschen leisteten der Seuche keinen Widerstand.

Die Katastrophe wirkte sich auf alle Lebensbereiche aus: Religiöse Bewegungen betrachteten die Pest als Strafe Gottes. Andere machten die Juden für die Krankheit verantwortlich.

M2 Ehrgraben und Abtritt (Miniatur aus dem 14. Jh.) Die Ehrgräben hatten eine doppelte Funktion: Sie waren Kloake und Grundstücksgrenze.

Wirtschaft und Alltag

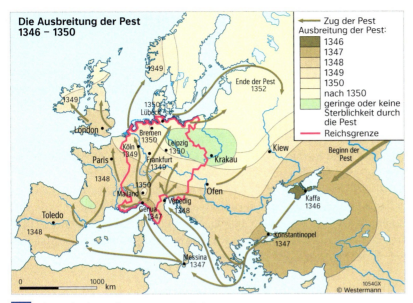

M3 Die Ausbreitung der Pest 1346–1350

Die Pest verändert das Zusammenleben der Menschen

In der Stadt wütete die Pest stärker als auf dem Land, wo die Menschen nicht so eng zusammenlebten. In den Städten wurden die Arbeitskräfte knapp. Die Produkte der Handwerker wurden teurer.

Die Nachfrage nach Getreide sank für einen längeren Zeitraum. Die Folgen für die Landbevölkerung waren katastrophal. Von 170 000 Dörfern waren am Ende des 15. Jahrhunderts 40 000 verlassen. Vor allem in den neuen Siedlungen lohnte sich der Anbau von Getreide nicht mehr. Da die Preise für Getreide immer weiter fielen, sanken auch die Einnahmen der Grundherren, sodass viele Adlige verarmten.

Die Pest war nicht die einzige Ursache für den Niedergang der Landwirtschaft. Um 1400 verschlechterte sich das Klima. Die Sommer wurden feuchter und kühler, die Winter lang, kalt und schneereich. Diese sogenannte „Kleine Eiszeit" dauerte bis ins 19. Jahrhundert hinein. Die Landbevölkerung wanderte in die Städte ab, wo viele Werkstätten leer standen. Dort sorgten sie für ein Anwachsen der städtischen Unterschichten.

Wie viele Opfer die Pestepidemien des 14. Jahrhunderts gefordert haben, lässt sich nicht genau sagen. Wissenschaftler schätzen, dass es etwa 25 Millionen Todesopfer gab. Dies entspricht einem Drittel der damaligen Bevölkerung.

ARBEITSAUFTRÄGE

1. I Nenne die Probleme, die das Zusammenleben vieler Menschen auf engem Raum in der Stadt im Mittelalter verursachte.
   II Beschreibe Umweltprobleme, die in M1 und M2 dargestellt sind.
   III Vergleicht die Umweltprobleme der mittelalterlichen Städte mit den Problemen der Gegenwart.
2. Beschreibe mithilfe von M3 die Ausbreitung der Pest in Europa. HILFE
3. Erklärt, welche Auswirkungen die Pest auf das Zusammenleben der Menschen hatte. Placemat

Wer hat das Sagen in der Stadt?

Befreiung von den Stadtherren

Viele Städte waren von weltlichen oder geistlichen Stadtherren gegründet worden. In der Gründungsurkunde wurden die Rechte und Pflichten der Bürger niedergeschrieben. Der Stadtherr verdiente am Markt, an den Zolleinnahmen und an dem Grundzins für die Grundstücke.

Aber auch die Kaufleute und Handwerker hatten Vorteile von der Stadt. Im 12. und 13. Jahrhundert waren die Kaufleute durch den Fernhandel so vermögend geworden, dass sie sich die Bevormundung durch den Stadtherrn nicht mehr länger gefallen lassen wollten. Sie wollten ihr Schicksal selbst bestimmen. Deshalb bekämpften sie ihren Stadtherrn mithilfe von Soldaten. Oftmals vertrieben sie ihn. Nun bildeten sie einen Rat aus Vertretern der Patrizier, welcher alle wichtigen Entscheidungen fällte. Geleitet wurde der Stadtrat durch den Bürgermeister.

Kämpfe um die Macht im Rat

Nachdem sich die Städte von den Stadtherren befreit hatten, waren die Mitglieder des Rates allein von den reichen Kaufleuten gestellt worden. Je mehr aber die Handwerker zur wirtschaftlichen Stärke der Städte beitrugen, desto selbstbewusster wurden sie. Im 13. und 14. Jahrhundert drängten die Zünfte auf eine Mitbestimmung bei der Verwaltung der Stadt.

In den meisten Fällen wiesen die Patrizier solche Forderungen zurück. So kam es in vielen Städten zu Aufständen, die nicht selten blutig verliefen. Es entwickelte sich jedoch keine einheitliche Regierungsform für die Städte. Die verschiedenen Städte wurden unterschiedlich regiert. In einer Stadt hatten die Patrizier weiterhin die Macht, in einer anderen Stadt hatten der Stadtherr oder die Zünfte das Sagen.

Zoll: Steuer, die auf Waren erhoben wird, wenn diese eine Gebietsgrenze passieren

M1 Augsburger Aufstand von 1368. Die um 1480 entstandene Federzeichnung zeigt einen Auflauf von Handwerkern vor dem Rathaus von Augsburg. Der Aufstand führte nach kurzer Zeit dazu, dass der Rat die Bildung von Zünften und ihre Beteiligung an der Stadtregierung zuließ.

> **Q1** In Braunschweig kam es 1374 zu einem Aufstand gegen den örtlichen Rat:
>
> Im Jahre 1374 war in der Stadt Braunschweig der Teufel los und hetzte das Volk gegen den Rat.
> Ein Teil der Ratsherren wurde totgeschlagen, ein Teil gefangen genommen und geköpft, ein Teil aus der Stadt vertrieben.
> Wem von den Ratsherren, ihren Kindern und ihrem Geschlecht es gelang, die Stadt zu verlassen, der war am besten dran. Das führerlose Volk lief in den Weinkeller, zerschlug die Fässer und ließ den Wein auf die Erde laufen. Sie führten den Bürgermeister Tile von dem Damme unter schmählicher Misshandlung vor die Stadt, liefen dann in sein Haus und nahmen, was sie fanden, sie legten Feuer an das Haus, dass es bis auf den Erdboden niederbrannte, dann schlugen sie Herrn Tile den Kopf ab.
> Zu all diesen lästerlichen Missetaten setzten sie aus allen Zünften einen neuen Rat ein, so wie es ihnen behagte.
> Das Allerschlimmste war, dass sie an die Zünfte aller Städte Briefe sandten, in denen sie ihr Recht dartun wollten und klagten, dass sie zu hart behandelt und beschatzt [besteuert] worden wären, was sie nicht mehr hätten ertragen können. Mit diesen Sendschreiben hetzten sie das Volk anderer Städte gegen ihren Rat auf, was schwer zu dulden war.

Wirtschaft und Alltag

M2 Ratsversammlung der Stadt Augsburg 1368. Vertreter der Zünfte überbringen dem Rat ihre Forderungen. (Malerei aus dem Augsburger Ratsbuch)

Zünfte gegen Patrizier

Bald bot die Verwaltung der Städte ein uneinheitliches Bild. In einigen Städten konnten die Patrizier die Macht behaupten oder zurückgewinnen, in anderen Städten setzten sich allein die Zünfte durch. In manchen Orten wiederum fand man einen Kompromiss, indem die Zünfte einen Anteil an der Stadtregierung zugebilligt erhielten und ebenfalls Ratsherren stellen konnten.

ARBEITSAUFTRÄGE

1. Nenne die Vorteile, die der Stadtherr von der Gründung einer Stadt hatte. Placemat
2. Erkläre die verschiedenen Machtstreitigkeiten in der Geschichte einer mittelalterlichen Stadt. HILFE
3. Beschreibe die in M2 dargestellte Ratsversammlung aus Sicht eines Patriziers.
4. Schildere anhand der Quelle Q1 das Vorgehen der Aufständischen in Braunschweig.
5. „Das Allerschlimmste war, dass sie an die Zünfte aller Städte Briefe sandten …"
   a) Erkläre, wie der Schreiber in Q1 seine Aussage begründet.
   b) Bewerte die Meinung des Chronisten in Q1.
6. Diskutiert, inwiefern das Mitspracherecht vieler Gruppen für die Politik in der Stadt wichtig ist. Fishbowl

Die Hanse – ein Städtebund

Fernhandel und Städtebündnisse

Städtebünde und Städte am Ausgang des Mittelalters

Städte, die sich selbst verwalteten – die freien Reichsstädte – gingen gegen Ende des Mittelalters vielfach miteinander Bündnisse ein. Sie richteten sich vor allem gegen die Fürsten, die in dieser Zeit immer mächtiger wurden und die Freiheit der Städte bedrohten. Die Fürsten wollten die freien Städte in ihren Einflussbereich eingliedern, um ihrerseits Nutzen aus deren Handel und Reichtum zu ziehen.

Koggen und Kontore: die Hanse

Auch im Fernhandel und bei ihren Seefahrten schlossen sich die Kaufleute und Städte zusammen. Zu der Bedrohung durch Räuber auf dem Meer kam die Rechtlosigkeit im Ausland. So begannen um 1300 herum norddeutsche Kaufleute damit, gemeinsam mit ihren Koggen über See zu fahren, zu fischen und sich Stützpunkte und feste Handelsplätze in fremden Ländern zu erkämpfen. Schließlich entstand daraus ein regelrechtes festes Bündnis zwischen ihnen, die „dudische Hanse". Sie wurde der wichtigste und mächtigste Städtebund des Mittelalters. Rund 100 Städte gehörten der Hanse an. „Hauptort" der Hanse war Lübeck.

M1 Die Kogge war das Fracht- und Kriegsschiff der Hanse (Rekonstruktion)

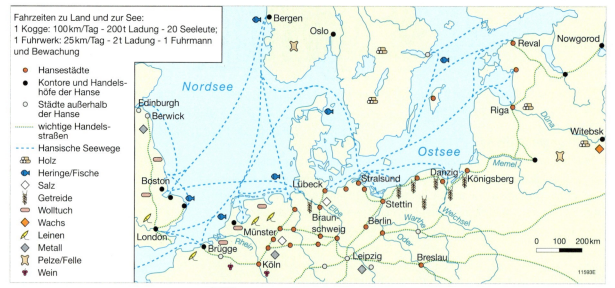

M2 Hansestädte und Handelswege in Nordeuropa um 1370

Kaufleute machen Politik

Von Zeit zu Zeit kamen Vertreter der Städte auf gemeinsamen Hansetagen zu Beratungen zusammen. Die Hansetage fanden überwiegend in Lübeck statt. Hier wurde über alle hansischen Angelegenheiten entschieden, Leben und Handel der Mitglieder in genau umschriebene Regeln gebracht. Wer sich nicht fügte, wurde „verhanst", das heißt von den anderen geächtet.

Aber auch Fragen der Politik nach außen wurden hier behandelt, bis hin zu Entscheidungen über Krieg und Frieden. Denn die Kaufleute gerieten bald in Streit mit fremden Landesherren, wenn sie ihre Interessen im Ausland durchsetzen wollten.

Wirtschaft und Alltag

M3 Hafenszene (Miniatur aus dem Hamburger Stadtrecht von 1497)

Sicherheit für die Kaufleute

Die Hanse erkämpfte sich befestigte Niederlassungen an den Küsten von Ost- und Nordsee. In diesen Kontoren gab es Lagerhallen für die Handelsgüter, Büros, Unterkünfte und sogar einen eigenen Gerichtshof. Hier galt allein hansisches Recht. Von diesen Stützpunkten aus erschlossen die Kaufleute das reiche, ausgedehnte Hinterland.

Ende des 15. Jahrhunderts jedoch begann die Macht der Hanse zu schwinden. Immer mehr Landesherren hoben die Rechte der hansischen Kaufleute auf, um sie stattdessen eigenen Kaufleuten zu gewähren. Der Handelsbereich der Hanse verarmte.

Kontor: Niederlassung von hansischen Kaufleuten

ARBEITSAUFTRÄGE

1
I Nenne wichtige Hansestädte.
II Nenne Bundesländer und Staaten, in denen die Hansestädte heute liegen.
III Beschreibe anhand von M2 das Einflussgebiet der Hanse.

2 Wähle einen der Kaufleute aus M3 aus und erzähle aus dessen Sicht über seinen Alltag in einer Hansestadt.

Der Frieden von Stralsund

M1 Die Bewohner von Visby müssen König Waldemar IV. 1361 drei Fässer mit Schätzen füllen, damit er die Stadt verschont. (Gemälde, 1882)

Die Waldemarkriege

Dem dänischen König Waldemar IV. missfiel der wachsende Einfluss der Hansestädte im 14. Jahrhundert. Insbesondere störte ihn deren aufstrebender Handel im Ostseeraum und die wechselseitig gewährten Handelsvorrechte (Privilegien). Um die Hanse zu schwächen und seinen eigenen Machtbereich zu vergrößern, unternahm Waldemar im Jahre 1361 einen Angriff auf die Ostseeinsel Gotland und die dortige Hansestadt Visby.

In Greifswald berieten die Hansestädte unter Leitung des Lübecker Bürgermeisters Johann Wittenborg daraufhin das weitere Vorgehen. Schließlich erklärte der Städtebund dem dänischen König den Krieg. Nachdem sich die Dänen im Ersten Waldemarkrieg noch behaupten konnten, gelang es der Hanse im Zweiten Waldemarkrieg 1368 Kopenhagen zu erobern. Nach weiteren Niederlagen war König Waldemar schließlich gezwungen, einzulenken und Verhandlungen mit der Hanse aufzunehmen.

M2 Die Eroberung Kopenhagens durch die Hanse 1368 (Gemälde, spätes 19. Jahrhundert)

Verhandlungen in Stralsund

Stralsund hatte gemeinsam mit Lübeck die führende Rolle im Krieg des Städtebundes gegen Dänemark gespielt. Die Ostseestadt gehörte in dieser Zeit zu den wichtigsten Mitgliedern, zwischen 1358 und 1370 fanden hier sogar mehr Hansetage statt als in Lübeck. Im Mai 1370 trafen die Vertreter von 23 Hansestädten in Stralsund mit den dänischen Abgesandten zusammen.

Die Kriegsgegner verhandelten sehr hartnäckig einen ganzen Monat lang. Am 24. Mai 1370 schließlich besiegelten die Dänen und das Bündnis der Hansestädte den Friedensvertrag. Es gelang der Hanse damit, die starke Rolle der Städte festzuschreiben. Die Freiheit Visbys wurde wiederhergestellt. Dänemark musste der Hanse den freien Handel auf der Ostsee garantieren. Waldemars Nachfolger durften nur mit vorheriger Zustimmung der Hanse gewählt werden.

Mit diesem Friedensvertrag hatten die Hansestädte nach zwei verlustreichen Kriegen über König Waldemar IV. gesiegt und somit den freien Zugang zum Ostseeraum erzwungen. Das Dokument beendet die lange Auseinandersetzung zwischen der Hanse und Dänemark. Historiker bewerten heute dieses Ereignis als den Höhepunkt in der Geschichte der Hanse.

Ein historisches Dokument

Die Originalurkunden des Friedensvertrages werden heute im Stralsunder Stadtarchiv aufbewahrt. Im Jahr 2020 feierte die Stadt das 650-jährige Jubiläum des Friedens mit einer Reihe von Veranstaltungen.

M3 Der Frieden von Stralsund von 1370, Urkunde mit den Siegeln der Hansestädte

M4 Das Rathaus von Stralsund

Q1 Aus dem Frieden von Stralsund von 1370:

Zum Ersten, dass alle Bürger, Kaufleute und ihr Gesinde und diejenigen, die von ihnen beauftragt werden, die gegenwärtigen wie die kommenden, alle Enden und Gegenden des Reiches zu Dänemark […] besuchen dürfen. Und sie sollen in alle Gegenden mit ihrem Gut und ihren Kaufmannswaren zu Wasser und zu Lande ohne jede Behinderung fahren und verkehren dürfen, um das zu nutzen, was sie haben, und, um ihre Kaufmannschaft auszuüben. Doch sollen sie ihren rechten Zoll bezahlen, dort, wo sie dazu verpflichtet sind, wie hiernach ausgeführt wird. Und sollen sie auf ewige Zeiten alle Strände im ganzen Reich zu Dänemark […] frei nutzen dürfen und in allen Landen des ganzen Reiches Dänemark.
Und darum, dass sie dieses in Frieden besitzen mögen und die Abgaben in Frieden einziehen können, so sollen sie [die Hansestädte] in den folgenden fünfzehn Jahren zur Sicherheit [die Burgen] von Helsingborg, Malmö, Skanör und Falsterbo […] erhalten. […]
[Schwur der Dänen auf den Frieden]: Falls unser König Waldemar sein Reich Dänemark einem anderen Herrn übertragen will, dem sollen und wollen wir nicht zustimmen, es sei denn von den Städten gut geheißen.

ARBEITSAUFTRÄGE

1. Arbeite Ursache und Auslöser der Waldemarkriege heraus.
2. Beschreibe den Ausgang der Waldemarkriege.
3. Nenne die Beteiligten bei den Verhandlungen in Stralsund.
4. I Gib die wesentlichen Bestimmungen des Friedens von Stralsund wieder.
   II Erläutere die Folgen des Friedens für die Hanse.
   III Bewerte den Frieden aus Sicht des dänischen Königs. Denke dabei an das Selbstverständnis der Könige im Mittelalter.

Digital+
Link zum Vertragstext des Friedes
WES-142805-206

Projekt

Wir suchen mittelalterliche Spuren

Die Bauten in der Stadt

Wer mit offenen Augen durch die Städte geht, der wird in vielen Gebäuden noch Spuren des Mittelalters entdecken. Die auffälligsten sind die großen Bauten der mittelalterlichen Bürger: die Kirchen und Dome, aber auch die Rathäuser.

Kirchen und Dome waren Bauten, mit denen Gott verherrlicht werden sollte. Sie zeigten, dass die Menschen fromm waren. Andererseits zeigten sie aber auch den Ehrgeiz der Bürger: Hier wetteiferten die Städte miteinander, wer den schönsten Bau und den höchsten Turm erstellen konnte.

Als die Bedeutung der Städte im Mittelalter wuchs, wurden nicht mehr nur prächtige Kirchen gebaut. Jetzt folgten auch Bauten für den Rat der Bürger, die Rathäuser, als Ausdruck der Selbstdarstellung. Das Rathaus war das Hauptgebäude am Markt, es sollte höher und schöner als alle Bürgerhäuser sein. Jahrzehntelang wurde daran gebaut, und im Laufe der Jahrhunderte wurde die Ansichtsseite immer prächtiger umgestaltet.

M1 Nikolaikirche in Stralsund

M2 Rathaus in Rostock

M4 Im Mittelalter entstandene Straßennamen

Straßen und Plätze mit Geschichte

Die Namen von Straßen und Plätzen geben auch heute noch Auskunft über ihre Bewohner oder ihre Nutzung im Mittelalter. Trägt eine Straße den Namen Töpfergasse, ist es sehr wahrscheinlich, dass sich hier früher die Handwerker der Stadt ansiedelten, die sich als Töpfermeister in einer Zunft zusammengeschlossen hatten. Namen wie „Holzmarktstraße" oder „Am Heumarkt" sind oft von besonderen Marktplätzen der Stadt abgeleitet. Dort wurde nur Holz oder Heu an die Stadtbevölkerung verkauft. In vielen Orten erinnern Bezeichnungen wie „Am Galgenberg" an den Richtplatz der Stadt. Befanden sich diese Straßen und Plätze in der Zeit ihrer Entstehung noch vor den Toren der Stadt, so liegen sie heute zumeist mitten im Ort.

ARBEITSAUFTRÄGE

1. Beschreibe M1 bis M3. **HILFE**
2. Nenne Bauwerke in deinem Ort, die Sachquellen des Mittelalters sind.
3. Informiere dich darüber, welche Straßen und Plätze deiner Region ihren Namen aus der Zeit des Mittelalters haben.

M3 Ein Bürgerhaus in Wismar

In Kürze

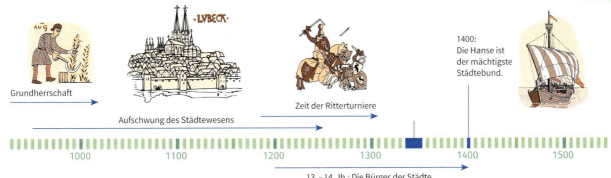

Leben im Mittelalter

Die Bevölkerung in Mitteleuropa nahm bis ins 14. Jahrhundert stetig zu. Möglich wurde dies vor allem durch verbesserte landwirtschaftliche Anbaumethoden.

Die Bauern waren von ihren Grundherren abhängig. Frondienste und Abgaben bestimmten das Leben der Hörigen.

Mönche und Nonnen in den Klöstern lebten nach der Regel „Bete und arbeite". Klöster waren Orte des Gebets und der Arbeit, aber auch der Wissenschaft und Kunst.

Die Ritter strebten das Ideal eines christlichen Kämpfers an, der gegen Gewalt und Unrecht zu Felde zieht.

Im Mittelalter entwickelten sich allmählich Anfänge städtischen Lebens in der Form von Kaufmanns- und Handwerkersiedlungen. Ihre Bewohner erkämpften von den Stadtherren die Selbstständigkeit. Kennzeichen der Städte waren der Markt, die Stadtmauer sowie die großen Bauten: Rathäuser und Kirchen.

Grundlage des Reichtums der freien Städte war der Handel. Zu seinem Schutz bildeten sich verschiedene Städtebündnisse, wie zum Beispiel die Hanse.

WICHTIGE BEGRIFFE:

Abgaben
Dreifelderwirtschaft
Frondienst
Gilde
Grundherr
Hanse
Hörige
Kloster
Markt
Pest
Rat
Ritter
Stadtherr
Zunft

Entdeckung und Eroberung der Welt

Der Zeitraum zwischen 1450 und 1650 ist das Zeitalter der Entdeckungen. Die Suche nach neuen Märkten war Ursache für den Aufbruch in unbekannte Gegenden. Von Anfang an spielten wirtschaftliche Interessen eine bedeutende Rolle. Neu entdeckte Gebiete wurden von den Europäern in Besitz genommen. Die dort lebenden Ureinwohner wurden unterdrückt und ausgebeutet. Ihre Kulturen wurden zerstört. Aus den Entdeckern wurden Eroberer. Mit den Folgen haben die Nachfahren der Ureinwohner noch heute zu kämpfen.

Die Ankunft von Christoph Kolumbus in Amerika 1492 (Darstellung von 1592)

Neue Wege – neue Ideen

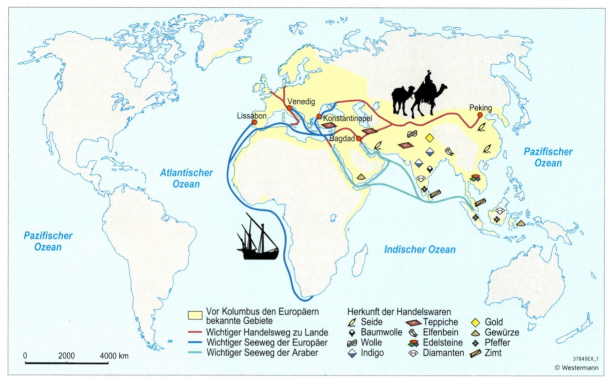

M1 Europäische Handelsrouten

Voraussetzungen für den Aufbruch

Neue Handelsrouten

Der Handelsverkehr hatte über Jahrhunderte nach dem gleichen Schema funktioniert: Arabische Karawanen brachten Seide, Edelsteine und Gewürze aus Asien auf dem Landweg auch nach Konstantinopel. Von hier aus lieferten die Seefahrer die Waren nach Venedig und Genua. Über zwei große Handelsstraßen wurden die Luxuswaren in den Norden Europas geliefert. Dieser Handel brachte den Kaufleuten einen sehr hohen Gewinn.

Seit dem Jahr 1453 verlangten die Herrscher Konstantinopels hohe Zölle auf die Waren. Der Handel zwischen Europa und Asien wurde dadurch erschwert. Die Preise stiegen enorm an. Da durch den Handel auf dem Landweg kaum noch Gewinne erzielt werden konnten, musste eine neue Möglichkeit für den Handel gefunden werden. Die Portugiesen und Spanier suchten neue Routen auf dem Seeweg.

Neues Wissen

Für die beginnenden Entdeckungsfahrten spielten neue wissenschaftliche Erkenntnisse eine große Rolle. Bereits Anfang des 15. Jahrhunderts segelten portugiesische Seefahrer an der afrikanischen Küste entlang. Neue Navigationsgeräte, wie der Kompass, ermöglichten es, die eingeschlagene Richtung ohne sichtbaren Orientierungspunkt genau einzuhalten. Größere Schiffe wurden entwickelt. Mit ihnen konnten sich die Seefahrer weiter auf das offene Meer hinauswagen und größere Strecken zurücklegen. Die Seereisen wurden dabei genauestens dokumentiert. Die Kapitäne zeichneten dabei genaue Karten der entdeckten Gebiete.

M2 Der Kompass

Wirtschaft und Alltag

Neue Wege nach Asien

Die einzige Lösung, die hohen Zölle zu vermeiden, war einen Seeweg nach Asien zu finden. Dieser Weg konnte nach den damaligen Erkenntnissen nur um Afrika herumführen. Möglich erschienen solche Expeditionen durch neues geografisches Wissen. Viele Seefahrer und Händler brachten von ihren Reisen immer genauere Karten von der Küste Afrikas und anderen Gegenden mit.

Im Sommer 1487 brachen portugiesische Seefahrer auf, um die Südspitze Afrikas zu umsegeln und endlich nach Asien zu gelangen. Im Februar 1488 erreichten sie den südlichsten Punkt Afrikas, doch die Mannschaft meuterte und erzwang die Rückkehr. Der Versuch war gescheitert.

Das neue Weltbild – die Erde ist keine Scheibe

Doch die Reisen entlang der afrikanischen Küste brachten neue, wichtige Erkenntnisse. Der Nürnberger Martin Behaim fühlte sich nach einer Fahrt zur Südspitze Afrikas darin bestätigt, dass die Erde keine Scheibe, sondern eine Kugel sei. Er baute zwischen 1490 und 1493 einen „Erdapfel", den ältesten heute noch erhaltenen Globus. Auf ihm verzeichnete er alle Länder, Meere und Inseln, die damals bekannt waren. Ein entscheidender Teil fehlte allerdings: Amerika.

M3 Erdglobus von Martin Behaim, hergestellt 1490–1492

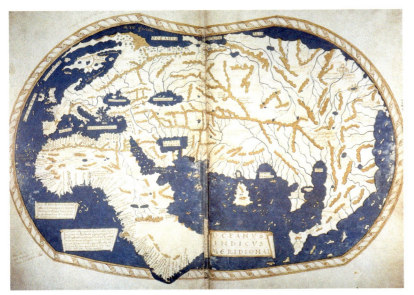

M4 Weltkarte des Heinrich Martellus von 1489, an der sich Behaim orientiert hat.

ARBEITSAUFTRÄGE

1. Erkläre, warum die Spanier und Portugiesen nach neuen Wegen für den Handel suchten.
2. I Nenne die Erfindungen und Entdeckungen, die die Welt im 15. Jahrhundert veränderten.
   II Erkläre, wie der Kompass es ermöglichte, weiter auf das offene Meer hinauszufahren.
   III Beurteile, wie wichtig die neuen Erfindungen und Entdeckungen für die Seefahrt waren.
3. Vergleiche die Karten M1 und M4.

Westwärts nach Indien

Immer wieder unternahmen Europäer Forschungsreisen Richtung Osten. Wenn aber die Erde wirklich eine Kugel war, konnte man dann nicht auch westwärts um den Erdball segeln? Ein Mann, der fest an diese Route glaubte, war der Kaufmann Christoph Kolumbus. Bestärkt wurde er in seiner Überzeugung, dass es einen westlichen Weg nach Indien geben müsse, durch einen italienischen Landsmann, den Florentiner Paolo Toscanelli. Der Mathematiker und Astronom hatte 1474 die seinerzeit meistbeachtete Weltkarte entworfen. Sie zeigte den Weg von Europa nach Asien in westlicher Richtung, wie ihn sich die Gelehrten zu der Zeit vorstellten.

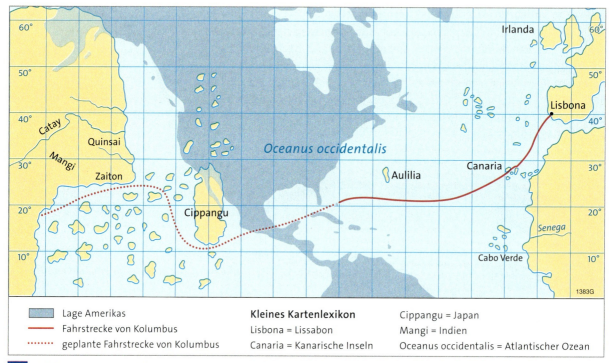

M1 Weltkarte von Toscanelli von 1474 – ergänzt um die Lage des noch unbekannten amerikanischen Kontinentes

Portugals Absage an Kolumbus

Nach intensivem Kartenstudium unterbreitete Kolumbus 1484 dem portugiesischen König Johann II. seinen Plan. Die Westroute nach Asien – so behauptete Kolumbus – sei kürzer und ungefährlicher als der 15 000 Kilometer lange Weg um Afrika. Dadurch ergäben sich entscheidende Handelsvorteile. Er bat den König, ihm Schiffe für eine Entdeckungsfahrt zur Verfügung zu stellen. Doch der König lehnte ab.

Kolumbus sucht Unterstützung in Spanien

Kolumbus suchte weiter nach Geldgebern für seine Idee. Schließlich fand Kolumbus beim spanischen Königspaar Unterstützung. Diese hofften, durch die neue Westroute nach Indien doch noch den Portugiesen zuvorzukommen. Kolumbus musste allerdings versprechen, alle entdeckten Länder für die spanische Krone in Besitz zu nehmen und die Bewohner zu Christen zu bekehren.

Wirtschaft und Alltag

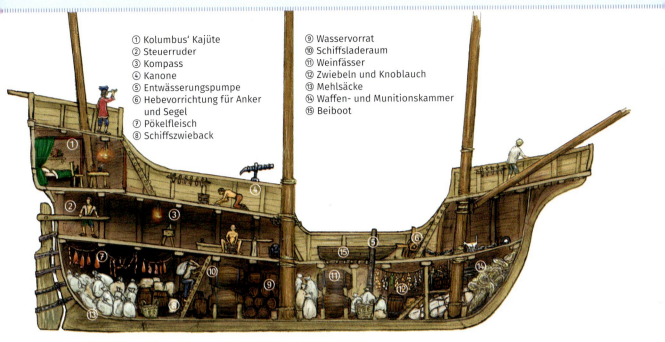

M2 Ein Schiff des Kolumbus – die Karavelle Santa Maria

① Kolumbus' Kajüte
② Steuerruder
③ Kompass
④ Kanone
⑤ Entwässerungspumpe
⑥ Hebevorrichtung für Anker und Segel
⑦ Pökelfleisch
⑧ Schiffszwieback
⑨ Wasservorrat
⑩ Schiffsladeraum
⑪ Weinfässer
⑫ Zwiebeln und Knoblauch
⑬ Mehlsäcke
⑭ Waffen- und Munitionskammer
⑮ Beiboot

Aufbruch ins Unbekannte

Vor Beginn seiner Reise musste Kolumbus dem Königspaar versichern, Rohstoffe, Schätze und Gold mitzubringen.

Q1 Vertrag zwischen Kolumbus und dem spanischen Königspaar von 1492:

In Ansehung, dass Ihr, Christoph Kolumbus, abreist auf unseren Befehl, um mit unseren Leuten zu entdecken und zu erobern gewisse Inseln und Festlande im ozeanischen Meer, und dass man hofft, dass mit Gottes Hilfe man einige dieser genannten Inseln und Festlande [...] entdecken wird, [...] haben wir die Absicht, [...] dass ihr als Vizekönig und Gouverneur handeln könnt.

Kolumbus sagte zu und erhielt drei Schiffe mit rund hundert Mann Besatzung: die „Santa Maria", die „Nina" und die „Pinta". Die Schiffe, mit denen Kolumbus den Ozean überqueren wollte, waren nicht besonders groß. Das Flaggschiff „Santa Maria" war gerade einmal 24 Meter lang.

Am 3. August 1492 verließ Kolumbus mit seiner Flotte den Hafen der Stadt Palos de la Frontera an der Südküste Spaniens – im festen Glauben, auf dem Weg nach Indien zu sein.

M3 Christoph Kolumbus (1451–1506), Gemälde, um 1520

ARBEITSAUFTRÄGE

1. a) Nenne mithilfe von M1 Gründe, die Kolumbus an einen westlichen Seeweg nach Indien glauben ließen.
   b) Begründe mithilfe von M1, warum Kolumbus auf seiner Route auf keinen Fall nach Indien gelangen konnte.
2. Beschreibe mithilfe von M2 den Aufbau und die Ausrüstung der Karavelle Santa Maria. HILFE
3. Benenne mithilfe von Q1 die Aufträge, die Kolumbus vom spanischen Königspaar bekam. Stühletausch

Digital+
Interaktives Arbeitsblatt zu dem Schiffstyp Karavelle
WES-142805-301

Hörszene über die Entdeckungsfahrten
WES-142805-302

Endlich Land!

Christoph Kolumbus rechnete mit einer Fahrtzeit von nur drei Wochen, doch es stellte sich heraus, dass die Angaben auf der Toscanelli-Karte falsch waren. Die Reise dauerte viel länger als geplant. Anfang Oktober, nach zweimonatiger Fahrt auf hoher See, war noch immer kein Land in Sicht – abgesehen von einem kurzen Zwischenstopp auf den Kanarischen Inseln zu Beginn der Reise.

Krankheiten machten sich breit, die Matrosen verloren das Vertrauen in ihren Kapitän. Hinzu kam die Angst vor Seeungeheuern. Eine Meuterei schien nur noch eine Frage der Zeit zu sein. Doch der kleine Ast eines Dornbusches mit roten Früchten, den die Mannschaft der „Nina" am 11. Oktober 1492 im Meer sichtete, erwies sich als Rettungsbalken, deutete er doch auf nahes Land hin. Tatsächlich betrat Kolumbus am 12. Oktober 1492 die Bahamas-Insel Guanahani und nannte sie San Salvador, was „Heiliger Retter" bedeutet. Kolumbus hatte Mittelamerika für die westliche Welt entdeckt, ohne dass er es wusste. Er hielt Guanahani für eine Vorinsel Japans.

M1 Kolumbus landet in Guanahani (Gemälde von 1892)

Das Bordbuch von Kolumbus

Seine Eindrücke von der großen Entdeckungsfahrt notierte Christoph Kolumbus in ein Bordbuch, ein Schiffstagebuch.

Das Bordbuch des Christoph Kolumbus stellt eines der bedeutendsten Schriftstücke der Entdeckungsgeschichte dar. Darin verzeichnete Kolumbus die täglichen Ereignisse auf seiner ersten Amerikafahrt zwischen 1492 und 1493. Das Bordbuch verfasste Kolumbus für das spanische Königspaar Ferdinand und Isabella, denn seinen Auftraggebern wollte er nach seiner Rückkehr eine Dokumentation seiner Expedition überreichen können.

Weltdeutung und Religion

> **Q1 Aus dem Bordbuch des Kolumbus von 1492:**
>
> Ich kniete nieder, als ich festen Boden unter den Füßen hatte, und dankte Gott, indem ich die Erde küsste. Dann entfaltete ich das königliche Banner und rief die beiden Beamten der Krone zu Zeugen an, dass ich im Namen des Königs von Spanien von der Insel Besitz ergriff. Die Eingeborenen, glaube ich, sehen mich für einen Gott und die Schiffe für Ungeheuer an. Ich überwand ihre Scheu, indem ich Halsketten und rote Kappen an sie verteilen ließ. Bald wagten sie es, heranzukommen und uns vorsichtig zu berühren. [...] Sie gehen umher, wie Gott sie geschaffen hat. [...] Ihre Haut ist von rötlich gelber Farbe, ihr Haar tiefschwarz und glatt. [...] Sie sind ohne Zweifel gutmütig und sanft. Ihre einzigen Waffen sind Lanzen mit einer Spitze aus Stein oder dem Knochen eines Fisches. [...] Ich glaube, man könnte sie leicht zum Christentum bekehren. [...] Auf der Heimfahrt werde ich sechs dieser Männer mitnehmen, um sie dem König und der Königin zu zeigen.

Die Rückkehr des Kolumbus

Im Januar 1493 wollte Kolumbus die Rückreise antreten. Doch ausgerechnet sein Flaggschiff, die „Santa Maria", strandete kurz vor Haiti. Aus den Trümmern ließ er den ersten spanischen Stützpunkt in der „Neuen Welt" bauen: La Navidad. Die beiden verbliebenen Schiffe belud er mit Gold, Früchten, Gewürzen, Pflanzen, Tieren und mit Ureinwohnern, die er nach Spanien verschleppte, um sie seinem König und den Europäern zu zeigen. In La Navidad ließ er 39 Mann seiner Besatzung zurück. Das spanische Königspaar bereitete Kolumbus einen triumphalen Empfang, obwohl dieser sein großes Ziel, die Westpassage nach Indien, noch nicht gefunden hatte.

„Neue Welt": Amerika ist genauso alt wie Europa, der Kontinent war nur aus europäischer Perspektive „neu".

Amerika wird entdeckt

Bis zu seinem Tod glaubte Kolumbus, dass er in Indien gelandet sei. Die Bewohner dieser für die Europäer „Neuen Welt" nannte er daher „Indianer". Heute kämpfen ihre Nachfahren für die Abschaffung dieses für sie negativen Begriffs. Sie wünschen sich die Bezeichnung „indigene Völker".

Im Jahr 1500 entdeckten die Portugiesen die Küste Brasiliens. Immer mehr setzte sich die Erkenntnis unter den Seefahrern durch, dass das riesige Land im Westen gar nicht zu Indien oder China gehörte, sondern ein eigener, ihnen bisher unbekannter Erdteil war, der zwischen Europa und Asien lag. Diese Ansicht veröffentlichte der aus Florenz stammende Kaufmann und Seefahrer Amerigo Vespucci, der die südamerikanische Küste erkundet hatte. Nach ihm wurde der neue Kontinent benannt: Amerika.

Entdeckung Amerikas: Bereits vor der Ankunft der Europäer lebten in Amerika die Ureinwohner dieses Kontinents. Amerika musste also gar nicht erst „entdeckt" werden. Wenn von „Entdeckung" die Rede ist, ist gemeint, dass Europäer ihnen unbekannte Gebiete erstmalig erreichten.

ARBEITSAUFTRÄGE

1. Benenne die Probleme von Kolumbus und seinen Seeleuten auf der Entdeckungsfahrt von 1492 in die „Neue Welt".
2.
   I Beschreibe mithilfe von M1, welche Haltung Kolumbus gegenüber den Ureinwohnern einnimmt.
   II Erläutere die Haltung des Kolumbus gegenüber den Ureinwohnern mithilfe von Q1.
   III Vergleiche die Haltung des Kolumbus gegenüber den Ureinwohnern in Q1 mit der Darstellung in M1.

Digital+
Erklärvideo zu Christoph Kolumbus
WES-142805-303

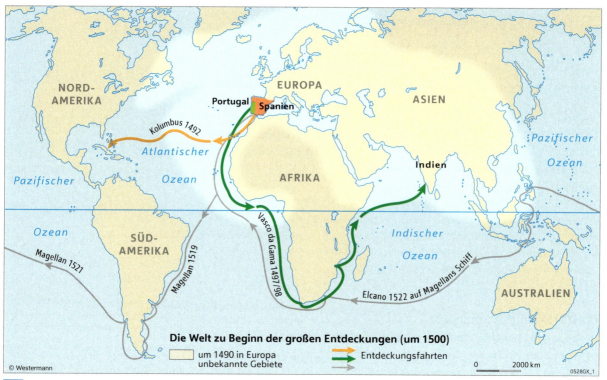

M1 Die wichtigsten Entdeckungsreisen zu Beginn der Neuzeit

Ostwärts nach Indien

Der Weg um Afrika herum

Im Jahr 1492 hatte Christoph Kolumbus im Auftrag des spanischen Königspaares den Seeweg nach Indien in Richtung Westen gesucht. Dabei hatte er den für die Europäer bis dahin unbekannten Kontinent Amerika entdeckt. Der Portugiese Vasco da Gama wollte auf einer anderen Route nach Indien gelangen. Im Jahr 1497 segelte er von Portugal aus mit einer kleinen Flotte Richtung Süden. Er gelangte zur Südspitze Afrikas und umrundete diese. Dann fuhr er mit einigen Zwischenstopps entlang der Ostküste Afrikas. Er überquerte den Indischen Ozean Richtung Nordosten. Am 21. Mai 1498 legte er an der Westküste Indiens an.

Entdeckte Länder werden erobert

Nach den Fahrten von Kolumbus und da Gama gründeten die Spanier in Mittel- und Südamerika sowie die Portugiesen an den Küsten Afrikas und Indiens Handelsniederlassungen. Auf weiteren Entdeckungsreisen wählten die Spanier den Weg nach Westen über den Atlantik. Die Portugiesen segelten um Afrika nach Osten Richtung Indien.

Zwischen Portugal und Spanien kam es bald zum Konflikt um die neu entdeckten Gebiete. Man beschloss, sie zwischen beiden Staaten aufzuteilen. Durch Verträge wurden 1494 und 1529 zwei Grenzlinien festgelegt. Im 16. Jahrhundert beherrschten daher beide Staaten den Handel mit Gewürzen, Gold und Silber. Angesichts dieser Erfolge wagten sich nun auch andere seefahrende Nationen auf Entdeckungsfahrten und drangen dabei in unbekannte Gebiete vor.

Die erste Weltumsegelung

1519 erhielt der Portugiese Fernando Magellan den Auftrag, auf westlicher Route von Spanien nach Ostasien zu segeln. Mit fünf Schiffen und etwa 270 Mann Besatzung brach er auf. Er segelte bis zur Südspitze Südamerikas und fand eine Durchfahrt zum Pazifischen Ozean. Vier Monate brauchte er, um den Pazifik zu überqueren. Im April 1521 landete Magellan auf den Philippinen. Bei einem Kampf mit Einheimischen fand er hier den Tod. Sein Steuermann Elcano setzte die Fahrt fort und landete nach fast drei Jahren mit 17 Matrosen und einem Schiff wieder in Europa. Zum ersten Mal war die Welt umrundet worden.

Die beiden letzten Kontinente werden entdeckt

Wer Australien wirklich entdeckt hat, ist unbekannt. Gesichert ist, dass die Holländer 1606 Australien an seiner Nordküste betraten. Aber erst 1770, durch die Fahrten von James Cook, fingen die Engländer an, den Kontinent näher zu erforschen. Deswegen wird Cook oft als der Entdecker Australiens bezeichnet. Er bereiste drei Mal die südlichen Regionen des Pazifiks und sollte unter anderem den „Südkontinent" finden, von dessen Existenz die damaligen Forscher überzeugt waren. Cook segelte zwar durch die Gewässer vor der Antarktis, entdeckte sie aber nicht. Dies gelang erst 1841 James Ross. Jetzt waren den Europäern sämtliche Kontinente der Erde bekannt.

M2 Fernando Magellan (1480–1521)

M3 Aborigines – Ureinwohner Australiens

M4 Antarktis

ARBEITSAUFTRÄGE

1. a) Ordne mithilfe von M1 alle genannten Entdeckungsfahrten in der richtigen Reihenfolge in eine Tabelle ein.
   b) Nenne das Jahr, den Entdecker, Start und Ziel der Entdeckungsfahrten.
2. Begründe, wie durch Magellans Reise die Kugelgestalt der Erde bewiesen werden konnte.
3. a) Ordne die Entdeckung der Kontinente zeitlich in die richtige Reihenfolge.
   b) Nenne die Länder, in deren Auftrag die Entdecker unterwegs waren.
4. Gruppenpuzzle
   a) Recherchiert zu folgenden Entdeckern: Vasco da Gama, Fernando Magellan, James Cook, James Ross.
   b) Erstellt einen Kurzvortrag zu eurem Thema.
   c) Stellt euren Entdecker den anderen Gruppenmitgliedern vor.

Das Inkareich – eine Hochkultur

Hochkultur: Eine fortschrittliche Gesellschaftsordnung mit folgenden Merkmalen: Menschen leben in einem Staat, es gibt Städte, eine planmäßige Landwirtschaft, die Verwaltung durch Beamte, eine vorhandene Regierung, aufgeschriebene Gesetze und Regeln, Arbeitsteilung und Spezialisierung in der Herstellung von Waren, eine Schrift, das Vorhandensein einer Religion und eine sich ausbildende Kunst.

Die Eroberer, die auf der Suche nach Reichtum und sagenhaften Goldschätzen waren, verhielten sich meist gierig, grausam und unbarmherzig.

In nur wenigen Jahrzehnten zerstörten sie die Hochkulturen der Maya, der Inka sowie der Azteken und versklavten die Ureinwohner. Experten schätzen, dass die einheimische Bevölkerung in Mexiko von etwa 25 Millionen auf drei Millionen und in Südamerika von 50 Millionen auf fünf Millionen in den ersten 50 Jahren der Ausbeutung zurückging.

M1 Ruinen der Inkastadt Machu Picchu

M2 Terrassenfelder der Inka

M3 Bauern bei der Arbeit für den Inka

M4 Der Inka und ein Beamter

Weltdeutung und Religion

M5 Cuzco – Hauptstadt des Inkareiches (Kupferstich aus dem 16. Jahrhundert)

Inka – Herrscher und Volk

„Inka" – das war nicht nur der Name eines Volkes, sondern auch der Titel seines obersten Herrschers, der von seinen Untertanen als „Kind der Sonne" verehrt wurde. Das Kerngebiet seines Reichs waren die Hochebenen und fruchtbaren Flusstäler der Anden, der längsten Gebirgskette der Welt.

Da das bebaubare Land knapp war, legten die Inka an steilen Berghängen Terrassen mit Bewässerungsanlagen an, auf denen sie Früchte, Mais, Weizen und Kartoffeln anbauten. Im Hochland weideten sie ihre Lamaherden. Zentrum des Inkareichs war die Stadt Cuzco, die in 3300 m Höhe lag und etwa 100 000 Einwohner hatte.

M6 Befestigte Straße aus der Inkazeit

Gesellschaft im Inkareich

Die meisten Menschen lebten auf dem Land. Die Bauern mussten Abgaben und Dienste leisten, die Regierung war im Gegenzug verpflichtet, ihre Untertanen auch in Notzeiten zu versorgen. Eine gut ausgebaute Infrastruktur machte es möglich: Ein Wegenetz von rund 40 000 km verband die Orte des Reichs miteinander; über Hängebrücken konnten zahlreiche Schluchten überquert werden. So konnten in Notzeiten Lebensmittel aus den Vorratshäusern im ganzen Land schnell verteilt werden.

Auch Nachrichten transportierte man schnell: Meldeläufer konnten in nur fünf Tagen Strecken bis zu 3000 km zurücklegen – zur damaligen Zeit einmalig! Die Inka benutzten keine geschriebene Schrift, sondern zeichneten Wichtiges mithilfe von Knotenschnüren auf. Mit unterschiedlichen Knotenarten, Farben und Positionen ließen sich komplizierte Nachrichten erstellen.

M7 Knotenschnüre zur Darstellung von Zahlen

ARBEITSAUFTRÄGE

1. Berichte mithilfe von M1 bis M7, was du über die Inka erfährst.
2. I Nenne Anzeichen dafür, dass die Inka eine Hochkultur waren.
   II Erkläre, warum die Inka als Hochkultur angesehen wurden.
   III Beurteile, ob die Inka eine Hochkultur waren.
3. Beschreibe mithilfe von M5 den Aufbau der Stadt Cuzco.
4. a) Errechne, wie viele Kilometer die Meldeläufer an einem Tag zurücklegen konnten.
   b) Überlege dir, wie viele Kilometer du hintereinander joggen kannst.
   c) Beurteile die Leistung der Meldeläufer.

Digital+
Filmclip über das Gold der Inka
WES-142805-304

Die Eroberung der „Neuen Welt"

1531 drangen Pizarro und seine Truppe von Norden in das Inkareich vor. Nicht nur durch ihre Feuerwaffen waren sie überlegen. Sie führten auch Tiere mit sich, die den Einheimischen fremd waren und sie einschüchterten: Pferde und Kampfhunde. Pizarro traf kaum auf Widerstand, da die Inka zu dieser Zeit untereinander Krieg führten. Einige hohe Adlige hofften, dass ihnen ein Bündnis mit den Spaniern helfen würde, den obersten Herrscher, Atahualpa, abzusetzen. Hinzu kam, dass eine von den Europäern eingeschleppte Pockenepidemie die Inka schwächte. Mit knapp 200 Soldaten wurde das Inkareich 1532 besiegt.

Ein Jahr lang wurde Atahualpa gefangen gehalten. Trotz hoher Gold- und Silberzahlungen an die Spanier wurde er wegen Hochverrats gegen die spanische Krone zum Tode verurteilt. Dies sorgte für Entsetzen bei der indigenen Bevölkerung, da man an die Unbesiegbarkeit des Inkaherrschers geglaubt hatte. Das Inkareich brach nun immer weiter auseinander. Nachdem die Spanier Cuzco eingenommen hatten, errichteten sie eine neue Hauptstadt in Küstennähe: das heutige Lima. Erst nach vielen blutigen Auseinandersetzungen und der völligen Plünderung der Gebiete konnten die Spanier 1571 das Inkareich vollständig erobern.

M1 Atahualpa war der letzte Herrscher der Inka, gestorben 1533

Q1 1532 trafen sich Pizarro und Atahualpa. Guaman Poma de Ayala, Beamter des Atahualpa, beschrieb die Begegnung wie folgt:

Atahualpa saß umringt von seinen Anführern auf dem Thron. Pizarro begann ihm durch einen Dolmetscher mitzuteilen, dass er der Gesandte eines großen Herrschers und sein Freund sei. [...] Atahualpa antwortete, dass es stimmen möge, dass Pizarro von einem großen Herrscher komme, aber dass auch er, Atahualpa, ein großer Herrscher in seinem Reich sei. [...] Nach diesem Vorfall stürmten spanische Ritter, die sich verborgen hatten, auf den Platz, töteten die unbewaffneten Inkakrieger, nahmen Atahualpa gefangen und erdrosselten ihn ein Jahr später.

M2 Der Inkakönig Atahualpa wird festgenommen (Kupferstich aus dem 16. Jh.)

Ein Kolonialreich wird errichtet

Schon in den Jahren vor der Zerstörung des Inkareiches waren immer mehr Spanier in die „Neue Welt" gekommen. Im Auftrag des spanischen Königs errichteten sie Handelsstützpunkte und begannen mit der Ausbeutung der eroberten Länder. Sie sollten die Einheimischen zum christlichen Glauben bekehren und beuteten sie als billige Arbeitskräfte aus. Durch unmenschliche Arbeitsbedingungen, Unterernährung und von den Europäern eingeschleppte Krankheiten wie Pocken und Masern verloren viele ihr Leben. Vor allem Geistliche wandten sich gegen diese Zustände. Der aus Spanien stammende Bischof Bartolomé de las Casas verfasste Beschwerdebriefe, bis der König die Versklavung von Einheimischen verbot.

Q2 Bartolomé de las Casas, der Bischof von Chiapas in Mexiko, berichtete Kaiser Karl V.:

So ließ er [der Gouverneur] geschehen, dass die Spanier die verheirateten Männer zum Goldgraben fortschleppten und die Frauen in den Farmen zurückblieben, um dort Feldarbeit zu verrichten. […] Die neugeborenen Kinder konnten sich nicht entwickeln, weil die Mütter, von Anstrengungen und Hunger erschöpft, keine Nahrung hatten. Aus diesem Grund starben […] 7000 Kinder im Laufe von drei Monaten. Einige Mütter erdrosselten vor Verzweiflung ihre Kinder, andere brachten tote Kinder zur Welt. So starben die Männer in den Goldminen, die Frauen auf den Farmen vor Erschöpfung. Die Geburten hörten auf und das allgemeine Sterben hatte zur Folge, dass sich […] rasch entvölkerte.

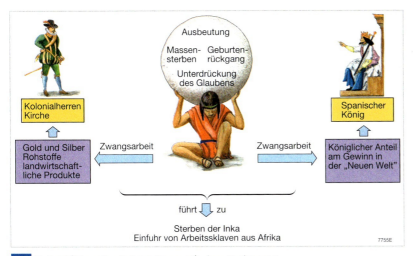

M3 Schaubild zu den Folgen der spanischen Eroberung

ARBEITSAUFTRÄGE

1. Berichte, wie es Pizarro mit nur 200 Soldaten gelingen konnte, die Inka zu besiegen.
2. a) Werte das Schaubild M3 aus. HILFE
   b) Beurteile das Leben der Einheimischen mithilfe von Q2.
3. Diskutiert, ob die Ereignisse ab 1492 am ehesten
   … eine Entdeckung, … eine Eroberung, … eine kulturelle Zerstörung oder
   … ein kultureller Austausch waren. 🗨 Debatte

Digital+
Filmclip über die Eroberung des Inkareichs
 WES-142805-305

Mit einer Mindmap ein Thema darstellen

Eine Mindmap ist eine Art „Gedankenlandschaft". Mit ihrer Hilfe kannst du gesammelte Informationen zu einem Themenbereich ordnen. Du kannst eine Mindmap auch zur Weiterarbeit an einem Thema oder als Stichwortzettel für einen Vortrag verwenden oder zur Vorbereitung auf eine Klassenarbeit nutzen. Erstellen mehrere Schülerinnen und Schüler Mindmaps zum gleichen Thema, können diese jeweils anders aussehen.

TIPP
Eine Mindmap hilft dabei,
- Informationen und Ideen festzuhalten
- Ideen, Informationen und Gedanken zu ordnen und weiterzuentwickeln
- Inhalte eines Textes besser zu behalten
- etwas vorzutragen
- einen Text zu formulieren

Schritte für die Erstellung einer Mindmap

1. Beschaffen von Informationen
- Lies zu deinem Thema Bücher und Texte aus dem Internet.
- Markiere dir wichtige Informationen.
- Notiere dir Stichpunkte.

2. Ordnen der Informationen
- Ordne die Stichpunkte zu sinnvollen Gruppen.
- Finde jeweils einen passenden Oberbegriff / eine passende Überschrift zu den Gruppen.

3. Erstellen der Mindmap
- Du benötigst ein DIN-A3-Blatt im Querformat.
- Schreibe das Thema in die Mitte des Blattes.
- Kreise es farbig ein.
- Vom Thema ausgehend zeichnest du einzelne, verschieden farbige „Äste".
- An diese Äste schreibst du in der jeweiligen Farbe die Oberbegriffe/Überschriften der einzelnen Gruppen.
- Zeichne nun weitere „Zweige" an die „Äste".
- Schreibe die jeweils passenden Informationen an die Zweige.
- Zu den einzelnen Informationen kannst du kleine Zeichnungen/Bilder einfügen.

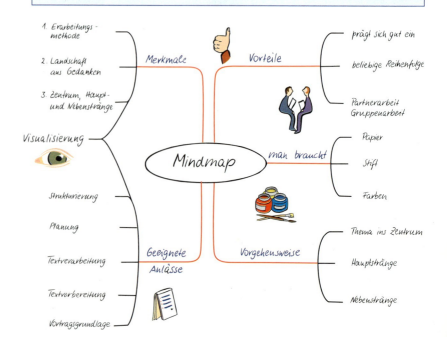

Weltdeutung und Religion

Das Reich der Azteken

Die Azteken waren eine über Jahrhunderte entstandene Hochkultur. Die Hauptstadt des Aztekenreiches Tenochtitlán – das heutige Mexiko-Stadt – lag auf einer Insel inmitten eines Kratersees im Hochland. Die kriegerischen Azteken, die sich Mexica nannten, hatten die Stadt 1325 gegründet. Im Laufe von 200 Jahren unterwarfen sie ihre Nachbarvölker. Als die Spanier eintrafen, lebten etwa 200 000 Menschen in der Stadt, die mit einem acht Kilometer langen Aquädukt mit Trinkwasser aus den umliegenden Bergen versorgt wurde. Viele Kanäle dienten als Wasserstraßen und Brücken verbanden die Stadtteile. Der Marktplatz von Tenochtitlán war das Handelszentrum Mittelamerikas. Dort handelten bis zu 60 000 Menschen mit Früchten, Gemüse, Stoffen, Schmuck, Tieren, Waffen, Edelsteinen und Gold. Da die Azteken kein Geld kannten, tauschten sie oder bezahlten mit Kakaobohnen und Federkielen, die mit Goldstaub gefüllt waren.

Die Religion der Azteken

Im Zentrum Tenochtitláns lagen der Tempelbezirk mit den Palästen der Priester und dem Schloss des Königs Montezuma. Wichtigstes Gebäude war der pyramidenförmige Stufentempel für den Kriegsgott Huitzilopochtli.

Für die Azteken war der Kampf Teil der kosmischen Ordnung. So führten sie fast ununterbrochen Krieg. Sie glaubten, dass sich zwei ihrer Götter in Sonne und Mond verwandelt hatten: In der Nacht magerte die Sonne ihrer Meinung nach zum Skelett ab. Erst durch Blut und Menschenherzen könne sie wieder gestärkt werden. Daher töteten die Azteken ihre Feinde nicht, sondern nahmen sie gefangen, um sie dem Kriegsgott zu opfern. Die Todeskandidaten wurden die Pyramidenstufen hinaufgeführt und von vier Priestern über den Opferstein gelegt. Ein fünfter Priester stieß dem Opfer mit einem Messer in die Brust und holte das noch schlagende Herz heraus. Dann wurde es der Sonne entgegengestreckt.

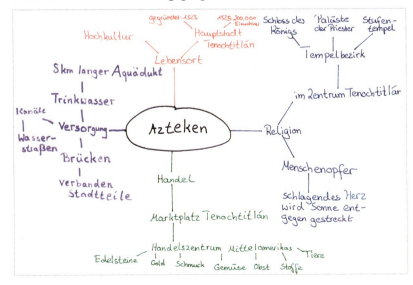

Musterlösung

1. **Beschaffen von Informationen**
   Begriffe zum Thema Azteken
   - Hochkultur
   - Hauptstadt Tenochtitlán
   - 1325 gegründet
   - 1525 lebten ca. 200 000 Menschen
   - 8 km langer Aquädukt
   - Trinkwasser
   - viele Kanäle, Wasserstraßen
   - Brücken verbanden Stadtteile
   - Handelszentrum Mittelamerikas
   - Früchte, Gemüse, Stoffe, Schmuck, Tiere, Waffen, Edelsteine, Gold
   - Geld = Kakaobohnen oder Federkiele gefüllt mit Goldstaub
   - im Zentrum Tempelbezirk
   - Paläste, Priester, Schloss des Königs
   - pyramidenförmiger Stufentempel
   - Azteken opferten schlagendes Herz

2. **Ordnen der Informationen**
   Lebensort,
   - Hochkultur
   - Hauptstadt Tenochtitlán
   - 1325 gegründet
   - 1525 lebten ca. 200 000 Menschen

   Versorgung – …
   Handel – …
   Religion – …

3. **Erstellen der Mindmap**

ARBEITSAUFTRÄGE

1. Erstelle mithilfe der Musterlösung eine Mindmap zum Reich der Inka.
2. Vergleicht eure Mindmaps in der Klasse.
3. Diskutiert über die Vor- und Nachteile einer Mindmap. 🗨 Debatte

Menschen werden zu Handelsware

Die Zahl der Ureinwohner nahm durch die Ausbeutung und eingeschleppten Krankheiten immer weiter ab. Es fehlte nun an billigen Arbeitskräften. Deshalb erteilte das spanische Königspaar Ferdinand und Isabella im Jahr 1501 den Plantagen- und Bergwerksbesitzern die Erlaubnis, Sklaven aus Afrika in die „Neue Welt" zu verschleppen. Immer mehr Länder gründeten Siedlungen in Amerika. Diese sogenannten Kolonien waren politisch und wirtschaftlich von ihren Mutterländern abhängig. Dadurch stieg der Bedarf an billigen Arbeitskräften immer weiter an. Vom 16. bis 19. Jahrhundert wurden nach heutigen Schätzungen mehr als 14 Millionen Menschen aus Afrika verschleppt, um sie in die Kolonien nach Amerika zu schaffen.

Ähnlich wie die Unterwerfung und Ausbeutung der Ureinwohner in Süd- und Mittelamerika führte der Sklavenhandel in Afrika zur Vernichtung der einheimischen Kultur und zur Entvölkerung ganzer Landstriche.

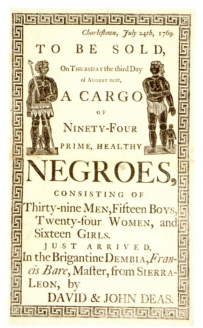

M1 Ankündigung eines Sklavenverkaufs in Charlestown, South Carolina (Flugblatt vom 24. Juli 1769)

> **Q1** Der deutsche Seefahrer Joachim Nettelbeck über den Sklavenhandel (1772):
>
> Hier in Afrika wurden Menschen nun einmal als Waren angesehen. Sie wurden gegen Waren aus Europa eingetauscht. Also kam es hauptsächlich darauf an, solche Artikel zu wählen, nach denen die Schwarzen am meisten verlangten. Schießgewehre aller Art und Schießpulver nahmen die erste Stelle ein. Fast ebenso begehrt waren Tabak und Stoffe aus Baumwolle, Leinen und Seide. Den Rest der Ladung füllten Kleinigkeiten wie kleine Spiegel, Messer aller Art, bunte Korallen, Nähnadeln und Zwirn sowie feines Geschirr, Feuersteine, Fischangeln und dergleichen.

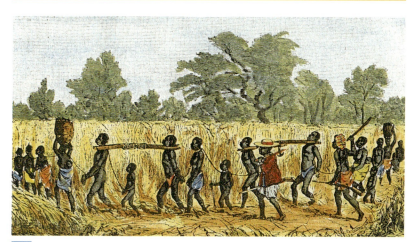

M2 Sklaventransport in Afrika (Holzstich von 1892)

Unmenschlicher Transport

Für die Sklavenhändler ging es ausschließlich darum, möglichst viel Gewinn zu machen. Die versklavten Afrikaner wurden auf Schiffen nach Amerika transportiert. Um möglichst viele Sklaven gleichzeitig mitnehmen zu können, wurden die Sklaven auf engen Pritschen dicht aneinander gekettet. Wochenlang mussten sie so ausharren. Bis zu ein Drittel der Sklaven überlebte die Überfahrt nicht. Dieser Verlust war aber von Anfang an mit einkalkuliert worden.

M3 Liegeplan eines Sklavenschiffes (Lithografie von 1825)

Drei Kontinente sind am Handel beteiligt

Da an dem Handel mit den Sklaven insgesamt drei Kontinente beteiligt waren, bezeichnete man ihn als Dreieckshandel.

Afrikanische Sklavenhändler erhielten aus Europa meist minderwertige Waren wie Glasperlen, alte Schusswaffen und Alkohol. Ein Sklave, den ein Händler gegen solche fast wertlosen Güter einhandelte, brachte ihm in Amerika einen hohen Gewinn. In Amerika mussten die Sklaven auf Plantagen, Farmen oder in Bergwerken arbeiten. Rohstoffe und Plantagenprodukte aus der „Neue Welt", wie Edelmetalle, Baumwolle und Zucker, waren in Europa begehrt und erzielten hohe Verkaufspreise. Erst im Laufe des 19. Jahrhunderts wurde der Sklavenhandel weltweit verboten. In vielen Ländern der Erde sind die Folgen der jahrhundertelangen Ausbeutung noch heute spürbar.

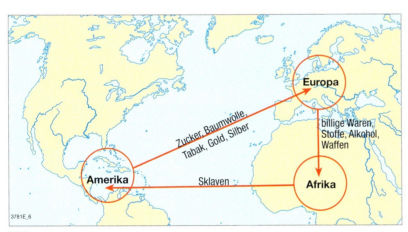

M4 Schematische Darstellung des Dreieckshandels

ARBEITSAUFTRÄGE

1. Nenne Gründe für die Einfuhr von Sklaven nach Amerika.
2. Beschreibe den Leidensweg afrikanischer Sklaven mithilfe von M2, M3 und Q1. Think – Pair – Share
3. Berichte, wer am Sklavenhandel beteiligt war (M1, M2, M4).
4. I Nenne die Waren, die beim Dreieckshandel eine Rolle spielten.
   II Erkläre mithilfe von M4, wie der Dreieckshandel ablief.
   III Erläutere die Aussage: Durch den Dreieckshandel wurde der Mensch zur Ware.
5. Beurteile die Aussage des Seefahrers in Q1.

Digital+
Filmclip über den Sklavenhandel in Afrika
 WES-142805-306

Missionierung und Rechtfertigung

In der ersten Hälfte des 16. Jahrhunderts eroberten die Spanier viele Gebiete in Mittel- und Südamerika. Mit den Eroberern kamen auch Missionare. Diese hatten den Auftrag, die Einheimischen zum Christentum zu bekehren.

Methoden der Missionierung

Zu Beginn glaubten die Spanier, sie könnten die indigene Bevölkerung missionieren, indem sie sie zur Annahme des christlichen Glaubens unter Androhung von Gewalt aufforderten. Sie verboten die traditionellen Bräuche und zwangen die Menschen, christliche Gesten, wie das Schlagen des Kreuzzeichens, zu übernehmen. Diese gewaltsame Missionierung wurde zum Teil dadurch gerechtfertigt, dass die indigene Bevölkerung nicht als Menschen, sondern eher als Tiere angesehen wurde. Ihre Bräuche wurden als unmenschlich und barbarisch abgetan.

Auf der anderen Seite gab es viele Mönche, die eine friedliche Missionierung bevorzugten. Sie glaubten, die Menschen mit Überzeugungsarbeit bekehren zu können. Sie sprachen sich gegen die brutale Behandlung der Einheimischen durch viele Spanier aus.

Recht oder Unrecht

Einer der Mönche, die sich für die indigene Bevölkerung einsetzten, war Bartolomé de Las Casas. Im Jahre 1550 reiste er nach Spanien, um dem spanischen König Karl V. von den Gräueltaten in der „Neuen Welt" zu berichten. Dieser wollte daraufhin klären lassen, ob die Behandlung der indigenen Bevölkerung in Amerika rechtmäßig ist. In einer öffentlichen Debatte diskutierte Las Casas mit Juan Ginés de Sepúlveda über das weitere Vorgehen in Amerika. Sepúlveda rechtfertigte dabei die Sklavenhaltung und gewaltsame Missionierung. Las Casas sprach sich dagegen aus. Es änderte aber nichts an der Situation der indigenen Völker.

M1 Gräueltaten der spanischen Eroberer nach Berichten von Bartolomé de Las Casas (Kupferstich, 1552)

Weltdeutung und Religion

Karl V.

Karl V. war sowohl römisch-deutscher Kaiser als auch König von Spanien. In seine Regierungszeit fällt die Zerstörung der Hochkulturen Lateinamerikas. Er war ein strenggläubiger Katholik. Die Eroberungen rechtfertigte er damit, dass die indigenen Völker zum Christentum bekehrt werden mussten. Er erließ zwar Gesetze, die die Versklavung und gewaltsame Missionierung verboten, aber da er das Gold und die Waren aus Amerika brauchte, setzte er sie nicht durch. Das Gold der Azteken und Inka wurde dafür benutzt, prächtige Kirchen in Amerika zu bauen und den Reichtum Karls V. zu vermehren. Dafür ließ er auch nach dem sagenhaften El Dorado suchen.

Mexiko fordert eine Entschuldigung

Der mexikanische Präsident forderte den Papst und Spanien auf, sich für die Eroberung Mexikos und die begangenen Verbrechen zu entschuldigen.

> **Q1** Der mexikanische Präsident Obrador forderte 2019 eine Entschuldigung:
>
> Mexikos Präsident hat Papst Franziskus und den spanischen König aufgefordert, sich für die in Zeiten der Eroberung durch die Spanier und im Namen des Kreuzes begangenen Verbrechen an indigenen Völkern zu entschuldigen. Bei den Eroberungsfeldzügen habe es sich um eine Invasion gehandelt, bei der die Völker unterworfen worden seien [...]. Es habe Massaker und Unterdrückung gegeben. [...] Die spanischen Eroberer seien mit Schwert und Kreuz vorgegangen und hätten ihre Kirchen auf die Tempel gebaut. [...] Die spanische Regierung reagierte mit Unverständnis.

Die Legende von El Dorado: Immer wieder glaubten Menschen an ein sagenhaftes Goldland, ein Land voller Schätze und Reichtum. Da die Eroberer bei den Inka und Azteken viele Reichtümer fanden, glaubten sie, dass es auch in Lateinamerika ein Goldland geben müsste. Sie nannten es El Dorado. Das ist Spanisch und heißt „das Goldene". Viele Eroberer machten sich auf die Suche, um El Dorado zu finden. Tatsächlich gefunden hat es aber niemand.

M2 Vergoldeter Innenraum der Kirche Iglesia de San Francisco in Quito in Ecuador. An gleicher Stelle befand sich vorher der Palast des Inkaherrschers Atahualpa.

M3 Goldschmiedearbeit der Inka (16. Jahrhundert)

ARBEITSAUFTRÄGE

1. I Nenne Gründe für die Missionierung der indigenen Bevölkerung.
   II Erkläre, womit die gewaltsame Missionierung der indigenen Bevölkerung gerechtfertigt wurde.
   III Bewerte die Missionierung der Indigenen durch die Spanier.
2. Begründe mithilfe von Q1, warum der mexikanische Präsident eine Entschuldigung vom Papst und dem spanischen König fordert.
3. Diskutiert, ob es gerechtfertigt ist, Völker auch gegen ihren Willen zu missionieren. Fishbowl

Ein Rollenspiel zur Eroberung und den Folgen

Die Suche nach Reichtum und die Erweiterung des Machtbereichs waren Gründe für den Aufbruch der Europäer in die „Neue Welt". Doch welche Rechtfertigung gab es für die Sklaverei, Ausbeutung und Missionierung der indigenen Völker? Es hat nie ein Treffen aller beteiligten Parteien zu diesem Thema gegeben. Jede Partei hatte ihre eigene Sicht auf die Lage. Die Europäer fühlten sich durch ihren Auftrag, die indigenen Völker zum Christentum zu bekehren, und durch ihre angebliche Überlegenheit im Recht, diese zu unterdrücken und zu versklaven. Doch welche Rechtfertigung gab es zum Beispiel für die Häuptlinge Afrikas, beim Sklavenhandel mitzumachen, oder bei den Matrosen auf den Sklavenschiffen? Wie waren sie in der Lage, das Elend der Menschen in den Laderäumen zu ertragen? In einem fiktiven Treffen kommen nun erstmals alle beteiligten Parteien zu Wort.

Du bist Isabella von Spanien. Du möchtest, dass der Gouverneur die Ureinwohner dazu zwingt, den katholischen Glauben anzunehmen. Außerdem sollen sie überredet werden, in den Häusern, auf den Plantagen und in den Bergwerken der Spanier zu arbeiten. Dafür sollen die Menschen aber auch einen angemessenen Lohn erhalten. Als Königin von Spanien glaubst du, dass die Ureinwohner sich sicher auch freiwillig zum Christentum bekehren lassen, wenn die spanischen Herren freundlich zu ihnen sind und sie gut behandeln.

Du bist Juan Ginés de Sepúlveda. Du hältst die Ureinwohner für grausam und rückständig. In deinen Augen eignen sie sich nur zum Sklavendienst. Die Europäer seien den Ureinwohnern überlegen. Um deine Sicht verständlich zu machen, erzählst du, dass die Ureinwohner Menschen opfern und ihr Fleisch danach verzehren würden. Du sagst: „Durch die Spanier konnte dies beendet werden. Wenn die Ureinwohner zu Christen bekehrt werden, würden sie zu besseren Menschen werden. Wenn die Ureinwohner dies ablehnen, dürfen sie auch mit Waffengewalt gezwungen werden."

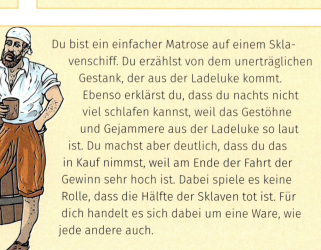

Du bist ein einfacher Matrose auf einem Sklavenschiff. Du erzählst von dem unerträglichen Gestank, der aus der Ladeluke kommt. Ebenso erklärst du, dass du nachts nicht viel schlafen kannst, weil das Gestöhne und Gejammere aus der Ladeluke so laut ist. Du machst aber deutlich, dass du das in Kauf nimmst, weil am Ende der Fahrt der Gewinn sehr hoch ist. Dabei spiele es keine Rolle, dass die Hälfte der Sklaven tot ist. Für dich handelt es sich dabei um eine Ware, wie jede andere auch.

Weltdeutung und Religion

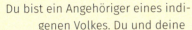

Du bist der Mönch Las Casas und Gouverneur von Mexiko. Du erzählst davon, dass die Ureinwohner den Spaniern völlig egal sind. Sie würden rücksichtslos ausgebeutet. Du machst auf die schlimmen Lebensumstände der Ureinwohner aufmerksam und schilderst, dass die Männer in den Bergwerken und die Frauen auf den Feldern vor Erschöpfung sterben. Jeder Spanier könne sich so viele Ureinwohner als Arbeitskräfte holen, wie er braucht.

Du bist ein Angehöriger eines indigenen Volkes. Du und deine Söhne wurdet gezwungen, in einem Bergwerk zu arbeiten. Deine Frau muss auf der Plantage arbeiten. Du erzählst, wie schwer ihr arbeiten müsst und dass ihr dafür keinen Lohn bekommt. Nur ein bisschen Nahrung erhaltet ihr jeden Tag. Dein jüngster Sohn ist schon vor Erschöpfung gestorben. Du beklagst dich auch darüber, dass du gezwungen wirst, den christlichen Glauben anzunehmen.

Du bist Papst Alexander V. Du möchtest, dass der spanische König die Ureinwohner zum katholischen Glauben bekehrt. Außerdem bist du der Meinung, dass die Ureinwohner unterworfen werden dürfen. Du bekräftigst den Gouverneur darin, mit den Bekehrungen und Unterwerfungen fortzufahren, denn nur so könnten die Ureinwohner zu tugendhaften Menschen werden.

Du bist ein afrikanischer König. Du erklärst, warum du deine Landsleute als Sklavinnen und Sklaven verkaufst. Du erzählst, was du alles für die verkauften Menschen bekommst (Textilien, Gewehre, Schießpulver, alkoholische Getränke, Tabak und Glasperlen). Du beschreibst, dass du mit den Waffen andere Stämme besiegen und deinen Einfluss erhöhen kannst.
Außerdem erklärst du, dass es ja ein anderer machen würde, wenn du keine Sklavinnen und Sklaven verkaufen würdest. So könntest du ja für dich und deine Leute noch einen Gewinn erzielen.

ARBEITSAUFTRÄGE

1. a) Erstellt mithilfe der Rollenkarten und der Informationen der vorherigen Seiten ein Rollenspiel. HILFE
   b) Führt eurer Klasse das Rollenspiel vor.
2. Diskutiert über die Standpunkte der verschiedenen Rollen. Debatte

Konsequenzen für Mensch und Natur

① Spanischer Priester bei der Zerstörung einer aztekischen Tempelanlage im 16. Jahrhundert.

② Kathedrale in Mexico-Stadt, nach der Zerstörung des Haupttempels in Tenochtitlán erbaut.

Christianisierung Amerikas

Die Europäer erkannten den Glauben der indigenen Bevölkerung nicht an. Für sie waren die religiösen Bräuche barbarisch und die Kultur galt als unzivilisiert. Ziel der Europäer war es, den christlichen Glauben nach Amerika zu bringen und die einheimischen religiösen Traditionen und Bräuche zu verdrängen. Sie behaupteten zum Teil sogar, dass die einheimische Bevölkerung Amerikas erst durch die Christianisierung zu Menschen werden könne. Um ihr Ziel zu erreichen, zerstörten die Eroberer vielerorts die Tempel und Götterstatuen der indigenen Bevölkerung und bauten stattdessen Kirchen.

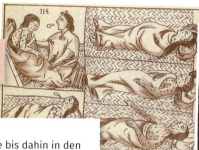

③ An Pocken erkrankte Azteken. (Zeichnung aus dem 16. Jahrhundert)

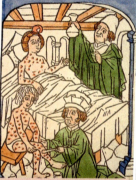

Machten die Europäer krank?

Die Eroberer schleppten Krankheiten aus Europa ein, die bis dahin in den eroberten Ländern nicht aufgetreten waren. Für die Ureinwohner der kolonialisierten Länder und Gebiete waren sie lebensgefährlich. Viele Ureinwohner erlagen der Tuberkulose, den Pocken, Masern, der Pest und Cholera, da sie keine natürlichen Abwehrkräfte gegen sie hatten und sich auch nicht vor Ansteckung zu schützen wussten. Neben anderen Ursachen wie Kriegen und Zwangsarbeit war es vor allem der Ausbruch solcher Krankheiten, der zu einem hohen Bevölkerungsrückgang in Nord-, Mittel- und Südamerika führte.

④ Nach 1493 breitete sich ausgehend von den westeuropäischen Hafenstädten die in Europa bis dahin unbekannte Krankheit Syphilis aus.

⑥ Die Pine Ridge Reservation der Oglala Sioux gehört zu den ärmsten Regionen der USA. Die Arbeitslosenquote liegt bei 85 % und viele Bewohner haben weder Telefon noch Strom.

⑤ Elendsviertel in Lima, Peru. Die Kinder können nicht zur Schule gehen, sondern müssen zum Lebensunterhalt der Familie beitragen.

Als Minderheit am Rande der Gesellschaft

In den meisten Staaten Nord-, Mittel- und Südamerikas ist die indigene Bevölkerung eine Minderheit. Ihre Kulturen und Sprachen wurden jahrhundertelang unterdrückt. Nur wenigen gelang z. B. die Anerkennung ihrer Sprache als Amtssprache. Viele Indigene leben heute unter ärmsten Bedingungen. Bis heute werden sie vielerorts diskriminiert.

Weltdeutung und Religion

⑦ Unter unmenschlichen Bedingungen schufteten verschleppte Afrikaner als Sklaven auf Zuckerrohrplantagen.

⑧ Zuckerrohrplantage im heutigen Kuba

Zuckerrohr verändert Kuba
1548 brachten die Spanier Zuckerrohr von den Kanarischen Inseln nach Kuba. Der extrem fruchtbare Boden und das feuchtheiße Klima der Insel eigneten sich besonders gut für die großflächigen Plantagen. Zwischen 1800 und 1865 wurden 380 000 Sklaven als Arbeitskräfte nach Kuba verschleppt. Zucker gehört nach wie vor zu den wichtigsten Exportprodukten der Insel und die Zuckerindustrie bietet noch immer eine große Zahl an Arbeitsplätzen.

⑨ Bereits Ende des 15. Jahrhunderts brachten Europäer Rinder nach Amerika. Brasilien und die USA gehören heute zu den Staaten mit den höchsten Rindervorkommen.

⑩ Im 16. Jahrhundert gelangten die Meerschweinchen von Südamerika nach Europa.

Keine Pommes ohne Kolumbus
Viele der bei uns mittlerweile einheimischen Kulturpflanzen sind erst im Laufe der Geschichte aus fremden Ländern eingeführt worden. Besonders durch die Entdeckung Amerikas wurden neue Früchte nach Europa eingeführt, wie zum Beispiel Kartoffeln und Tomaten.
Viele in Amerika ursprünglich vorkommende Tierarten wurden durch neue Tierarten verdrängt, die von den Europäern mitgebracht wurden. Aber auch für Europäer unbekannte Tiere wurden über den Atlantik nach Europa gebracht.

ARBEITSAUFTRÄGE

1. Gruppenpuzzle
   a) Teilt die Themen der Seite auf fünf Gruppen auf.
   b) Recherchiert weitere Informationen, zusätzliches Bildmaterial und fertigt ein Poster zum jeweiligen Thema an.
2. Präsentiert eure Ergebnisse in einem Galeriegang.
3. Stellt eure Ergebnisse in der Schule aus.

Die heutige Situation der indigenen Völker

Bis Anfang des 19. Jahrhunderts befreiten sich die Bewohner Mittel- und Südamerikas von der spanischen Kolonialherrschaft. In der Zeit danach entstanden neue Staaten. Aber noch immer beeinflusst die vergangene Kolonialzeit die Gegenwart dieser Staaten.

Von den großen Kulturen Lateinamerikas sind nur noch ein paar Ruinen, Geschichten und kunsthandwerkliche Traditionen übrig geblieben. Viele Nachfahren der indigenen Völker Lateinamerikas werden auch heute noch benachteiligt. Oft leben sie in bitterer Armut. Viele können weder lesen noch schreiben, die Kinder können oftmals nicht die Schule besuchen. Sie müssen arbeiten gehen, um die Familie finanziell zu unterstützen. Den meisten Nachfahren der indigenen Völker sind eine höhere Bildung und eine gute Ausbildung verwehrt. Die Nachkommen der spanischen Kolonialherren dagegen bilden auch heute noch eine kleine, aber reiche Oberschicht.

M1 Markt in Otavalo, Ecuador

Q1 Bericht einer Zeitzeugin:

Mein Freund Carlos ist Lehrer. Eine Familie kann er von seiner Arbeit nicht ernähren. „Ein Lehrer, der an einer Schule für besserverdienende Menschen arbeitet, bekommt viel mehr Geld als ich für die gleiche Tätigkeit", erzählt er mir. Diese Möglichkeit hat er nicht. Er sieht zu sehr wie ein „Indio" aus. Carlos lebt mit 32 Jahren noch bei seinen Eltern, denn eine eigene Wohnung kann er sich nicht leisten.

Q2 Leben in einem Armenviertel in Lima (Zeitungsausschnitt):

Windschiefe Hütten, rauchende Abfallberge zwischen den Behausungen, herumstreunende Hunde und (ständig) unterernährte Kinder – das ist die „Villa el Salvador" in Lima. [...] Nur ein kleiner Teil der Behausungen verfügt über Kanalisation, sodass Abwässer und Trinkwasser sich immer wieder miteinander vermischen – ideale Voraussetzungen für die Ausbreitung von Krankheiten.

M2 Armenviertel in Venezuela

Kolumbus und die Folgen

Heute gehören viele Dinge zu unserem Alltag, die vor der Wiederentdeckung Amerikas in Europa unbekannt waren. Dazu zählen Kakao, Mais, Kartoffeln, Paprika, Vanille, Erdnüsse, Kaffee, Puten, aber auch Poncho, Lama, Tipi, Mokassin, Kanu und Kajak. Aus Europa wurden umgekehrt Dinge nach Amerika eingeführt: Pferde, Rinder, Schweine, Schafe, Ziegen, Hühner, Enten, Weizen, Birnen, Kirschen, Zuckerrohr und Baumwolle.

M3 Lebensmittel aus der „Neuen Welt"

Nicht für alle ein Grund zu feiern

Jedes Jahr finden in Spanien und in den Ländern Mittel- und Südamerikas große Feiern statt, die an die Entdeckung durch Christoph Kolumbus erinnern sollen. Viele indigene Völker empfinden die Verherrlichung des Entdeckers als völlig unangemessen. Sie protestieren dagegen.

> **Q3** Eine Zeitzeugin berichtet von der 500-Jahr-Feier (1992):
>
> Im Oktober 1992 war ich in Quito, der Hauptstadt Ecuadors. Viele meiner ecuadorianischen Freunde sind Nachfahren der indigenen Völker. Die meisten leben in ärmlichen Verhältnissen. Viele von ihnen wohnen mit ihren Großeltern, Eltern, Geschwistern und der eigenen Familie zusammen – in einfachen Häusern am Stadtrand. Nur so können sie sich das Haus leisten. Sie waschen sich in einem Steintrog im Hof des Hauses. Hier, bei meinen Freunden, habe ich keine bunten Fahnen gesehen, sie bezeichnen die Entdeckung als „Conquista" – als Eroberung und Zerstörung ihrer Kultur.

M4 Das Logo von Kritikern der 500-Jahr-Feier der Entdeckung. Nicht alle freuten sich auf die Feier zur Entdeckung Amerikas.

ARBEITSAUFTRÄGE

1. Beschreibe die Probleme, die die Nachfahren der indigenen Völker heute haben.
2. Erkläre mithilfe von Q3, warum viele Menschen die 500-Jahr-Feier ablehnten. HILFE
3. Begründe, warum viele Menschen die Entdeckung als „Conquista", also Eroberung und Zerstörung, bezeichnen.
4. Diskutiert darüber, was der Zeichner mit dem Logo M4 gegen die 500-Jahr-Feier mitteilen möchte. Fishbowl

Das Quipu-System der Inka

Wenn du dir etwas merken möchtest, schreibst du es normalerweise auf Papier oder tippst es in dein Handy. Die Inkas kannten noch keine Zettel oder das Smartphone, sie knüpften Knotenschnüre.

Diese sogenannten Quipus bestanden aus einem Hauptstab oder einer Hauptschnur. An diesen hingen weitere verschieden farbige Schnüre, die Nebenschnüre. In diese Nebenschnüre wurden in bestimmten Abständen verschiedenartige Knoten geknüpft, die Dezimalzahlen ausdrückten. Es wurden also Zahlen und Mengen dargestellt.

Mit den Quipus konnten die Beamten z.B. die Anzahl des Viehs und die Menge der erzeugten Feldfrüchte darstellen. Es gab auch eine Knotenschrift für den Schriftverkehr. Diese ist bis heute aber nicht entziffert.

M1 Inka mit Quipu

> **So geht ihr vor:**
> 1. Nehmt eine Hauptschnur oder einen Holzstab.
> 2. Knüpft Nebenschnüre an die Hauptschnur.
> 3. Teilt die Nebenschnüre in fünf gleich große Bereiche ein.
> 4. Knüpft in jeden Bereich mithilfe der Abbildungen eine Zahl.

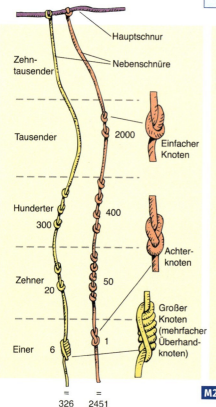

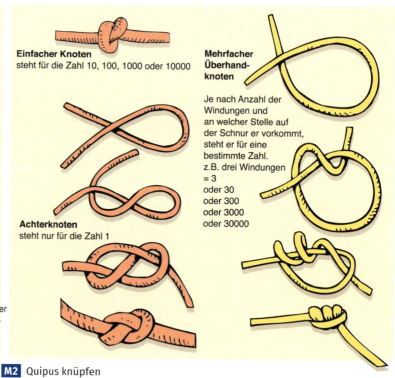

M2 Quipus knüpfen

ARBEITSAUFTRÄGE

1. Erstellt in Gruppen Quipus, die verschiedene Zahlen darstellen.
2. a) Gestaltet einen Wettbewerb im Entziffern der Quipus.
   b) Die Gruppe, die als erste alle Quipus entziffert hat, hat gewonnen.
3. Recherchiert weitere Informationen zum Quipu.

In Kürze

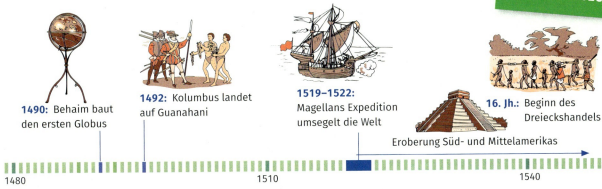

1490: Behaim baut den ersten Globus

1492: Kolumbus landet auf Guanahani

1519–1522: Magellans Expedition umsegelt die Welt

16. Jh.: Beginn des Dreieckshandels

Eroberung Süd- und Mittelamerikas

1480 1510 1540

Entdeckung und Eroberung der Welt

Zwischen 1450 und 1650 fanden in Europa zahlreiche Veränderungen statt. Nach der Eroberung Konstantinopels und der Blockade des Fernhandels nach Indien mussten die europäischen Händler andere Wege in den Fernen Osten finden, um an die begehrten Waren zu kommen.

Die Portugiesen suchten diese Wege entlang der Küste Afrikas. Mit der Karavelle stand den Entdeckern ein neues hochseetaugliches Schiff zur Verfügung. 1488 gelang es Bartolomeu Diaz als erstem Europäer, um die Südspitze Afrikas herumzusegeln. Zehn Jahre später fand Vasco da Gama die vollständige Route von Lissabon um Afrika herum nach Indien.

Die Menschen des ausgehenden 15. Jahrhunderts erkannten, dass die Erde keine Scheibe, sondern eine Kugel ist. Christoph Kolumbus nutzte diese Erkenntnisse und versuchte, einen westlichen Weg nach Indien zu finden. 1492 landete er auf der Karibikinsel Guanahani, deren Einwohner er „Indianer" nannte. Erst Amerigo Vespucci erkannte, dass hier ein neuer Kontinent entdeckt worden war. Obwohl Fernando Magellan beim Versuch der Weltumsegelung von Ureinwohnern getötet wurde, gelang seiner Expedition die erste Umsegelung der Welt.

Den Entdeckern folgten die Eroberer, die überall auf der Welt Kolonien gründeten. Indianische Hochkulturen wie die der Maya, Inka oder Azteken wurden zerstört und Ureinwohner in die Sklaverei getrieben. Im sogenannten Dreieckshandel wurde maximaler Profit erzielt. Die Entdeckungen und Eroberungen blieben nicht ohne Folgen für alle Beteiligten. Die betroffenen Völker haben bis heute mit den Spätfolgen zu kämpfen. Aber auch in der alten Welt sind noch heute Spuren dieser Zeit deutlich.

WICHTIGE BEGRIFFE:

Azteken
Dreieckshandel
Fernhandel
Indianische Hochkulturen
Inka
Karavelle
Kolonien
Christoph Kolumbus
Fernando Magellan
Maya
Neues Weltbild
Sklaverei
Ureinwohner

Reformation und Glaubensstreit

Jahrhunderte prägte die Kirche den Glauben und das Denken der Menschen. Doch Missstände in der Kirche veranlassten Anfang des 16. Jahrhunderts den Mönch Martin Luther, massive Kritik zu veröffentlichen. Seine Ideen führten schließlich zur Spaltung der Kirche. Doch damit war der Konflikt nicht gelöst. Die Heere beider Seiten standen sich häufig gegenüber. Besonders der Dreißigjährige Krieg, der von 1618 bis 1648 dauerte, brachte viel Not und Elend. Deutschland war nach diesem Krieg schwer verwüstet.

Katholische und protestantische Truppen bekämpfen sich im Dreißigjährigen Krieg (Schlacht von Sablat, Druck um 1630)

Renaissance – die Antike als Vorbild

Zeichen einer neuen Zeit

„Sich wie neugeboren fühlen" – diese Worte drücken ein besonderes Lebensgefühl aus, wenn man Schwierigkeiten überwunden hat oder sich zu großen Taten ermutigt fühlt. Eine solche Aufbruchsstimmung und Begeisterung erfassten im 14. und 15. Jahrhundert wissbegierige italienische Gelehrte und Künstler. Dabei schauten sie jedoch nicht nach vorn, sondern erst einmal zurück in die Welt der Griechen und Römer, auf deren Sprache, Kunst und Wissenschaft. Deshalb erhielt das neu beginnende Zeitalter den Namen Renaissance, was so viel wie „Wiedergeburt" bedeutet. Die Gelehrten rückten den Menschen in den Mittelpunkt. Dieser sollte über sich und sein Leben selbst entscheiden und seine Fähigkeiten voll entfalten können. Als Voraussetzung dazu galt eine umfassende Bildung, die sich am antiken Vorbild orientierte.

Städte als Zentren des Aufbruchs

Das neue Denken entstand zuerst in den Städten Florenz und Venedig. Diese Städte hatten enge Handelskontakte zur arabischen Welt und kamen so mit anderen Kulturen in Kontakt. Vermittelt durch islamische Wissenschaftler, aber auch durch andere Gelehrte, öffnete sich so für die Bewohner der italienischen Handelsstädte der Weg zu neuen Erkenntnissen.

Heute versteht man unter Renaissance einen bis in die Mitte des 16. Jahrhunderts andauernden Zeitraum, mit dem viele politische und kulturelle Veränderungen verbunden waren.

M1 Der Petersdom mit Petersplatz im Vatikan – ein Gebäude der Renaissance

Weltdeutung und Religion

M2 Die Schule von Athen (Gemälde von Raffael, 1510/1511, Größe 7,7 m x 5 m). Das Bild zeigt die philosophische Denkschule des antiken Griechenlands. Im Zentrum stehen die Philosophen Sokrates (1), Platon (2) und Aristoteles (3).

Kultureller Austausch

Architekten und Künstler lernten von der islamischen Welt. Händler reisten dorthin und erwarben wertvolle Handschriften antiker Gelehrter. Deren Schriften trugen damit in der westlichen Welt zur Verbreitung neuer Ideen bei. Ausgehend von Italien erfasste die Renaissance seit Ende des 15. Jahrhunderts ganz Europa und alle Bereiche geistigen Lebens.

Schatzkammern des Wissens

Wertvolle Handschriften und Bücher wurden nun nicht mehr ausschließlich in Klöstern und Kirchen gesammelt und aufbewahrt. Bibliotheken entstanden an Fürstenhöfen, an Universitäten und in Städten. Auf diese Weise bekamen immer mehr Menschen Zugang zum Wissen.

Renaissance für alle?

Viele weltliche und geistliche Fürsten hatten eine umfassende Bildung. Aber auch die reichen Bürger der Städte interessierten sich für das Wiederaufleben der Antike in Wissenschaft, Kunst und Kultur. Architekten, Bildhauer und Maler standen als Künstler in den Diensten der Herrschenden und Wohlhabenden. Für sie alle gab es eine Renaissance. Im Alltag des einfachen Volkes änderte sich dagegen kaum etwas.

M3 Um den Bücherschatz von Papst Pius II. zu bewahren, wurde seit Ende des 15. Jahrhunderts im Dom von Siena eine Bibliothek eingerichtet.

ARBEITSAUFTRÄGE

1. Erkläre den Begriff „Renaissance".
2. Nenne die Personen, für die die Renaissance eine Veränderung brachte.
3. Erkläre mithilfe von M1 und M2, auf welche Epoche sich die Renaissance zurückbesinnt.
4. a) Informiere dich über Sokrates, Platon oder Aristoteles.
   b) Stelle deine Ergebnisse einem Partner vor. 🌐 Partnervortrag

Das humanistische Weltbild

Die Humanisten

Gelehrte suchten in alten Klosterbibliotheken nach Handschriften antiker Autoren. Sie übersetzten diese aber nicht nur, sondern versuchten, daraus zu lernen. In ihren Schriften und Kunstwerken entwarfen sie ein neues Bild vom Menschen und der Welt. Man bezeichnet sie als Humanisten, denn für sie war die Individualität, d.h. die Einzigartigkeit jedes Menschen, besonders wichtig. Nach ihren Vorstellungen sollte der Mensch nicht nur an die göttliche übernatürliche Macht glauben. Vielmehr sollte er sein irdisches Dasein selbst in die Hand nehmen und die Welt mit Verstand und Gefühl wahrnehmen.

Der Mensch als Individuum

Das neue Menschenbild lässt sich besonders gut in der Kunst erkennen. Im Auftrag der Stadt Florenz schuf der Bildhauer Michelangelo die über vier Meter hohe Figur des David aus einem Marmorblock. Die biblische Figur des David war ein Symbol für Freiheitsliebe, Klugheit, Mut, Selbstbewusstsein, Kraft und Schönheit.

Auf den Darstellungen des Mittelalters zeigten Menschen selten persönliche Gesichtszüge. Nun aber entstanden Porträts, auf denen die Gesichter lebendig wirkten. Hinter den Personen sind zudem oft Landschaften zu erkennen. Damit wollten die Künstler die Einheit von Mensch und Natur ausdrücken.

M1 David, 1504 (Skulptur von Michelangelo Buonarroti, 1475–1564)

M2 Albrecht Dürer (1471–1528), ein deutscher Maler der Renaissance, las die Schriften antiker Autoren und die von Zeitgenossen über die Darstellung des menschlichen Körpers. So entstand um 1504 das Bild „Adam und Eva".

Weltdeutung und Religion

Leonardo da Vinci – ein Universalgelehrter

Eines der schönsten Bilder malte Leonardo da Vinci (1452–1519). Er porträtierte die Frau eines Florentiner Kaufmanns, die wir heute als „Mona Lisa" kennen. Schon damals bewunderten viele Menschen dieses Gemälde, weil es so naturgetreu wirkte.

Leonardo da Vinci galt als Universalgelehrter. Er arbeitete als Architekt, Baumeister, Bildhauer, Ingenieur, Kartograf, Maler, Naturforscher und Erfinder. Oft beschäftigte er sich mit mehreren Projekten gleichzeitig. Um den Aufbau und die Funktionen des menschlichen Körpers zu ergründen, betrieb er genaue Studien. Dazu untersuchte er auch tote Tiere und menschliche Leichen. Ebenso beobachtete er den Flug der Vögel und entwickelte verschiedene Flugapparate. Er entwarf Mühlen und Ölpressen, aber auch militärische Apparate wie transportable Kanonen, Panzerwagen und eine Art U-Boot. Viele seiner Erfindungen waren ihrer Zeit weit voraus und konnten nicht in die Praxis umgesetzt werden.

M3 „Mona Lisa" (italienisch auch La Gioconda, dt. die Heitere). Gemälde von Leonardo da Vinci, 1503–1506.

Q1 Aus dem Bewerbungsschreiben da Vincis an den Herzog von Mailand (1482):

1. Ich kann außerordentlich leichte und ohne jede Schwierigkeit transportierbare Brücken herstellen […].
2. Ich verstehe es, bei der Belagerung eines Platzes die Wassergräben trockenzulegen. […]
3. Zur See […] kann ich viele Arten von wirksamem Gerät zum Angriff und zur Verteidigung herstellen.
4. Auch will ich Skulpturen in Marmor, Bronze oder Ton machen,
5. ebenso alles auf dem Gebiet der Malerei so gut wie jeder andere, wer er auch sein möge.

M4 Kunstwerke von Leonardo da Vinci sowie Modelle nach seinen Entwürfen

ARBEITSAUFTRÄGE

1. Erkläre, welche neuen Gedanken die Humanisten entwickelten.
2. „Dürer gelang es, die unterschiedlichsten Dinge perfekt darzustellen – Fell und Haut, Grashalm, Blatt und Baumrinde, Erde und Gestein." Begründe, inwieweit diese Aussage zutrifft.
3. a) Ordne den Nummern 1–5 aus Q1 die entsprechenden Bilder A–E aus M4 zu.
   b) Vermute mithilfe von M4, warum einige Erfindungen von Leonardo da Vinci nicht gebaut werden konnten.
4. Recherchiere verschiedene Erfindungen, die Leonardo da Vinci beschrieben hat.

Digital+
Filmclip über Leonardo da Vinci
WES-142805-401

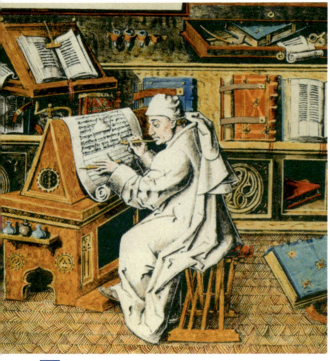
M1 Mönch in der Schreibstube (Buchmalerei, 15. Jahrhundert)

M2 Druckerwerkstatt (kolorierter Druck, 1632)

Die Erfindung des Buchdrucks

Bücher – ein kostbares Gut

Im Mittelalter waren Bücher etwas sehr Seltenes. Bis zur Mitte des 15. Jahrhunderts wurden die meisten Bücher mühsam mit Feder und Tinte auf Pergament abgeschrieben. Schreiben konnten vor allem die Mönche, die in ihren Klöstern Handschriften kopierten. Die Anfertigung einer einzigen Abschrift dauerte bis zu zwei Jahre.

Entsprechend teuer waren die Bücher. Ein Exemplar kostete etwa so viel wie 30 Ochsen. Nur sehr wenige Menschen konnten sich deshalb ein Buch leisten. Etwa 80 % der Menschen in Europa waren Analphabeten. So konnten die meisten Menschen die wertvollen Bücher nicht lesen.

Die Erfindung des Buchdrucks

Um 1450 konnte der Goldschmiedmeister Johann Gutenberg eine Erfindung vorstellen, die weitreichende Folgen hatte: den Buchdruck. Lange Zeit hatte er versucht, die Vervielfältigung von Büchern zu erleichtern. Erste Versuche mit Holzplatten, in die spiegelverkehrt Buchstaben geritzt und die dann mit Farbe bestrichen wurden, waren auf Dauer keine Lösung. Zwar konnten so mehrere Seiten bedruckt werden, der Text auf den Holzplatten war jedoch nicht mehr veränderbar. Gutenberg fand die Lösung im Metall. Er stellte Buchstaben aus Blei her und setzte sie zu Texten zusammen. Die Buchstaben, auch „Lettern" genannt, bestrich er mit schwarzem Rußfett und spannte ein Blatt darauf. Zwei Platten pressten von oben und unten Lettern und Papier zusammen, sodass ein gleichmäßiger Druck entstand. Nach dem Druck ließen sich die Lettern wieder auseinandernehmen und für einen anderen Text neu zusammensetzen.

Kommunikation und Öffentlichkeit

 Mit einem Eisenstempel wird ein Buchstabenabdruck in weiches Kupfer geschlagen. So entsteht die Matrize, die Gussform.

 Die fertig gegossenen spiegelverkehrten Buchstaben (Lettern) werden in einem Setzkasten sortiert aufbewahrt.

 Mit einem Lederballen wird Druckerschwärze auf den Satzspiegel aufgetragen.

 In einem Gießblock mit der eingeschobenen Matrize wird flüssiges Blei gegossen.

 Ein Setzer fügt die Lettern Zeile für Zeile zusammen, bis die ganze Seite entstanden ist. Die komplette Seite heißt „Satzspiegel".

 Das Papier wird in einem Rahmen auf den Satzspiegel geklappt und von beiden Seiten gepresst.

M3 Gutenbergs Drucktechnik

Die Bibel löst einen Bücherboom aus

Das erste Buch, das Johannes Gutenberg mithilfe des neuen Verfahrens druckte, war die Bibel. Sechs Setzer, zwölf Drucker und weiteres Hilfspersonal waren fast drei Jahre damit beschäftigt, die über 1000 Seiten herzustellen. Damit die gedruckte Bibel den bisherigen handgeschriebenen möglichst ähnlich sah, ließ Johannes Gutenberg die Ränder der einzelnen Seiten aufwendig bemalen. Dennoch kostete ein Exemplar nur 50 Gulden, ein Zehntel des bisherigen Preises. Selbst diesen Preis konnten zwar nur wenige Menschen bezahlen, aber die Druckkunst nach dem von Gutenberg entwickelten Verfahren verbreitete sich in wenigen Jahren über ganz Europa. Schon 50 Jahre nach der Erfindung gab es in 250 europäischen Städten mehr als 1100 Druckereien. Von den 180 gedruckten Bibeln Gutenbergs sind heute noch 48 erhalten.

> **Q1** Ein Zeitgenosse Gutenbergs berichtete über den Buchdruck:
>
> [Der Buchdruck] ist eine wahrhaft nutzbringende und gar schöne Kunst, denn Abschriften von Büchern zu verschaffen, ist wegen der hohen Preise für jedermann nicht gerade leicht. Aber wenn dies Gott sei Dank für dich kein Hindernisgrund ist, so musst doch auch du den Buchdruck wegen seiner künstlerischen Schönheit hochschätzen; und dann auch deshalb, weil dieser Buchdruck, sobald er einmal richtig feststeht, immer in derselben Weise durch alle Druckbogen fortschreitet, sodass ein Fehler kaum möglich ist, eine Sache, mit der es beim Abschreiben von Büchern ganz anders aussieht.

M4 Eine Seite der Gutenberg-Bibel

ARBEITSAUFTRÄGE

1. Vergleiche in Form einer Tabelle die Entstehung eines Buches vor der Erfindung Gutenbergs und zur Zeit Gutenbergs in M1 und M2.
2. I Nenne die Vorteile des Buchdrucks.
   II Erkläre, wie mithilfe des Buchdrucks Wissen schneller verbreitet wurde.
   III Bewerte die Erfindung des Buchdrucks für die Verbreitung von Wissen.
3. Begründe mithilfe von Q1 die Entscheidung Gutenbergs, die Bibel nach dem Druck handbemalen zu lassen. Bushaltestelle
4. Vermute, warum ausgerechnet die Bibel das erste Buch war, das Gutenberg druckte.

Digital+
Interaktives Arbeitsblatt zum Buchdruck
WES-142805-402

Wir drucken selbst

Gutenbergs Druckpresse war eine revolutionäre Erfindung. Der Buchdruck gilt als eines der Merkmale, die das Mittelalter beendeten und den Beginn der Neuzeit kennzeichnen.

Ihr könnt selbst einen Text mehrfach drucken. Dazu braucht ihr keine Druckerwerkstatt oder gegossene Lettern, sondern nur Kartoffeln oder Styropor.

Das benötigt ihr:
- etwa 30–40 größere rohe Kartoffeln oder mehrere Würfel aus Styropor
- je Person ein Gemüsemesser und ein Frühstücksbrettchen
- Wasserfarben und Pinsel zum Anmischen der Farben oder mehrere große Stempelkissen
- Zeitungspapier zum Abdecken
- zu bedruckendes Papier (Plakate oder Urkundenpapier)

So geht ihr vor (am Beispiel der Kartoffel):

1. **Herstellung der Druckformen: Vorbereitung**
   - Legt euren Arbeitsplatz mit Zeitungspapier aus.
   - Nehmt die Kartoffel und teilt sie auf dem Brettchen mit dem Gemüsemesser in zwei gleich große Hälften.
   - Aus jeder Hälfte versucht ihr, einen Würfel mit etwa 4 cm Seitenlänge zu schneiden. Fünf beschnittene Seiten reichen aus.

2. **Herstellung der Druckformen: Schnitzen**
   - Verteilt die zu erstellenden Buchstaben in eurer Klasse. Von bestimmten Buchstaben solltet ihr eine größere Anzahl herstellen, da sie öfter in unserer Sprache vorkommen.
   - Zeichnet den Umriss eines Druckbuchstabens spiegelverkehrt auf den Kartoffelwürfel. Übt das vorher mit einem Pappkarton. Schaut, dass alle Buchstaben etwa gleich groß sind.
   - Schneidet mit dem Gemüsemesser vorsichtig die Buchstaben heraus. Sie sollten sich etwa 5 mm vom Kartoffelblock abheben. Beginnt außen und arbeitet zuletzt mit der Messerspitze die Öffnungen innerhalb der Buchstaben heraus.

3. **Drucken**
   - Mischt die Wasserfarben in flachen Schälchen an. Achtet darauf, dass die Farbe nicht zu dünnflüssig ist.
   - Legt auf das zu bedruckende Blatt ein langes Holzlineal. Die in Farbe getunkten Buchstaben richtet ihr darauf aus, damit die Wörter gleichmäßig gedruckt werden.
   - Wenn ihr es perfekt machen möchtet, nehmt ihr zwei Holzleisten, die so lang sind, wie euer Blatt breit ist. Zwischen diese Holzleisten klemmt ihr eure Kartoffelwürfel. Nun könnt ihr eine ganze Zeile mehrfach drucken.

Arbeitstechnik Kartoffeldruck

M1 Vorbereitung

M2 Schnitzen

M3 Drucken

M4 Druckergebnis

Mittelalterliche Glaubensvorstellungen

Wissenschaft kontra Religion

Die Erde im Zentrum des Universums

Jahrhundertelang galt die Vorstellung als gesichert, dass die Erde der Mittelpunkt des Universums sei. Manche Wissenschaftler fragten sich, wie es sein konnte, dass Schiffe, obwohl sie am Horizont verschwanden, irgendwann wiederkamen, oder warum man erst die Mastspitzen und dann das gesamte Schiff sah. Bereits um 150 n. Chr. entwickelte der griechisch-römische Astronom Ptolemäus aus dieser Naturbeobachtung heraus ein Weltbild, das das gesamte Universum umfasste. Er gelangte zu der Erkenntnis, dass die Erde eine Kugel sein müsste. In seinem Weltbild bildet die Erde den Mittelpunkt des Sonnensystems. Sie wird von Sonne, Mond und Sternen umkreist. Diese Sichtweise des Sonnensystems nennt man „geozentrisches Weltbild".

Im Mittelalter vertrat auch die Kirche die Ansicht, dass die Erde als Schöpfung Gottes im Mittelpunkt des Planetensystems steht.

Die kopernikanische Wende

Der Astronom Nikolaus Kopernikus war anderer Meinung. Er erforschte im 16. Jahrhundert viele Jahre lang die Bewegung der Planeten. Seine Beobachtungen und Berechnungen führten ihn zu der Erkenntnis: Die Erde bildet nicht den Mittelpunkt des Sonnensystems, sondern dreht sich um sich selbst und umkreist wie die anderen Planeten das Zentrum des Sonnensystems: die Sonne. Diese Neuerung bezeichnet man als „heliozentrisches Weltbild" oder „kopernikanische Wende". Für uns heute ist die Entdeckung des Nikolaus Kopernikus eine Selbstverständlichkeit, für die Menschen des Mittelalters war sie eine Sensation. Die meisten Menschen glaubten ihm nicht. Wo war in diesem Weltbild Platz für Gott? Kopernikus wusste von diesen Zweifeln an seiner Entdeckung. Er zögerte bis kurz vor seinem Tod 1543 damit, seine Erkenntnisse zu veröffentlichen. Ihm fehlten noch die wissenschaftlichen Beweise.

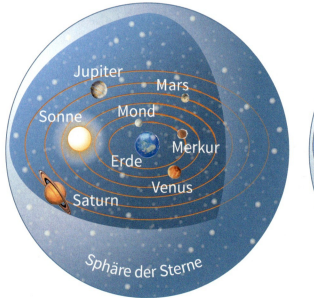 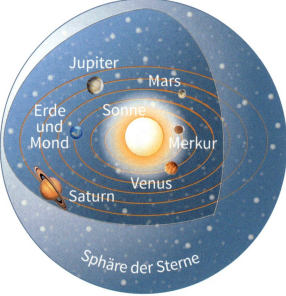

M1 Geozentrisches (links) und heliozentrisches (rechts) Weltbild
Geozentrisches Weltbild (von griech. geo = Erde): Erde im Mittelpunkt des Universums. Sterne und Planeten bewegen sich um diese.
Heliozentrisches Weltbild (von griech. helios = Sonne): Sonne im Mittelpunkt, die anderen Planeten und Sterne umkreisen sie.

Weltdeutung und Religion

Galileo Galilei bestätigt Kopernikus

Die Empörung vieler Kirchenvertreter über seine Entdeckung und den folgenden Konflikt der Gelehrten erlebte Kopernikus nicht mehr. Immer mehr Forscher bestätigten aber seine Theorie – um 1600 etwa Galileo Galilei oder Johannes Kepler. Dennoch dauerte es bis zum 18. Jahrhundert, bis sich das heliozentrische Weltbild im Bewusstsein der Menschen durchsetzte.

M2 Fernrohr des italienischen Wissenschaftlers und Forschers Galileo Galilei, um 1630

> **Q1** Nikolaus Kopernikus erklärte 1543 den Umlauf der Planeten um die Sonne in seinem Werk „Von den Umdrehungen der Himmelskörper":
>
> Die erste und oberste von allen Sphären ist die der Fixsterne, die sich selbst und alles andere enthält […]. Es folgt als erster Planet Saturn, der in dreißig Jahren seinen Umlauf vollendet. Hierauf Jupiter mit seinem zwölfjährigen Umlauf. Dann Mars, der in zwei Jahren seine Bahn durchläuft. Den vierten Platz in der Reihe nimmt der jährliche Kreislauf ein, in dem, wie wir gesagt haben, die Erde mit der Mondbahn […] enthalten ist. An fünfter Stelle kreist Venus in neun Monaten. Die sechste Stelle schließlich nimmt Merkur ein, der in einem Zeitraum von achtzig Tagen seinen Umlauf vollendet. In der Mitte von allen aber hat die Sonne ihren Sitz. […] So lenkt die Sonne auf königlichem Thron sitzend […] die sie umkreisenden Gestirne.

> **Q2** Der Gelehrte Galileo Galilei schrieb 1610 an den Philosophen und Naturwissenschaftler Johannes Kepler:
>
> Was sagen Sie zu den Philosophen […], die [mit der Unbelehrbarkeit einer Natter] niemals die Planeten, den Mond oder das Fernrohr zu sehen wünschten, obwohl ich es ihnen tausendmal angeboten habe, sie ihnen zu zeigen? Wahrhaftig, einige schließen vor dem Licht der Wahrheit die Augen, andere die Ohren. […] Diese Art von Zeitgenossen […] glaubt, man müsse die Wahrheit in der Welt oder in der Natur nicht suchen, sondern es genüge […] ein Vergleich der Texte. Schade – ich möchte gerne mit Ihnen noch ein bisschen länger lachen! Sie würden sich überkugeln, mein lieber Kepler, wenn Sie hören würden, was der Hauptphilosoph der Schule in Pisa dem Großherzog über mich erzählte, als er mit logischen Gründen die [von mir] neu entdeckten Planeten vom Himmel herunterholen und wegdisputieren wollte!

ARBEITSAUFTRÄGE

1. I Beschreibe M1.
   II Erkläre mithilfe von M1 die Unterschiede zwischen dem geozentrischen und dem heliozentrischen Weltbild.
   III Begründe mithilfe von M1 und Q1, warum die Kirche sich gegen das heliozentrische Weltbild stellte.
2. Begründe, warum Nikolaus Kopernikus seine Erkenntnisse erst kurz vor seinem Tod veröffentlicht hat.
3. Erläutere mithilfe von Q2 die Haltung von Galileo Galilei gegenüber den Philosophen. HILFE
4. a) Recherchiere zur Arbeit von Galileo Galilei oder Johannes Kepler.
   b) Erstelle eine Präsentation.

Mittelalterliche Glaubensvorstellungen

1. Du sollst keine anderen Götter neben mir haben.
2. Du sollst den Namen des Herrn, deines Gottes, nicht missbrauchen.
3. Du sollst den Feiertag heiligen.
4. Du sollst Vater und Mutter ehren.
5. Du sollst nicht töten.
6. Du sollst nicht ehebrechen.
7. Du sollst nicht stehlen.
8. Du sollst nicht falsch Zeugnis reden wider deinen Nächsten.
9. Du sollst nicht begehren deines Nächsten Haus.
10. Du sollst nicht begehren deines Nächsten Weib, Knecht, Magd, Vieh noch alles, was dein Nächster hat.

M1 Die Zehn Gebote

M2 Zehn-Gebote-Tafeln (Gemälde von Lucas Cranach dem Älteren, 1516)

Der Glaube bestimmt das Leben der Menschen

Das Leben auf der Erde

Die Menschen im späten Mittelalter waren sehr religiös. In Europa gehörten fast alle der katholischen Kirche an. Nur in den Städten lebten kleine jüdische Minderheiten. Die Kirche prägte das tägliche Leben und das Bild von der Welt. Die Menschen glaubten daran, dass es nach dem Leben auf der Erde ein Leben nach dem Tod geben würde. Sie waren überzeugt, dass derjenige, der die Gebote Gottes erfüllt, nach dem Tod darauf hoffen kann, in den Himmel zu kommen. Wer hingegen auf der Erde Schlechtes tut, würde nach seinem Tod in die Hölle gelangen.

Macht und Reichtum der Kirche

Aus Furcht vor der Hölle versuchten viele Menschen, Vergebung durch gute Taten zu erlangen. Zu diesen guten Taten gehörte es, die Kirche mit Spenden zu unterstützen. So wurde die Kirche immer reicher. In Italien existierte sogar ein eigener Kirchenstaat. Von hier aus regelte der Papst als Kirchenoberhaupt seine Politik und verhandelte mit anderen Herrschern.

katholische Kirche: Christliche Religionsgemeinschaft, der im Mittelalter die meisten Menschen in Europa angehörten. Oberhaupt der katholischen Kirche ist der Papst in Rom, der für sich in Anspruch nimmt, unfehlbar und Christus' Stellvertreter auf Erden zu sein.

Fegefeuer und Buße

Da kein Mensch frei von Sünden war, gab es als „Zwischenstation" auf dem Weg in den Himmel das Fegefeuer. Die Seelen derjenigen, die weder völlig gut noch völlig böse waren, mussten an diesem Ort bleiben, bis das Feuer sie von ihren Sünden „gereinigt" hatte.

Durch fromme Taten, Buße und Gebete konnte jeder Gläubige seine Leidenszeit im Fegefeuer verkürzen.

Fegefeuer: Ort, an dem die Seele des Verstorbenen auf den Himmel vorbereitet wird

Buße: Christen erkennen ihr falsches Handeln und sind bereit, sich auf den richtigen, gottgewollten Weg zu begeben

ARBEITSAUFTRÄGE

1. Erkläre die Bedeutung der Kirche für die Menschen im Mittelalter.
2. Erläutere die mittelalterlichen Vorstellungen vom Leben auf der Erde und nach dem Tod.
3. I Beschreibe die Zehn-Gebote-Tafeln in M2.
   II Ordne die zehn Gebote in M1 den Bildtafeln in M2 zu.
   III Erläutere mithilfe der Zehn-Gebote-Tafeln die Vorstellungen der Menschen von einem christlichen Leben. HILFE
4. Begründe, welche Bedeutung die Buße für die Menschen hatte.
   Think – Pair – Share

M1 Musizierender Mönch und tanzende Nonne (Buchmalerei, um 1350)

Missstände in der Kirche

Geistliche sind keine Vorbilder mehr

Die Regeln der Kirche bestimmten zu Beginn des 16. Jahrhunderts das Leben der Menschen. Gottesfürchtig zu sein, bedeutete für sie, nicht zu lügen oder zu stehlen und bescheiden nach den Geboten der Bibel zu leben. Vor allem die Geistlichen sollten nach den christlichen Regeln leben und den Menschen ein Vorbild sein. Doch viele Priester, Mönche und Nonnen ließen es sich lieber gut gehen. Sie führten einen großen Hofstaat und verschwendeten mit vielen Festen das Geld der Kirche. An der Spitze der katholischen Kirche stand der Papst, der in Rom lebte. Dort führte er ein Leben, das von Macht und Reichtum geprägt war. Die geistlichen Bischöfe lebten wie weltliche Fürsten.

Q1 In einem Bericht um 1500 hieß es über die Priester:

Sie sagen, dass die Priester so unpriesterlich und unordentlich lebten, dass es wider den christlichen Glauben wäre, sie länger zu ertragen. Die Priester, so heißt es, liegen Tag und Nacht in den öffentlichen Wirtshäusern, trinken mit den Laien und lassen sich volllaufen. Sie machen dann Lärm, schlagen sich und raufen miteinander. Oftmals gehen sie nach solchem Trinken und Lärmen, ohne zu schlafen oder ins Bett zu gehen, zum Altar, um die Messe zu lesen.

Q2 Bericht über die Hofhaltung von Papst Leo X. (1513–1521):

[Leos] Hofstaat mit 638 Menschen, vom Erzbischof bis zum Elefantenwärter, vom Musiker bis zum Dichterling und zu den Hofnarren, erforderte Unsummen. Oft war Leo wochenlang auf Jagden, an denen bis zu 2000 Reiter teilnahmen, darunter Kardinäle, Spaßmacher und Hofschauspieler. [verändert]

Weltdeutung und Religion

Der Ablasshandel

Selbst die Päpste in Rom lebten nicht nach den Lehren Jesu Christi. Sie wollten durch den prunkvollen Ausbau der Stadt ihre Macht und ihren Reichtum zeigen. Das zur Finanzierung der Bauvorhaben notwendige Geld beschafften sich die Päpste durch den Handel mit dem Ablass. Wer einen Ablass kaufte, dem sollten die Strafen für seine Sünden erlassen werden. Mönche zogen durch das ganze Land und verkauften Ablassbriefe. Sie fragten dabei nicht, ob die Menschen ihre Sünden bereuen würden, vielmehr waren sie bereit, gegen Geld alle Sünden zu vergeben, sogar zukünftige. Besonders geschäftstüchtig als Ablasshändler war der Dominikaner-Mönch Johann Tetzel. Tetzel verkaufte die Ablassbriefe wie ein Marktschreier.

Weil man auch Ablässe für Verstorbene kaufen konnte, brachte dieses Geschäft sehr viel Geld ein. Ungefähr die Hälfte der Einnahmen bekam der Papst für den Neubau der Peterskirche in Rom, den Rest konnte der Erzbischof von Mainz für sich verwenden, um seine großen Schulden zu bezahlen. Wirkliche Reue, Beichte und Buße wurden bei den Menschen immer seltener.

M2 Johann Tetzel mit Ablassbrief und Geldlade (Holzschnitt, 16. Jahrhundert)

M3 Flugblatt gegen Johann Tetzel (Holzschnitt von 1546)
Der Text auf dem Holzschnitt lautet (vereinfacht): „Oh, ihr Deutschen, hört her / Ich bin des heiligen Vaters Knecht / Und bringe euch Gnade und Ablass von den Sünden / Für euch / eure Eltern / für euer Weib und euer Kind / für jeden so viel / wie er in den Kasten legt / Sobald nämlich das Geld im Kasten liegt / springt die Seele sofort in den Himmel."

ARBEITSAUFTRÄGE

1. Stelle mithilfe von M1 die Missstände der Kirche dar.
2. Beschreibe mithilfe von Q1 und Q2 den Lebenswandel vom Papst und den Priestern.
3. a) Erkläre, warum der Papst den Ablasshandel entwickelte.
   b) Beschreibe den Ablasshandel.
   c) Erläutere die Beweggründe, warum die Menschen Ablassbriefe kauften.
4. Beschreibe M3.
5. Recherchiere zum Bau und den Kosten des Petersdoms.

Die Zeit der Reformation

Martin Luther – ein Kritiker der Kirche

Ein frommer Mönch und Theologe
Nicht alle Geistlichen waren mit der Vorgehensweise der Kirche und ihrer Ablassprediger einverstanden. Auch die Kritik an den Missständen in der Kirche und der Ruf nach Erneuerung wurden immer lauter. Ein Theologe und Mönch zweifelte an dem von der Kirche vorgegebenen Weg zum Seelenheil. Der Name dieses Geistlichen war Martin Luther.

95 Thesen gegen den Ablasshandel und die kirchliche Tradition
In der Bibel, die für Luther Maßstab allen christlichen Denkens und Handelns war, fand er keinen Beleg für den Ablasshandel. Er kam zu dem Ergebnis, dass der sündige Mensch nicht durch gute Werke, sondern allein durch den Glauben die Gnade Gottes erwarten könne. Damit begann Luthers Kampf gegen den Ablasshandel. Glaube und aufrichtige Reue seien der einzige Weg zu einer Vergebung der Sünden.

M1 Martin Luther in seinen drei Rollen als Mönch, Universitätslehrer und Junker Jörg (Altarbild von Lukas Cranach, 1572)

Der Verkauf von Ablassbriefen ging weiter. Luther verfasste eine Streitschrift in lateinischer Sprache, die er als Grundlage für eine wissenschaftliche Diskussion an andere Gelehrte verschickte. Nach der durch Quellen nicht belegbaren Überlieferung hat er diese 95 Thesen am 31. Oktober 1517 an der Kirchentür in Wittenberg angeschlagen. Damit begann ein Prozess, der heute als Reformation bezeichnet wird. Luthers Schrift wurde ins Deutsche übersetzt und auf Flugblättern verbreitet. Seine Kritik sollte nun jeder verstehen können. Das Jahr 1517 gilt als Beginn der Reformation.

Weltdeutung und Religion

M2 Darstellung des Thesenanschlags. Im Zentrum des Bildes sind verschiedene Landesherren dargestellt, darunter auch Friedrich der Weise (zeitgenössischer Holzschnitt)

> **Q1** Auszug aus Martin Luthers 95 Thesen:
>
> 21. Deshalb irren jene Ablassprediger, die sagen, dass durch die Ablässe des Papstes der Mensch von jeder Strafe frei und los werde. [...]
> 27. Menschenlehre predigen die, die sagen, dass sobald der Groschen im Kasten klingt, die Seele aus dem Fegefeuer auffahre. [...]
> 36. Jeder Christ, der wirklich bereut, hat Anspruch auf völligen Erlass von Strafe und Schuld, auch ohne Ablassbrief.
> 37. Jeder wahrhaftige Christ, er sei lebendig oder tot, ist durch Gottes Geschenk aller Güter Christi und der Kirche teilhaftig, auch ohne Ablassbriefe. [...]
> 43. Man soll die Christen lehren: Dem Armen zu geben oder dem Bedürftigen zu leihen ist besser als Ablass zu kaufen. [...]
> 50. Man soll die Christen lehren: Wenn der Papst die Erpressungsmethoden der Ablassprediger wüsste, sähe er lieber die Peterskirche in Asche sinken, als dass sie mit Haut, Fleisch und Knochen seiner Schafe erbaut würde.

ARBEITSAUFTRÄGE

1. I Gib den Inhalt von drei selbst ausgewählten Thesen aus Q1 mit eigenen Worten wieder.
   II Erläutere das Ziel, das Luther mit seinen Thesen verfolgt.
   III Stelle gegenüber, was Luther verurteilt und was er von einem guten Christen erwartet.
2. Diskutiert darüber, was Luther mit der 43. These aussagen will.
   🜂 Kugellager
3. Recherchiere weitere Daten aus Luthers Leben.

Ein neuer Glaube entsteht

Mit seinen 95 Thesen wollte Luther eine Auseinandersetzung über den Missstand des Ablasshandels in Gang setzen und keine neue Glaubenslehre entwickeln. Die große Wirkung seiner Kritik kam auch dem Papst zu Ohren. In einem Brief forderte er Luther auf, seine Kritik zurückzunehmen.

Bruch mit der Kirche

Luther blieb fest bei seiner Meinung und schrieb 1520 in drei Schriften die Grundsätze seiner Kritik an der Kirche in deutscher Sprache nieder. Darin rief er die Adligen als Beschützer auf, die Kirche zu reformieren und vom Papst in Rom zu lösen. Flugblätter machten Luthers Aussagen schnell im ganzen Reich bekannt.

Der Papst drohte nun Luther den Kirchenbann an, wenn er nicht öffentlich seine Schriften verbrennen und widerrufen würde. Doch dazu war Luther nicht bereit, im Gegenteil, er verbrannte vor den Stadttoren das päpstliche Schreiben und kirchliche Gesetzesbücher. Diese Tat besiegelte unwiderruflich Luthers Bruch mit dem römischen Papst. Im Januar 1521 erteilte der Papst den Kirchenbann. Damit wurde Luther aus der christlichen Gesellschaft ausgestoßen.

Kirchenbann: schwerste Strafe der Kirche, da der Gebannte aus der Kirche ausgeschlossen ist, von den Gläubigen gemieden werden soll und im Fall des Todes vom göttlichen Heil ausgeschlossen bleibt

Luther vor dem Kaiser

Der Kaiser war nun verpflichtet, die Reichsacht über den Ketzer zu verhängen. Doch dieses Verfahren zog sich hin, bis der nächste Reichstag im April in Worms stattfand. Luther reiste unter kaiserlichem Geleitschutz und mit viel Zuspruch aus der Bevölkerung nach Worms. Dort sollte er vor den versammelten Fürsten, dem Kaiser und dem Gesandten des Papstes seine Thesen für falsch erklären und zurücknehmen.

Doch Luther berief sich auf die Bibel und verteidigte seine Kritik. Er weigerte sich, seine Thesen zu widerrufen.

Reichsacht: Strafe, die eine Person außerhalb des Rechts stellte. Jeder konnte diese Person nun gefangen nehmen, misshandeln, töten und sich ihren Besitz aneignen.

M1 Luther auf dem Reichstag zu Worms (Gemälde von Anton von Werner, 1877)

Weltdeutung und Religion

Q1 Aus Luthers Antwort an den Kaiser auf den Reichtag von Worms 1521:

Weil denn Eure allergnädigste Majestät und fürstliche Gnaden eine einfache Antwort verlangen, will ich sie ohne Spitzfindigkeit und unverfänglich erteilen, nämlich so: Wenn ich nicht mit Zeugnissen der Schrift oder mit offenbaren Vernunftsgründen besiegt werde, so bleibe ich von den Schriftstellern besiegt, die ich angeführt habe, und mein Gewissen bleibt gefangen in Gottes Wort, denn ich glaube weder dem Papst noch den Konzilien allein, weil es offenkundig ist, dass sie öfters geirrt und sich selbst widersprochen haben. Widerrufen kann und will ich nicht, weil es weder sicher noch geraten ist, etwas gegen sein Gewissen zu tun. Gott helfe mir, Amen.

M2 Die Wartburg bei Eisenach

Auf der Wartburg als Junker Jörg

Kaiser Karl V. verhängte die Reichsacht und damit wurde Luther für „vogelfrei" erklärt. Das bedeutete, dass ihn jeder ungestraft töten durfte. Der Kaiser gewährte Luther freies Geleit für die Heimreise. Die Kutsche, mit der Luther fuhr, überfielen Raubritter und er wurde entführt. Der Überfall war eine List von Luthers Landesherrn, Friedrich dem Weisen. Er ließ Luther mehrere Monate auf der Wartburg bei Eisenach verstecken.

In dieser Zeit übersetzte Luther die Bibel ins Deutsche. Besonders wichtig war es ihm, dass die Heilige Schrift der Christen jeder verstehen konnte. Er verglich die griechischen und hebräischen Texte mit der lateinischen Übersetzung und drückte sich so aus, wie das Volk redete. Luthers Text wurde in den meisten Teilen Deutschlands verstanden. Mit der Bibel lernten viele Menschen lesen und schreiben. Luther schuf damit die Grundlage für unsere deutsche Schriftsprache, wie wir sie noch heute verwenden.

M3 Erste Seite von Luthers deutscher Übersetzung des Alten Testaments. Bis zu Luthers Tod wurden etwa 600 000 Bibeln gedruckt.

ARBEITSAUFTRÄGE

1. Beschreibe stichwortartig den Ablauf der Ereignisse von der Bannandrohung des Papstes bis zur Bibelübersetzung.
2. Fasse die Aussage Luthers vor dem Kaiser in einem Satz zusammen.
3. Erläutere das Risiko, das Luther beim Besuch des Reichstags auf sich nahm.
4. Erkläre die Bedeutung der Bibelübersetzung für die deutsche Sprache.
5. Entwickelt ein Streitgespräch zwischen dem päpstlichen Gesandten als Ankläger und Luther vor dem Reichstag in Worms.

Digital+
Erkärvideo zu Martin Luther
WES-142805-403

M1 Flugblatt „Zweierlei Predigt" von Georg Pencz aus dem Jahr 1529. Links ist ein evangelischer, rechts ein katholischer Priester zu sehen, beide vor einer Gemeinde predigend.

Der neue Glaube setzt sich durch

Luthers Lehre breitet sich aus

Luthers Bibel wurde für Jahrhunderte das Lesebuch des deutschen Volkes. Die Redeweise war anschaulich und klar und wurde in allen Teilen Deutschlands verstanden.

Kirchenbann und Reichsacht konnten die Verbreitung der Lehre Luthers nicht mehr aufhalten. Gedruckte Flugschriften und Bücher erschienen überall im Land. Die neue, veränderte Glaubensrichtung setzte sich immer mehr durch.

Die Menschen folgten Luther aus unterschiedlichen Gründen. Viele Anhänger der neuen Lehre erwarteten eine Verbesserung ihres Lebens. Arme Stadtbewohner forderten mehr Mitbestimmung in der Verwaltung. Bauern hofften auf geringere Abgaben, Kaufleute und Handwerker auf bessere Geschäfte. Die Landesherren hingegen wollten die Macht und den Reichtum in ihrem Land nicht länger mit den Kirchenherren teilen müssen.

Das Wort Gottes soll von jedem verstanden werden

In vielen Orten wurden die Predigten in deutscher Sprache abgehalten. Die Kirchengemeinden änderten ihre Gottesdienstordnung. Sie wollten ihre Priester nun selbst wählen. Im Mittelpunkt der Gottesdienste stand die Bibel. Kirchenlieder wurden in deutscher Sprache gesungen.

Mönche und Nonnen verließen ihre Klöster und Priester heirateten. Besonders radikale Anhänger der neuen Ideen zerstörten Kircheneinrichtungen.

All diese Veränderungen gingen ursprünglich von den ärmeren Menschen aus. Schon bald aber folgten auch Fürsten der Lehre Luthers und widersetzten sich damit nicht nur dem Papst, sondern auch dem Kaiser. Sie unterstützten die Reformation. Durch diese Entwicklung entstand die protestantische Kirche.

protestantisch: Der Begriff Protestanten oder protestantischer Glaube leitet sich von lat. Protestatio ab, was Widerspruch bedeutet.

Prächtige oder schlichte Kirchen

Auch im Erscheinungsbild der Kirchen wurden die Unterschiede der Glaubensrichtungen deutlich. Während die katholischen Kirchen die Gläubigen durch Bauweise und Ausstattung, z. B. prunkvolle Altäre, beeindrucken und in gehobene Stimmung versetzen sollen, sind die evangelischen Kirchen schlicht. In ihnen sollen die Gläubigen durch nichts von der Predigt abgelenkt werden. Daher steht die Kanzel im Zentrum des Kirchenraums.

M2 Innenraum einer katholischen Kirche: Klosterkirche Marienstern in der Lausitz.

M3 Die Torgauer Schlosskirche war der erste evangelische Kirchenbau in Deutschland.

ARBEITSAUFTRÄGE

1. I Nenne die Veränderungen, die sich die Menschen von dem neuen Glauben erhofften.
   II Begründe die Übernahme des neues Glaubens.
2. Erläutere, wie der neue Glaube zu seinem Namen kam.
3. Recherchiere die Unterschiede zwischen evangelischem und katholischem Gottesdienst und berichte einem Partner. Partnervortrag
4. Vergleiche M2 und M3 miteinander. Nenne Gemeinsamkeiten und Unterschiede.

Ein Spottbild analysieren

Um möglichst viele Menschen zu erreichen, wurden Ideen und Gedanken im Spätmittelalter häufig in anschaulichen Bildern unter das Volk gebracht. Spottbilder waren ein beliebtes Mittel, um politische Gegner anzugreifen. Häufig lasen Verkäufer die Beschriftungen solcher Bilder auf Märkten öffentlich vor.

Mit der Erfindung des Buchdrucks konnten Schriften schnell und günstig hergestellt und verbreitet werden. Die Nachfrage nach reformatorischem Gedankengut war groß. Die Anhänger und Gegner Luthers lieferten sich einen regelrechten Schlagabtausch mit grafisch gestalteten Flugblättern.

Die Symbolik in Spottbildern

Spottbilder aus der frühen Zeit des Buchdrucks beinhalten eine Vielzahl von Symbolen. Diese bildhaften Darstellungen müssen heute entschlüsselt werden.

Oft lassen sich Gemeinsamkeiten beim Aufbau der Spottbilder erkennen: Sowohl die Anhänger der Papstkirche als auch die Anhänger Luthers präsentieren sich selbst als „gut" und die Gegenseite als „böse". Die Personen der verspotteten Seite werden häufig als Teufelswesen oder als Tiere dargestellt, welche bestimmte Charaktereigenschaften symbolisieren. Der Zeichner bezieht dabei eindeutig Stellung, was sich an den in der Darstellung verwendeten Symbolen oder an der Mimik und Gestik der Personen erkennen lässt.

In Spottbildern, die gegen die katholische Kirche gerichtet sind, wird der Papst häufig als „Antichrist", also als Gegner des Christentums, dargestellt.

Symbol	Bedeutung
Papstkrone	Papst
Schultertuch/Hut	Kardinal
Bischofsmütze	Bischof
Tonsur/Kutte	Mönch
Schleier	Nonne
Krone	König
Pelzkragen	Hoher Adel
Waffen/Rüstung	Ritter
Werkzeug	Handwerker
einfache Kleidung	Bauer
dunkles Gewand	Gelehrter
Feuer	Hölle
Esel	Dummheit
Drache/Teufel	Böses/Gefahr
Wolken/Unwetter	Gefahr
Anker	göttliche Hilfe
Fuß mit Huf	Teufel
Baum	Lebenskraft
Segel	Antrieb
Schiff	Gemeinschaft
weiße Taube	Heiliger Geist
schwarzer Vogel	Tier des Teufels
Hirtenstab	Bischof/Papst
Kreuz	Kirche

M1 Symbole und ihre Bedeutungen

Schritte zur Analyse von Spottbildern

1. **Schritt: Beschreibung**
   - Welche Informationen sind in der Bildunterschrift enthalten?
   - Welche Personen, Tiere und Gegenstände sind dargestellt?
   - Was machen die Personen/Tiere?

2. **Schritt: Analyse**
   - Wie ist das Spottbild aufgebaut? Welche Bildelemente befinden sich im Vordergrund, welche im Hintergrund?
   - Wie sind die Personen dargestellt?
   - Welche Bedeutung haben auffällige Gegenstände, die abgebildet sind?
   - Welche Beschriftungen oder Begleittexte sind zum Spottbild enthalten?
   - Wann wurde das Bild geschaffen?
   - Auf welches Ereignis bezieht sich das Spottbild?

3. **Schritt: Interpretation**
   - Was wird verspottet?
   - Was ist die Kernaussage des Spottbildes?
   - Wer soll durch das Spottbild angesprochen werden?

Kommunikation und Öffentlichkeit

M2 „Das Schiff der Kirche geht unter"
(Holzschnitt, Nürnberg 1508)

M3 „Luthers und Luzifers einträchtige Vereinigung"
(Holzschnitt, Leipzig 1535), Luzifer ist der Teufel

Stichwortartige Musterlösung zur Analyse des Spottbildes M2:

Schritt 1:
- Das Schiff der Kirche geht unter, Holzschnitt aus Nürnberg um 1508
- Vertreter der Kirche und weltliche Herrscher
- Vertreter der Kirche jammern, weltliche Herrscher schauen unbeteiligt zu.

Schritt 2:
- Im Vordergrund sinkt ein Schiff, in dem Vertreter der Kirche (Papst, Kardinal, Bischof und Mönch) jammernd die Hände heben.
- Im Hintergrund schauen die weltlichen Herrscher zu.
- Personen sind an ihrer Kleidung zu erkennen.
- Auf dem Segel ist Christus am Kreuz abgebildet, das Symbol der Kirche.
- Das Bild wurde 1508, also vor der Reformation, gezeichnet.
- Kritisiert werden die Missstände der katholischen Kirche, die das Schiff zum Sinken bringen.

Schritt 3:
- Der Zeichner greift die Vertreter der Kirche und die weltlichen Herrscher an.
- Die Missstände der Kirche führen zu ihrem Untergang und weltliche Herrscher schauen tatenlos zu.
- Alle Gläubigen

ARBEITSAUFTRÄGE

1. Beschreibe einer Mitschülerin oder einem Mitschüler die Abbildung M2 unter Verwendung der Musterlösung.
2. Erkläre einer anderen Person die im Flugblatt M2 zu erkennenden Gegenstände und Symbole. 🌐 Marktplatz
3. Analysiere das Flugblatt M3 mithilfe der Schritte zur Analyse von Spottbildern.
4. Bewerte die Bedeutung von Spottbildern in der Zeit der Reformation.

Regionalgeschichte

Der Reformator Johannes Bugenhagen

Freund und Weggefährte Luthers

Auf der Nachbarinsel Usedoms, dem heute polnischen Wollin wurde der Sohn eines Ratsherrn 1485 geboren. Sein Umfeld erkannte sehr schnell die Begabungen des Jungen. Die Äbtissin Maria, eine Schwester des pommerschen Herzogs, ermöglichte ein Studium Bugenhagens an der Greifswalder Universität. Dieses hat er aber nicht beendet. Er wurde zunächst Lehrer, später Rektor der Ratsschule Treptow an der Rega. Zu diesem Zeitpunkt war Bugenhagen gerade einmal 19 Jahre alt. Zeitgleich setzte sich der junge Mann mit den Fragen von Religion und Kirche auseinander. Seinen Auslegungen der Bibel lauschten bald Schüler aus ganz unterschiedlichen Regionen, dazu zählte u. a. das Baltikum, aber auch Westfalen. Seine Vorträge waren geprägt vom humanistischen Ansatz der Schriften des Erasmus von Rotterdam. Luthers Schriften und sein Wirken im Zuge der Reformation zogen den jungen Lehrer 1521 nach Wittenberg. Im Jahr 1533 promovierte Bugenhagen zum Doktor der Theologie.

M1 Johannes Bugenhagen (1485–1558), Gemälde von 1532 von Lucas Cranach

Zur Entstehung der Pomerania

Dieses Werk Bugenhagens von 1517 stellt eine erste Gesamtdarstellung zur Geschichte des Landes dar. Der Verfasser erhielt einen Auftrag von Bogislaw X., dem Herzog Pommerns, zum Verfassen dieser Landeschronik. Das für diese Zeit „Unerhörte" fand sich in den Kommentaren Bugenhagens innerhalb der Handschrift. Bugenhagen kritisiert in diesen die Prediger, welche sich nicht an das „reine Bibelwort" hielten.

Das Gesamtwerk ist in vier Bücher eingeteilt: Slawische Vorgeschichte, Christianisierung, Geschichte der Herzöge bis 1516 und vermischte Geschehnisse des 15. Jahrhunderts. Erst 1750 gelangte das wertvolle Buch in den Besitz der Greifswalder Universitätsbibliothek und wird dort bis heute als kostbarer Schatz aufbewahrt.

M2 Johannes Bugenhagen (hinten, mit weißem Haar) mit Martin Luther (vorn) und weiteren Reformatoren, gemalt von Lucas Cranach.

M3 „Pomerania" seit 1750 im Besitz der Greifswalder Universitätsbibliothek

Weltdeutung und Religion

M4 Comic der Nordkirche über Jonhannes Bugenhagen zum 500-jährigen Jubiläum der Reformation

Bugenhagen – Luther des Nordens im Comic

Ferdinand Ahuis, Theologe und ehemaliger Hauptpastor von Hamburg, zeigte sich im Jahre 2017 aus Anlass des 500. Jahrestages des sogenannten Thesenanschlags Martins Luthers in Wittenberg besorgt über die geringen Kenntnisse über die Reformation im Norden. Ohne Bugenhagen hätte es seiner Meinung nach hier im Norden niemals diese Ausbreitung der Ideen des Weggefährten gegeben. Die Nordkirche entschloss sich daher ein Comic für Schüler und Konfirmanden in Auftrag zu geben. Das Heft umfasst insgesamt 36 Seiten zum Wirken Bugenhagens.

ARBEITSAUFTRÄGE

1. Beschreibe den Lebensweg und das Wirken Bugenhagens.
2. a) Gib wieder, was Bugenhagens Pomerania „unerhört" machte.
   b) Arbeite die Gemeinsamkeit von Bugenhagens Kritik mit der Lehre Martin Luthers heraus.
3. Setze dich vor diesem Hintergrund mit dem Comic der Nordkirche als eine Form geschichtlicher Darstellung auseinander.
4. Gestaltet selbst in Gruppenarbeit ein Comic zu Bugenhagen.

Die Reformation ermutigt die Bauern

> **Q1** Luther in einer Schrift an die Fürsten (1520):
>
> Eigentlich verdanken wir den Aufruhr euch, ihr Fürsten. Als weltliche Herren tut ihr nichts anderes, als zu schinden. Ihr müsst anders werden. Ich kann euch nur raten, meine Herren, einigt euch mit den Bauern im Guten.

Die Lage der Bauern

Zur Zeit der Reformation waren die meisten Menschen Bauern. Für ihren Grundherrn mussten sie hohe Abgaben leisten. Außerdem schränkten die Grundherren alte Rechte der Bauern immer mehr ein. Holz, das bisher im gemeinsamen Wald eines Dorfes gefällt wurde, musste nun bezahlt werden. Auch Vieh durfte nicht mehr ohne Bezahlung auf den Wiesen um das Dorf herum weiden. Die Bauern wurden immer unzufriedener.

Durch Luthers Lehre und seinen Widerstand gegen den Papst fühlten sich die Bauern gestärkt. Sie reichten daraufhin ihren Grundherren über 300 Klageschriften ein. Die wichtigsten Forderungen wurden in zwölf Punkten zusammengefasst.

> **Q2** Die zwölf wichtigsten Forderungen der Bauern von 1525:
>
> 1. Die Gemeinde soll ihren Pfarrer selbst wählen und abwählen können.
> 2. Wir wollen die Abgaben für Getreide, aber nicht mehr für Vieh an die Kirche leisten.
> 3. Wir wollen nicht mehr leibeigen, sondern frei sein.
> 4. Wir wollen frei jagen und fischen können.
> 5. Jeder soll den Gemeindewald frei nutzen können.
> 6. Die Dienste für den Herrn sollen auf das alte Maß beschränkt werden.
> 7. Die Dienste und Abgaben dürfen nicht erhöht werden.
> 8. Der Pachtzins für Feld und Land soll von unparteiischen Leuten gerecht festgelegt werden.
> 9. Strafen sollen ohne Ansehen der Person gerecht sein.
> 10. Die Grundherren sollen den Gemeinden Wald, Wasser und Weiden zur Nutzung zurückgeben.
> 11. Abgaben bei einem Todesfall sollen abgeschafft werden.
> 12. Nur Forderungen sollen anerkannt werden, die dem Wort Gottes entsprechen.
>
> [vereinfacht]

Beginn und Verlauf des Bauernkriegs

Weil die Grundherren nicht auf die Forderungen der Bauern eingegangen waren, schlossen sich immer mehr Bauern zu Gruppen zusammen und kämpften gegen die Fürsten.

Der Aufstand der Bauern begann im April 1525 in Südwestdeutschland und breitete sich über Franken und Hessen bis nach Thüringen aus. Die Bauern organisierten sich in großen Verbänden, den sogenannten Haufen, um gemeinsam für eine Verbesserung ihrer Lage zu kämpfen. Sie wählten Hauptleute und trugen ihre Waffen zusammen: Sensen, Heugabeln, Dreschflegel und Äxte. Die Bauern stürmten Burgen und Klöster, plünderten und zerstörten sie. Dabei wurden vor allem Urkunden zerrissen, in denen die Abgaben und Dienste für die Fürsten und Grundherren festgelegt waren.

In diesem Konflikt stellte sich Luther zunächst auf die Seite der Bauern. Als jedoch die Aufständischen immer mehr Plünderungen und Morde verübten, wandte er sich gegen sie.

M1 Ein Fahnenträger der aufständischen Bauern (Holzschnitt, 16. Jahrhundert)

Weltdeutung und Religion

M2 Bauern plündern das Kloster Weißenau bei Ravensburg (Zeichnung, um 1525)

Die Niederlage der Bauern
Der Aufstand der Bauern weitete sich bis nach Thüringen aus. Dort kam es bei Frankenhausen am 15. Mai 1525 zur Schlacht. Unter der Führung des Predigers Thomas Müntzer stellten sich über 8000 aufständische Bauern dem Heer der Fürsten entgegen. Die besser ausgebildeten und bewaffneten Soldaten der Fürsten schlugen die Bauern vernichtend. Über 5000 Bauern verloren in dieser Schlacht ihr Leben. Thomas Müntzer wurde gefangen genommen und hingerichtet.

Die Folgen für die Bauern
Nach den verlorenen Schlachten der Bauern bildeten die Fürsten an vielen Orten Gerichte. Die Bauern mussten ihre Waffen abgeben und ihren Herren Treue schwören. Sie mussten versprechen, sich nie mehr gegen ihre Grundherren zu stellen. Außerdem wurden sie dazu verurteilt, den entstandenen Schaden zu ersetzen. Die Männer mussten die zerstörten Klöster, Burgen und Schlösser wieder aufbauen. Gemeinden, die die Bauern unterstützt hatten, mussten hohe Strafen zahlen. Anführer wurden öffentlich gefoltert und hingerichtet.

> **Q3** Luther in einer Schrift gegen die aufrührerischen Bauern (1525):
>
> Sie richten Aufruhr an. Sie berauben und plündern Klöster und Schlösser, die nicht ihnen gehören. Dadurch machen sie sich zu Straßenräubern und Mördern. [...] Darum soll die Aufrührer niederwerfen, wer's [...] [kann], denn es gibt nichts Teuflischeres als einen aufrührerischen Menschen. Sie nennen sich christliche Brüder und sind doch eigentlich die größten Gotteslästerer seines heiligen Namens.

ARBEITSAUFTRÄGE

1. I Nenne Gründe für die Unzufriedenheit der Bauern.
   II Erkläre, warum die Bauern immer unzufriedener wurden.
   III Begründe mithilfe von M1, warum die Bauern unzufrieden waren.
2. Arbeite die Forderungen der Bauern in Q2 heraus. Ordne sie nach wirtschaftlichen, politischen und kirchlichen Forderungen.
3. Recherchiere zu Thomas Müntzer und berichte.
4. a) Vergleiche die unterschiedlichen Haltungen Luthers in Q1 und Q3.
   b) Begründe, warum Luther seine Haltung gegenüber den Bauern änderte.
5. Beurteile, ob die Bauern gegen die Fürsten eine Chance hatten.

Die Spaltung des Glaubens

Karl V. stellt sich gegen die Reformation

Die Ideen Martin Luthers fanden in ganz Deutschland begeisterte Anhänger. Kaiser Karl V. wollte jedoch die Einheit der Kirche erhalten und deshalb gegen Luther und seine Lehre vorgehen. Zahlreiche Landesherren und die freien Reichsstädte missachteten aber seine Befehle und schlossen sich Luther an.

Kaiser Karl V., der gleichzeitig König von Spanien war, besaß im Deutschen Reich nur wenig Macht und war in zahlreiche europäische Kriege verwickelt. Deshalb konnte er nicht konsequent gegen die reformatorische Bewegung vorgehen. Immer wieder musste er Zugeständnisse an die Anhänger Luthers machen, um Hilfe für seinen Kampf gegen seine Feinde zu erhalten.

M1 Kaiser Karl V. (1519–1556), Gemälde von Tizian, 1548

Landeskirchen entstehen

Luther war der Überzeugung, dass sich die Landesherren, die den reformierten Glauben angenommen hatten, um die Gemeinden in ihrem Gebiet kümmern sollten.

> **Q1** In einem Brief an seinen Landesherrn Kurfürst Johann Friedrich von Sachsen schrieb Luther 1525:
>
> Die Pfarreien liegen überall elend; da gibt niemand, da bezahlt niemand. So achtet der gemeine Mann weder Predigt noch Pfarrer. Wenn hier nicht eine [...] Ordnung und staatliche Erhaltung der Pfarrer vorgenommen wird, gibt es in kurzer Zeit weder Pfarrhöfe noch Schulen, noch Schüler, und so wird das Wort Gottes zugrunde gehen. Eure Kurfürstliche Gnaden wird wohl Mittel finden.

Luthers Forderungen kamen einigen Landesherren ganz gelegen. Nicht mehr der Papst, sondern sie selbst konnten endlich über kirchliche Fragen entscheiden. Klöster und Pfarreien, der dazugehörige Grundbesitz und die daraus fließenden Einnahmen wurden von den Landesherren verwaltet. Den Pfarrern zahlten die Landesherren Gehälter, richteten Schulen und Krankenhäuser ein und legten fest, dass der Gottesdienst nach Luthers Ideen in deutscher Sprache gefeiert werden sollte. Damit gewannen sie großen Einfluss auf das Leben der Menschen.

Glaubenskampf und Machtkampf

Auf einem Reichstag wurde 1526 festgelegt, dass die neue Glaubensrichtung vorerst geduldet wurde. Im Frühjahr 1529 versuchten Karl V. und die katholische Mehrheit der Fürsten, diesen Beschluss rückgängig zu machen. Die lutherische Minderheit protestierte dagegen. Sie legten dem Kaiser ihr Glaubensbekenntnis vor. Darin nahmen sie zu zahlreichen Fragen des christlichen Glaubens Stellung. Als der Kaiser seine außenpolitischen Konflikte beigelegt hatte, ging er gewaltsam gegen den Protestantismus vor. Da jedoch alle Fürsten im Reich, sowohl die katholischen als auch die evangelischen, ihre Eigenständigkeit durch den Kaiser bedroht sahen, kam es zu einem gemeinsamen Aufstand. Die Fürsten besiegten Karl V.

Der Augsburger Religionsfrieden und seine Folgen

Nach Jahren des Krieges einigten sich im Jahr 1555 der Kaiser und die Fürsten auf dem Reichstag in Augsburg auf einen Friedensvertrag.

In diesem Augsburger Religionsfrieden wurde festgelegt, dass die Landesherren wählen können, ob sie den katholischen oder evangelischen Glauben annehmen. Die Untertanen mussten den Glauben ihres Landesherren annehmen. Wer dies nicht wollte, durfte auswandern. In den Reichsstädten durften Angehörige beider Glaubensrichtungen nebeneinanderleben.

Durch den Augsburger Religionsfrieden kam es zu einer dauerhaften Glaubensspaltung. Dem Kaiser war es nicht gelungen, die Einheit der Christenheit zu bewahren. Er dankte 1556 ab. Die katholische Kirche reagierte auf die Ausbreitung und Festigung des evangelischen Glaubens. Sie versuchte unter anderem den Protestantismus zurückzudrängen. Diese Bewegung wird als Gegenreformation bezeichnet.

Diese Politik führte zu weiteren religiösen Streitigkeiten. Die Anhänger beider Glaubensrichtungen schlossen sich zu Bündnissen zusammen: die Katholiken zur Katholischen Liga, die Evangelischen in der Protestantischen Union.

M2 Konfessionen in Europa nach der Reformation

Lutheraner und Reformierte: Damit sind Menschen gemeint, die der protestantischen Kirche angehören. Sie unterscheiden sich in der Ausübung der Religion in einigen Punkten.

ARBEITSAUFTRÄGE

1. Begründe mithilfe von Q1, warum Luther die Landesherren aufforderte, sich um die Kirchen in ihrem Gebiet zu kümmern.
2. Nenne Aufgaben und Vorteile, welche der Landesherr durch die Entstehung von Landeskirchen übernimmt.
3. Werte M2 aus: Stühletausch
   a) Wo hat sich die Reformation ausgebreitet?
   b) Welcher Glaubensrichtung gehörten die Menschen deiner Region im 16. Jahrhundert an?
4. Diskutiert, inwieweit der Augsburger Religionsfrieden und seine Folgen geeignet waren, einen dauerhaften Frieden im Reich zu sichern.
   Bienenkorb

Der Dreißigjährige Krieg

Der Beginn eines langen Krieges

„Der Dreißigjährige Krieg war die zweite große Katastrophe in der deutschen Geschichte nach der großen Pest Mitte des 14. Jahrhunderts. Aber während die Pest ‚nur' Menschen hinweggerafft hatte, wurden im Krieg während der Lebenszeit einer ganzen Generation das Land verwüstet und die Städte zerstört", so die Aussage des französischen Historikers Joseph Rovan. Doch wie konnte es zu einem derartigen Krieg kommen?

Unter dem katholischen Kaiser Rudolf war den protestantischen Adligen in Böhmen im Majestätsbrief von 1609 Religionsfreiheit zugesichert worden. Sein Nachfolger Ferdinand II., der seit 1617 böhmischer König war, nahm diese Zugeständnisse jedoch zurück. Die Vertreter des protestantischen Adels in Böhmen betrachteten dieses Vorgehen gegen die Reformation als Verletzung ihrer Rechte.

1618 drangen Vertreter der böhmischen Stände in die Prager Burg ein und warfen kaiserliche Beamte aus dem Fenster. Diese überlebten den Fall, aber der „Prager Fenstersturz" löste einen der längsten Kriege der deutschen und europäischen Geschichte aus.

M1 „Prager Fenstersturz" (zeitgenössische Darstellung)

Ein Fenstersturz mit Folgen

Der Kaiser und die katholischen Landesherren nutzten den Prager Fenstersturz. General Tilly besiegte mit dem Heer der Katholischen Liga die Streitkräfte der Protestantischen Union. Der böhmische Adel wurde hart bestraft. Die Protestanten mussten sich wieder zum katholischen Glauben bekennen. Etwa 150 000 Menschen verließen das Land.

Eingreifen der Nachbarländer

Mit diesem Sieg wollte Kaiser Ferdinand II. seine Macht gegenüber den selbstbewussten evangelischen Landesherren ausbauen. Die Verschiebung der Machtverhältnisse im Reich zugunsten des Kaisers wollten aber die Nachbarländer nicht hinnehmen. Ihre Motive waren unterschiedlich. Sie wollten die evangelischen Glaubensbrüder unterstützen, aber auch ihren Einfluss erweitern und Land gewinnen.

M2 Johann von Tilly (1559–1632), zeitgenössisches Gemälde

Als der kaiserliche Feldherr Wallenstein mit seinem Heer weiter ins Reich zog, griff der dänische König 1625 mit Truppen auf der Seite der Protestanten ein. Doch die Soldaten der Katholischen Liga und Wallenstein blieben siegreich. Um eine Niederlage der Protestanten zu verhindern, landete der schwedische König mit einer starken Armee im Sommer 1630 an der deutschen Ostseeküste.

Die Schweden drangen rasch vor und zogen plündernd quer durch das Reich. Auch nach dem Tod ihres Königs Gustav Adolf in einer Schlacht im Jahr 1632 führten sie den Krieg weiter. Die Kriegsparteien bekämpften sich in ganz Deutschland, ohne dass eine Seite einen entscheidenden Vorteil erzielen konnte.

Mit der Zeit bestanden die Truppen der Kriegsgegner überwiegend aus Soldaten, die Lohn erhielten und aus den verschiedensten Ländern Europas kamen. Herkunft und Religion spielte keine Rolle. Diese Söldner kämpften und töteten für jeden, der sie bezahlte. In Wallensteins kaiserlichem Heer waren viele Offiziere Protestanten. Im Jahr 1632 zählte es etwa 100 000 Mann.

M3 Albrecht Wenzel Eusebius von Wallenstein (1583–1634)

Konflikte und Konfliktlösungen

Umgang der Söldner mit der Zivilbevölkerung

Das Besondere des Dreißigjährigen Kriegs war, dass es sich bei den Soldaten vor allem um Söldner handelte. Diese nahmen das Risiko eines Krieges auf sich, um sich und ihren Familien den Lebensunterhalt zu sichern. Da ihr Lohn jedoch sehr gering war, waren sie auf Kriegsbeute wie Wertgegenstände oder Gefangene, die verkauft werden konnten, angewiesen.

Wenn die Heerführer ihre Soldaten nicht bezahlen konnten, überließen sie ihnen Dörfer und Städte zur Plünderung. Durchziehende Armeen „verheerten" so ganze Landstriche. Das bedeutet, die Soldaten ließen nur ausgeplünderte, oft menschenleere Siedlungen zurück.

> **Q1** Aus dem Tagebuch eines Söldners im Jahre 1634:
>
> Sind gezogen nach Freising, über die Isar, nach Landshut. Das haben wir beschossen. […] Hier sind wir 8 Tage stillgelegen, haben die Stadt ausgeplündert. Hier habe ich als meine Beute ein hübsches Mädelein bekommen und 12 Taler an Geld.

M4 Vergehen der Söldnertruppen an der Zivilbevölkerung (Radierung von 1646, nachkoloriert)

ARBEITSAUFTRÄGE

1. Erkläre, wie es zum Krieg zwischen Protestanten und Katholiken gekommen war.
2. Gib wieder, warum die Nachbarländer in den Konflikt eingriffen.
3. a) Beschreibe den Einsatz von Söldnern im Dreißigjährigen Krieg.
   b) Erkläre den Begriff „verheert".
4. Diskutiert, ob der Dreißigjährige Krieg ein Glaubenskrieg war.
   🐟 Fishbowl
5. a) Recherchiert in Gruppen Wallensteins, Tillys und Gustav Adolfs Lebenslauf. 📝 Gruppenpuzzle
   b) Stellt eure Ergebnisse der Klasse vor.

Digital+
Interaktives Arbeitsblatt zu Europa im Glaubensstreit
 WES-142805-404

Wallensteintage in Stralsund

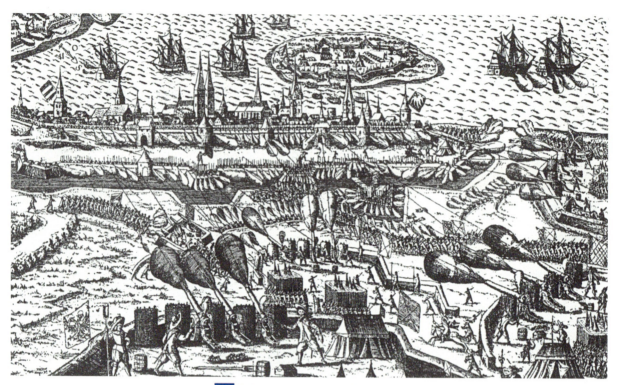

M1 Belagerung Stralsunds 1628 (zeitgenössicher Druck)

Stralsund 1628

Stralsund mit seinem Hafen besaß für Wallenstein als Stützpunkt in diesem Krieg eine wichtige strategische Rolle. Bereits 1627 hatte der Stralsunder Rat in weiser Voraussicht die Stadtteiche vertiefen lassen und den Erdwall an der Stadtmauer verstärkt. Im April 1628 vermochten es die Stralsunder Seeleute und Fischer, die Besetzung des Dänholms durch die Kaiserlichen zu verhindern. Deren Kapitulation rief nun Wallenstein selbst auf den Plan. Am 26. Juni 1628 begann die Belagerung der Stadt am Sund. Wallenstein verlangte vom Stralsunder Rat die Zahlung von 150 000 Reichstalern. Damit sollten sie sich von der Besetzung freikaufen. Unter der Führung von Bürgermeister Lambert Steinwich und mithilfe dänischer und schwedischer Truppen wurde Wallenstein jedoch eine empfindliche Niederlage zugefügt.

Ein Volksfest mit historischem Spektakel

Erstmals im Jahre 1825 feierten die Bewohner Stralsunds Mitte Juli ihren erfolgreichen Widerstand 1628 gegen die Belagerung der kaiserlichen Truppen unter Wallenstein. Bis 1945 wurde diese Tradition fast durchgängig beibehalten. In der DDR beging man dieses mittlerweile größte Volksfest im Norden aber nicht. Erst im Jahre 1991 lebte die Tradition wieder auf. Traditionell eröffnet wird das Fest mit dem Hohnblasen. Der Legende nach sollen von den Stadtmauern Stralsunds her Bläser höhnische Lieder an Herzog Wallenstein gerichtet haben. Von der Altstadt ausgehend gibt es an vier Tagen ein buntes Volkstreiben. Als Landsknechte und Reiter Kostümierte stellen Gefechte und den sogenannten Pestzug nach.

M2 Bei den Wallensteintagen

Konflikte und Konfliktlösungen

M3 Auftaktseite Website Wallensteintage 2023 (www.wallensteintage.de)

Q1 Der Reiseratgeber Ostseemagazin über die Wallensteintage:

Zum Schlemmen und Kaufen sollte man den Markt besuchen. Dort bieten in historischer Kulisse Händler ihre Waren an und Wirte servieren zumeist deftige Speisen. Gaukler und Narren geben dem stark mittelalterlich angehauchten Fest das besondere Flair. Höhepunkt ist ohne Zweifel das Barockfeuerwerk, welches immer am Samstag stattfindet. Eher unmittelalterlich geht es im Hafen von Stralsund zu. Hier finden sich neben den zahlreichen Fahrgeschäften und Buden eine Showbühne mit Biergarten vor.

M4 Teilnehmer der Wallensteintage

ARBEITSAUFTRÄGE

1 Erstelle eine Präsentation zu den Wallensteintagen.

M1 „Die großen Schrecken des Krieges" (Kupferstich von Jacques Callotum, 1632)

Das Ende des langen Kriegs

Die Situation der Bevölkerung

Dass der Dreißigjährige Krieg für die Menschen katastrophale Folgen hatte, lag nicht nur an der Dauer der Auseinandersetzung. Eine Vielzahl weiterer Gründe ist zu nennen:
- Manche Gebiete wurden im Laufe der Zeit mehrmals verwüstet.
- Felder konnten nicht mehr bewirtschaftet werden, somit war die Versorgung der Bevölkerung mit Nahrungsmitteln unterbunden.
- Aufgrund des Hungers und des Elends zogen viele Menschen mit den Soldaten in der Hoffnung auf Essbares umher, wodurch die ansässige Bevölkerung nicht nur von den Soldaten, sondern auch noch von dem Tross in Mitleidenschaft gezogen wurde.
- Viele Menschen starben nicht direkt durch die Kämpfe, sondern aufgrund von Hunger, Unterernährung und Krankheiten.

Neben den körperlichen Verletzungen sind vor allem auch die psychischen Folgen zu nennen, mit denen die Menschen zurechtkommen mussten. Nach Schätzungen ging die Einwohnerzahl des Reiches während des Dreißigjährigen Krieges von 1618–1648 von 21 auf 13 Millionen zurück.

Ein endloser Krieg

Das katholische Frankreich hatte längere Zeit bereits Gustav Adolf finanziell unterstützt, um damit den Kaiser zu schwächen. 1635 verständigte sich der Kaiser mit der protestantischen Seite. Somit kämpfte nun das katholische Lager des Kaisers zusammen mit den Protestanten gegen das protestantische Schweden.

Aus einer Auseinandersetzung um den richtigen Glauben wurde immer mehr ein Krieg um Macht und Einfluss. Doch Frankreich kämpfte nun offen gegen den katholischen Kaiser. Eine endgültige Entscheidung konnte aber nicht erzwungen werden.

Konflikte und Konfliktlösungen

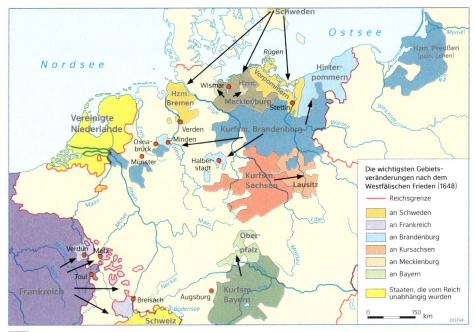

M2 Das Reich nach dem Westfälischen Frieden

Der Westfälische Frieden von 1648

Im Dreißigjährigen Krieg wurden mehrere Konflikte ausgetragen. So wurde zwischen den Konfessionen gekämpft. Des Weiteren war es ein Konflikt des Kaisers mit den böhmischen Adligen. Schließlich entwickelte es sich dann auch zu einer Auseinandersetzung zwischen dem Reich und ausländischen Mächten. Nachdem es aufgrund dieser verworrenen Lage zu keinen militärischen Entscheidungen gekommen war, führten langwierige Verhandlungen im katholischen Münster (mit Frankreich und seinen Verbündeten) und im evangelischen Osnabrück (mit den Schweden) zum Westfälischen Frieden. Damit wurde der Krieg beendet und die Religionskonflikte zwischen den Reichsständen beigelegt:

Durch den Verlauf des Dreißigjährigen Krieges und die Ergebnisse des Westfälischen Friedens änderte sich auch das europäische Staatensystem:
- Frankreich ging als kontinentale Vormacht aus dem Krieg hervor, da das französische Staatsgebiet bis an den Rhein vorgeschoben wurde.
- Schweden konnte seine Macht im Norden ausbauen. Es wurde zur Vormacht im gesamten Ostseeraum.
- Die protestantischen Niederlande und die Schweizer Eidgenossenschaft schieden aus dem Reichsverband aus.

Die Folgen des Krieges waren in Deutschland katastrophal. Handel, Gewerbe und Landwirtschaft kamen zum Erliegen. Seuchen und Hunger führten zum Massensterben. Es dauerte Jahrzehnte, bis sich die Länder von diesem Krieg erholten.

M3 Urkunden des Friedensvertrages von Münster 1648

ARBEITSAUFTRÄGE

1. Begründe, warum besonders die bäuerliche Bevölkerung gelitten hat.
2. Nenne Gründe, die dazu führten, dass die kriegsführenden Parteien Friedensverhandlungen aufnahmen.
3. Stelle mithilfe von M2 die Gebietsveränderungen nach dem Westfälischen Frieden dar.

Digital+
Hörszene zu den Folgen des Dreißigjährigen Kriegs
WES-142805-405

Interaktives Arbeitsblatt zum Dreißigjährigen Krieg
WES-142805-406

Regionalgeschichte

Die Eroberung Neubrandenburgs

Kaiserliche und Schweden kämpfen um Neubrandenburg

Die ersten zehn Jahre war der Norden Deutschlands von den Schrecken des Dreißigjährigen Krieges weitgehend verschont geblieben. Danach verlagerte sich das Kriegsgeschehen, und auch Neubrandenburg wurde Kampfgebiet.

Nach einer kurzen Belagerung im August 1627 durch eine ca. 6000 Mann starke Truppe Wallensteins, die die Stadt letztlich 100 Fass Bier, 1000 Brote und zusätzlich 8000 Taler Abgaben kostete, griff 1630 das protestantische Schweden in das Kriegsgeschehen ein. König Gustav II. Adolf hatte es sich zum Ziel gesetzt, Mecklenburg wieder von den kaiserlichen Truppen zu befreien und den entmachteten Herzögen ihre Ämter wiederzugeben. Am 1. Februar 1631 traf der Schwedenkönig aus Stettin kommend auf den kaiserlichen Oberst Franz Marsoun. Der ließ sich jedoch trotz eines starken Heeres auf keinen Kampf ein. Gustav II. Adolf hinterließ in Neubrandenburg eine 2000 Mann starke Besatzung unter dem Befehl des schwedischen Generalmajors Dodo von Knyphausen.

Am 3. März 1631 marschierte der kaiserliche Feldherr Tilly mit 18 000 Mann auf die Stadt zu. Die Schweden bereiteten sich auf die Verteidigung vor, indem sie Getreidevorräte anlegten und Brücken abrissen. Tillys erster Versuch, die Stadt von der westlichen Seite her zu erobern, scheiterte unter anderem an der Überflutung des Werderbruchs. Daraufhin begannen sie den Angriff von Osten her einzuleiten. Hier errichteten sie Laufgräben und Schanzen, wovon noch heute der Name Tilly-Schanzen-Straße herrührt. Angebote, sich zu ergeben, lehnte von Knyphausen ab.

Die Erstürmung der Stadt

Am 18. März 1631 begann die „Schreckliche Eroberung und blutige Zerstörung der Stadt Neu Brandenburg", wie der Titel eines Augenzeugenbericht lautet. Besonders im Innenbereich des Friedländer Tores, welches der auf schwedischer Seite kämpfende deutsche Kapitän Pflug verteidigte, wurde verbissen gekämpft. In der Nähe des Tors war es den Kaiserlichen gelungen, eine Bresche in die Stadtbefestigung zu reißen.

Für beide Seiten brachte die Erstürmung letztlich große Verluste mit sich. Von den Verteidigern sollen nur 60 überlebt haben, und auch etwa 1500 kaiserliche Soldaten starben bei der Einnahme der Stadt.

M1 Der protestantische König von Schweden, Gustav II. Adolf (1594–1632)

Bresche: Mit Gewalt in die Befestigung einer Stadt oder Burg gerissene Lücke (durch Beschuss oder Unterhöhlung der Mauern)

M2 An die Erstürmung der Stadt 1631 erinnernde Steinplatte am Friedländer Tor.

> **Q1** Augenzeugenbericht über die Eroberung Neubrandenburgs 1631 durch die Truppen Tillys (sprachlich vereinfacht):
>
> […] und obwohl Kapitän Pflug schon zweifach angeschossen und schwer verwundet [war], hat er doch mit einem Schlachtschwert sich lange gewehrt, und viel auffsteigende Tillyschen Soldaten niedergemetzelt, bis er auch endlich mit einer Musketen-Kugel durch den Kopf geschossen, und tot zur Erde gefallen, […] zwischen dem Friedländischen Tor und Zingel [wurden] Leiche bei Leiche, abgehauene Fäuste, Finger, Füße, Arme, Beine, Hirnschalen und andere menschliche Gliedmaße gefunden. […] Der Herr General Tilly kam selbst in die Stadt und ihm wurde sein Pferd mit Brettern über die Bresche in die Stadt geleitet, weil keine Tore offen waren, […]

Konflikte und Konfliktlösungen

M3 Innenansicht des Friedländer Tors in Neubrandenburg heute

M4 Außenansicht Friedländer Tor

Leiden für die Bevölkerung

Mit der Erstürmung der Stadt begann für die Bewohner eine noch schlimmere Zeit des Leidens. Viele Menschen versuchten, sich in das Innere der Kirchen zu retten, vor denen die Soldaten aber keinen Halt machten. Hunderte Neubrandenburger wurden gefoltert und ermordet. Die siegreichen kaiserlichen Söldner plünderten die Stadt, Häuser und Kirchen wurden zerstört und ausgeraubt. Noch Jahrhunderte später war die Erinnerung an diese „Schreckenstage" in der Bevölkerung lebendig.

Das Vorgehen der Soldaten Tillys in Neubrandenburg stellte keine Ausnahme dar. Auch in anderen Städten, die im Dreißigjährigen Krieg erobert wurden, kam es zu vergeichbaren Untaten. Oft stellte es einen Teil der Bezahlung der Söldner dar, dass die Stadt nach dem Sturm zur Plünderung freigegeben wurde. Nach der wochen- oder gar monatelangen Belagerung verfielen die Soldaten teilweise in einen regelrechten Blutrausch. Viele Einwohnerinnen und Einwohner der besiegten Städte wurden beraubt, gefoltert, vergewaltigt und ermordet.

Ein grausiger Fund

Im Jahr 1991 wurden bei Bauarbeiten in der Nähe des Friedländer Tors menschliche Skelette gefunden. Schnell lag die Vermutung nahe, dass es sich um ein Massengrab mit Opfern aus der Zeit des Dreißigjährigen Krieges handeln könnte. Mehrere der erhaltenen Schädel wiesen Verletzungen durch zeitgenössische Hieb- und Schusswaffen auf. Eine genauere Untersuchung der Knochen ließ Wissenschaftler darauf schließen, dass es sich bei den Toten um Bewohner Neubrandenburgs handelte.

ARBEITSAUFTRÄGE

1. Arbeite das Eingreifen der Schweden in den Krieg am Beispiel Neubrandenburgs heraus.
2. Beschreibe die Erstürmung der Stadt.
3. Gib die Folgen der Eroberung für die Bevölkerung wieder.
4. Suche in deiner Heimatregion nach Spuren des Dreißigjährigen Krieges.

Projekt

Wir besuchen ein Gewerbemuseum

In einem Gewerbemuseum könnt ihr etwas über die Lebens- und Arbeitsbedingungen der Menschen sowie die Produktionstechniken in früheren Zeiten lernen. Im Süden des heutigen Landkreises Rostock, ca. 18 Kilometer von Güstrow entfernt, liegt die Stadt Krakow am See. Dort findet ihr in ein besonderes Museum.

M1 Die Alte Schule in Krakow am See

Q1 Aus der Museums-Website (https://offizin-schwarze-kunst.de/museum.html):

In der Alten Schule in Krakow am See [...] befindet sich das erste und einzige Museum für Buchdruckkunst dieser Art in Mecklenburg-Vorpommern, das zugleich eine noch produzierende Buchdruck-Werkstatt ist. [...]
Im Eingangsbereich des Museums erinnert eine nachgebaute Gutenberg-Presse an die Anfänge des Buchdrucks mit beweglichen Lettern. [...] Mehr als 500 Jahre war der Buchdruck mit beweglichen Lettern das bestimmende Verfahren im grafischen Gewerbe. [...] Erst Mitte des 20. Jahrhunderts wurden Bleisatz, bewegliche Lettern und der Buchdruck von moderneren, digital gestützten Satz- und Druckverfahren verdrängt.

M2 In der Druckwerkstatt wird noch gedruckt wie in früheren Zeiten.

M3 Rekonstruierte Gutenbergpresse im Eingangsbereich des Museums

M4 Besuchern des Museums wird die Drucktechnik erläutert.

ARBEITSAUFTRÄGE

1. a) Informiert euch im Vorfeld über das Museum. Erkundigt euch, ob Führungen angeboten werden (frühzeitig anmelden).
   b) Erstellt eine Liste mit möglichen Fragen.
2. a) Macht euch beim Besuch Notizen und stellt eure Fragen.
   b) Fertigt Fotos, Videos oder Skizzen an (vorher um Erlaubnis bitten!)
3. Wertet die Ergebnisse in der Schule aus und präsentiert sie mithilfe von Medien (z. B. Bildschirmpräsentation, Wandzeitung, Informationsmappe, Ausstellung, Homepage der Schule).

In Kürze

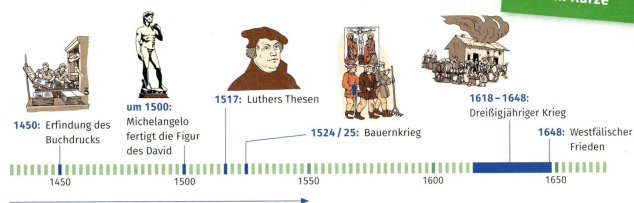

Reformation und Glaubensstreit

Die Humanisten des 15. und 16. Jahrhunderts verehrten die griechische und römische Antike, die ihnen als Vorbild diente. In der Renaissance verstanden sich die Menschen stärker als Individuen. Wichtige Erfindungen wie der Buchdruck prägten den Übergang vom Mittelalter zur Neuzeit.

Das Lebensgefühl der mittelalterlichen Menschen wurde geprägt von Höllenangst und Todesfurcht. Die meisten Geistlichen kümmerten sich aber eher um ihr eigenes Wohlbefinden und lebten kein frommes Leben. Viele Menschen wünschten sich daher Veränderungen in der Kirche.

Im Jahre 1517 veröffentlichte der Mönch und Universitätsprofessor Martin Luther 95 Thesen gegen den Ablasshandel. Er geriet mit seinen Ideen, die sich sehr schnell in Deutschland verbreiteten, in Konflikt mit der Kirche. Luther wollte seine Ansichten aber nicht widerrufen. Deshalb verhängte der Papst 1521 den Kirchenbann gegen ihn, kurz darauf folgte mit dem Wormser Edikt die Reichsacht durch den Kaiser.

Luthers Lehre ermunterte die Bauern, sich für eine Veränderung ihres Lebens starkzumachen. Im Bauernkrieg von 1524/1525 kämpften sie vergeblich für mehr Freiheit und Unabhängigkeit. Etliche Landesherren schlossen sich Luthers neuer Lehre an. Mit der Gründung von Landeskirchen konnten sie ihre Macht gegen den katholisch gebliebenen Kaiser stärken. Die Auseinandersetzungen zwischen Protestanten und Katholiken spitzten sich immer weiter zu, bis sie schließlich 1618 zum Dreißigjährigen Krieg führten. Erst der Westfälische Frieden von 1648 sicherte ein Nebeneinander der katholischen und der neuen protestantischen Kirche.

WICHTIGE BEGRIFFE:

Ablasshandel
Bauernkrieg
Buchdruck
Dreißigjähriger Krieg
Humanismus
Katholiken
Kirchenbann
Landeskirche
Leonardo da Vinci
Martin Luther
Neues Testament
Protestanten
Reichsacht
Renaissance
Thesen
Wormser Edikt

Absolutismus und Aufklärung

Der französische König Ludwig XIV. herrschte mit uneingeschränkter Macht. Er musste sich vor niemandem rechtfertigen. Diese Herrschaftsform heißt Absolutismus. Viele andere Fürsten folgten seinem Vorbild und auch dem luxuriösen Hofleben.

Auch der preußische König Friedrich II. regierte sein Land absolutistisch, sah sich aber als „erster Diener" seines Staates.

Zu dieser Zeit diskutierten Gelehrte in Europa die Frage, ob der Absolutismus überhaupt rechtmäßig ist, denn die einfachen Bürger waren nicht an der Königsherrschaft beteiligt.

Blick auf das Schloss Versailles vom Schlosspark aus. Das Schloss und die weitläufigen Gartenanlagen gehören zu den meistbesuchten Touristenattraktionen von Paris. (aktuelles Foto)

Absolutismus in Frankreich

Der König als uneingeschränkter Herrscher

Ludwig XIV. übernimmt die Alleinherrschaft in Frankreich

Der französische König Ludwig XIV. war bereits als vierjähriges Kind zum König gekrönt worden. Bis zu seiner Volljährigkeit regierten andere für ihn das Land. Doch als er 1681 mit 22 Jahren selbst die Regierung übernahm, entschloss er sich fortan allein zu regieren. In Frankreich durfte nichts mehr ohne seine Befehle oder gegen seinen Willen geschehen.

Q1 Ludwig XIV. begründete seine Alleinherrschaft folgendermaßen:

> Was die Personen betrifft, die mir bei meiner Arbeit behilflich sein sollten, so habe ich mich [...] entschlossen, keinen Premierminister mehr in meinen Dienst zu nehmen. [...] Ich entschloss mich noch zu einem weiteren Schritt. Ich wollte die oberste Leitung ganz allein in meiner Hand zusammenfassen.

M1 Ludwig XIV. (1638–1715), König von Frankreich (Gemälde von René Antoine Houssace, 1679)

Die Idee, dass der König den Staat allein regiert, war nicht neu. Bisher aber mussten die Könige immer mit dem Adel zusammenarbeiten, der über viel Grundbesitz verfügte. Doch nun übernahm Ludwig XIV. allein die Regierung. „Der Staat bin ich!" – so soll er es beschrieben haben. Diese Alleinregierung eines Königs heißt Absolutismus.

Absolutismus: vom lateinischen Wort absolutus = losgelöst abgeleitet, Regierungsform, in der ein König oder Fürst uneingeschränkt herrscht

Die Stützen der Macht im Absolutismus

Um seinen Willen und seine Befehle umzusetzen und den französischen Staat allein zu regieren, kontrollierte Ludwig XIV. drei Bereiche:
- Beamte aus dem Bürgertum leiteten die Verwaltung. Sie setzten die Befehle des Königs um und trieben für den König die Steuern ein.
- Es gab eine ständig einsatzbereite Armee, das „stehende Heer". Den obersten Befehl über die Armee hatte der König.
- Der König bestimmte über die Finanzen des Staates, also darüber, wofür das Geld ausgegeben wurde.

Durch diese Herrschaftsführung drängte Ludwig XIV. den Einfluss der Adligen so weit zurück, dass auch sie ihm gehorchen mussten.

M2 Mit Gold verzierte Kutsche Ludwig XIV. (Gemälde von Adam Frans van der Meulen, um 1685)

Herrschaft und Teilhabe

M3 Die Stützen der Macht im Absolutismus

Der König ist von Gott eingesetzt

Seine absolute Herrschaft rechtfertigte Ludwig XIV. mit dem Gottesgnadentum, d. h. von Gott auserwählt zu sein.

Aus seiner Sicht musste er sich bei seinen Befehlen oder Entscheidungen niemals rechtfertigen. Der König verkörperte den französischen Staat.

> **Q2** Ein französischer Bischof rechtfertigte 1682 den Absolutismus:
>
> Die Fürsten handeln also als Gottes Diener und Statthalter auf Erden [...]. Die königliche Gewalt ist absolut. [...] Niemand kann daran zweifeln, dass der ganze Staat in der Person des Fürsten verkörpert ist. Bei ihm liegt die Gewalt. In ihm ist der ganze Wille des Volkes wirksam.

Ludwig XIV. überstrahlt Frankreich

Aus seiner Sicht war er ebenso unerreichbar wie unersetzlich. Als Zeichen seiner umfassenden Herrschaft wählte er sich die Sonne aus.

> **Q3** Ludwig XIV. schrieb 1670 über die Sonne als Symbol des Königs:
>
> Die Sonne ist ohne Zweifel das lebendigste und schönste Sinnbild eines großen Fürsten deshalb, weil sie [...] durch den Glanz, der sie umgibt, durch das Licht, das sie den anderen Gestirnen spendet.

Sein Schloss Versailles war mit goldenen Symbolen einer Sonne verziert. Daher wurde er als Sonnenkönig beschrieben.

M4 Sonnensymbol am Gitterzaun des Schlosses Versailles

ARBEITSAUFTRÄGE

1. Fasse mithilfe von Q1 den Herrschaftsantritt Ludwig XIV. zusammen.
2. I Benenne anhand von M3 die drei Stützen der absolutistischen Herrschaft.
   II Beschreibe jede der drei Stützen in M3 ausführlich. HILFE
   III Erläutere die Notwendigkeit der drei Stützen in M3 für einen absoluten Herrscher. HILFE
3. Begründe die Auswahl der Sonne als Herrschaftszeichen mithilfe der beiden Textquellen Q2 und Q3. Bushaltestelle

Digital+
Erklärvideo zu Ludwig XIV.
WES-142805-501

Ein Herrscherbild analysieren

Schon in der Antike ließen sich z. B. römische Kaiser auf Münzen oder als Statuen abbilden. In der Neuzeit beauftragten die Herrscher Maler, Porträts von ihnen anzufertigen. Die absolutistischen Könige und Fürsten nutzten diese Herrscherporträts, um ihre uneingeschränkte Macht, ihre Stellung an der Spitze des Staates, ihre militärische Stärke oder ihre allgemeine Bedeutung zu zeigen.

Daher war bei den Herrscherbildern jede Einzelheit wichtig und wie ein Puzzle zusammengesetzt. Bewusst bildeten die Maler Herrschaftszeichen wie Krone, Schwert, königliche Kleidung oder auch die Körperhaltung als Ausdruck der absoluten Herrschaft in den Porträts ab.

Gleichzeitig wurden andere Äußerlichkeiten weggelassen oder sehr stark beschönigt. So war Ludwig XIV. bereits 63 Jahre alt, als das bekannte Herrscherporträt entstand. Er ließ sich aber deutlich jünger darstellen, denn das angefertigte Herrscherbild sollte keine wirkliche Abbildung sein. Der König oder Fürst bestimmte die Ansicht, die er dem Betrachter vermitteln wollte.

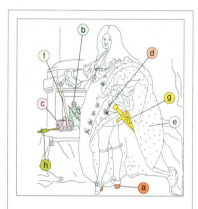

a) rote Absätze – durfte nur der König tragen
b) Justitia – Göttin der Gerechtigkeit
c) Königskrone
d) Lilie – altes Symbol der französischen Könige
e) Hermelin-Pelz – durften nur Könige tragen
f) Zepter – Zeichen der Herrschaftsgewalt
g) Schwert der französischen Könige – steht für Tapferkeit
h) Schwurhand – Zeichen für Rechtsprechung

M1 Ludwig XIV., König von Frankreich (Gemälde des Hofmalers Hyacinthe Rigaud, 1701. Maße: 2,77 x 1,94 m)

Schritte zur Analyse eines Herrscherbildes

1. **Schritt: Das Herrscherbild beschreiben**
   - Wer oder was steht im Mittelpunkt des Gemäldes?
   - Wie ist der Herrscher dargestellt? Welche Gestik, Mimik und welche Körperhaltung kommen zum Ausdruck?
   - Welche Gegenstände sind auf dem Gemälde vorhanden?

2. **Schritt: Das Herrscherbild einordnen**
   - Wann entstand das Gemälde? Ist es ein zeitgenössisches Bild oder entstand es erst später?
   - Wer war der Auftraggeber, wer der Maler?
   - Welche Bedeutung haben die Gegenstände, die zu sehen sind?

3. **Schritt: Das Herrscherbild bewerten**
   - Was sagt das Bild des Herrschers über seine Regierungsweise aus?
   - Welche Absicht verfolgt der Herrscher mit dem Bild?

Stichwortartige Musterlösung zur Auswertung des Bildes M1:

1. **Schritt:**
   - König Ludwig XIV.
   - aufrecht, sehr selbstbewusst, stützt den Arm auf das Zepter, blickt den Betrachter direkt an
   - Schwert, Zepter, Krone im Hintergrund

2. **Schritt:**
   - 1701, d. h., Ludwig XIV. war 63 Jahre alt
   - im Auftrag Ludwig XIV. durch den Hofmaler Hyacinthe Rigaud
   - Die Gegenstände zeigen die königliche Herrschaft.

3. **Schritt:**
   - Ludwig sah sich selbst als das Zentrum des französischen Staats.
   - Die absolutistische Regierungsweise als Herrscher, der niemandem Rechenschaft schuldet, kommt zum Ausdruck.

M2 Herzog Friedrich Wilhelm I. von Mecklenburg-Schwerin (1675–1713) in fürstlicher Pose (in Rüstung und mit Marschallstab und Hermelinmantel), Gemälde eines unbekannten Künstlers, um 1700

ARBEITSAUFTRÄGE

1. Ordne die Informationen der Musterlösung dem Bild M1 zu.
2. Beschreibe das Bild M2 mithilfe der Schritte zur Analyse eines Herrscherbildes und orientiere dich an der Musterlösung. 🔄 Stühletausch

Ludwig XIV. und sein Hof

Ein Schloss für den Sonnenkönig

Die absolute Macht König Ludwig XIV. sollte sichtbar werden. Daher ließ er ein Jagdschloss am Rand von Paris prächtig ausbauen. Schloss Versailles diente als eine Art Bühne des Sonnenkönigs:
- Die Baukosten waren hoch, da nur edle Materialien verwendet wurden. Im Gold, den Fenstern und Spiegeln sollte sich die Sonne als Ausdruck des Glanzes seiner Herrschaft widerspiegeln.
- Breite Wege durchzogen die Gartenanlage. Blumenbeete, Hecken und Bäume waren in Form geschnitten, die Wasserspiele der vielen Brunnen mit Figuren der Antike verziert.

Die gesamte Schlossanlage Versailles richtete sich auf den Herrscher aus. Alles war dem Willen des Sonnenkönigs unterworfen. Daher führten die Wege strahlenförmig auf das Schloss zu.

M1 Spiegelsaal in Schloss Versailles

> **Q1** Liselotte von der Pfalz war mit einem Bruder Ludwig XIV. verheiratet. Sie beschrieb 1671 in einem Brief Schloss Versailles:
>
> An Marmor und Gold wurde nicht gespart. Edelsteine, Spiegel, Edelhölzer, Teppiche, wohin du schaust, kostbare Gemälde und Statuen. Und erst die Springbrunnen, Wasserspiele und Pavillons in dem riesigen Park. [...] Das ist aber nichts gegen die Dienerschaft des Königs [...]. Es sollen 20 000 zum Hofstaat gehören, darunter 383 Köche [...], 12 Mantelträger, 8 Rasierer.

Weit über 1000 Diener und Arbeiter sorgten sich ständig um den Garten und die 1800 Räume des Schlosses. König Ludwig XIV. selbst bewohnte „nur" 152 Zimmer. Den europäischen Fürsten diente sein Hofleben und die Pracht seines Schlosses als Vorbild.

M2 Schloss und Park von Versailles (Gemälde von Pierre Patel, 1668)

Herrschaft und Teilhabe

M3 Der König wird durch Diener angekleidet, während gleichzeitig Adlige dabei sind und zusehen. (Farblithografie von Maurice Leloir, 1904)

Die Sonne steht auf

Das gesamte Hofleben in Schloss Versailles drehte sich um König Ludwig XIV., vom Erwachen am Morgen bis zum Schlafengehen. Alle Handlungen im Tagesablauf waren Symbol für die Königsherrschaft.

> **Q2** So beschrieb ein Herzog die Aufstehzeremonie von Ludwig XIV.:
>
> Um acht Uhr morgens weckte der erste Kammerdiener den König. Der Leibarzt […] und, solange sie lebte, die Amme des Königs traten zur gleichen Zeit ein. Die Amme küsste ihn, die anderen rieben ihn mit Tüchern ab, zogen ihm, weil er meist stark schwitzte, ein anderes Hemd an. Um Viertel nach acht rief man den Großkämmerer. Einer von ihnen öffnete den Bettvorhang […] und reichte dem König mit Weingeist vermischtes Wasser […] diese Herren verweilten einen Augenblick, sofern sie dem König etwas zu sagen hatten oder ihn um etwas bitten wollten […] dann gingen sie hinüber in den Sitzungssaal […]. Nach kurzem Gebet rief der König und sie kamen alle wieder herein. Der Oberkämmerer brachte ihm seinen Morgenrock, […] nun erschien alles, was Rang und Namen hatte.

Nach der Morgenzeremonie und einem Gottesdienst kümmerte sich der König um die Regierungsgeschäfte. Am Abend folgten oft kostspielige Feste mit Musik, Tanz, Akrobaten und Feuerwerk. Auch sie sollten die Macht, den Reichtum und den Glanz des Sonnenkönigs ausdrücken.

ARBEITSAUFTRÄGE

1. Recherchiere zu Schloss Versailles und erstelle eine kurze Reisebroschüre für Kinder. Galeriegang
2. I Schildere mithilfe von Q2 und M3 die morgendliche Zeremonie.
   II Beschreibe mithilfe von M3 und Q2 das aus unserer heutigen Sicht doch Ungewöhnliche am Hofleben.
   III Begründe die besondere Auszeichnung oder Ehre, König Ludwig XIV. beim Waschen oder Ankleiden behilflich sein zu dürfen.

Digital+
Hörszene zum Leben am Hof von Versailles.
WES-142805-502

Wirtschaft im Absolutismus

Der Staat braucht Geld

Die Ausgaben des französischen Staates waren unter Ludwig XIV. enorm hoch und stiegen Jahr für Jahr immer weiter an. Die Gründe dafür lagen in den Stützen seiner absoluten Herrschaft. Das stehende Heer war sehr teuer, denn es musste mit Waffen und Uniformen ausgerüstet werden. Kasernen wurden gebaut und die Soldaten mussten versorgt werden. Außerdem führte der König viele Kriege, was zusätzliches Geld verschlang. Und auch die königlichen Beamten, die für die Umsetzung seiner Maßnahmen sorgten, mussten bezahlt werden.

Außerdem verschlangen seine aufwendige Hofhaltung mit den vielen teuren Festen und der Ausbau von Schloss Versailles mit seinen großen Gartenanlagen ungefähr ein Drittel der gesamten Steuereinnahmen.

Die Wirtschaft wird gefördert

Die wichtigste Einnahmequelle des Staates war eine Art Kopfsteuer, die von den Untertanen bezahlt werden musste. Der Adel und der Klerus waren davon befreit. Um die Einnahmen des Staates zu erhöhen, führte der Finanzminister Jean Baptiste Colbert einige Maßnahmen durch:
- französische Betriebe sollten gefördert,
- Straßen, Häfen und Kanäle als Handelswege ausgebaut,
- ausländische Waren hoch besteuert und
- eine indirekte Verbrauchssteuer auf Waren erhoben werden, die jeder zahlen musste.

Tatsächlich gelang es durch diesen sogenannten Merkantilismus, die Steuereinnahmen des Staates enorm zu vermehren. Die Ausgaben des französischen Staates waren aber immer höher als dessen Einnahmen. Daher wuchsen auch die Schulden des Staates trotzdem immer weiter an.

Merkantilismus: Absolutistisches Wirtschaftssystem, das durch hohe Schutzzölle die einheimische Wirtschaft schützte. Gleichzeitig sollten Waren im Ausland verkauft und hohe Gewinne erzielt werden.

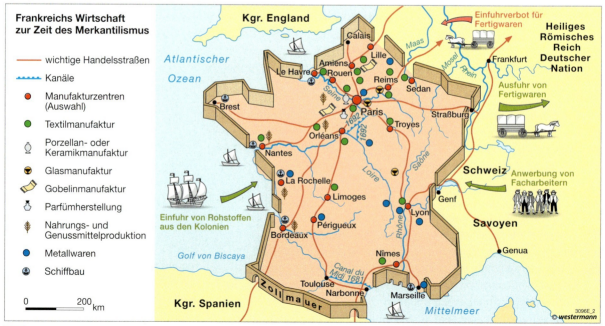

M1 System des Merkantilismus

Herrschaft und Teilhabe

M2 Die staatliche Rasiermessermanufaktur in Paris. Sie wurde gegründet, um von der Einfuhr aus England unabhängig zu sein. (Flugblatt von 1800)

Manufakturen verändern die Arbeitswelt

Die Herstellung von Produkten in Arbeitsteilung, d. h., dass der Produktionsvorgang in kleine wiederkehrende Arbeitsschritte zerlegt wurde, war auch bei den Handwerkern üblich. Doch in Frankreich wurde dieser Herstellungsprozess nun in handwerklichen Großbetrieben, sogenannten Manufakturen, weiter verbessert. Dies gelang auch, weil Spezialisten und Facharbeiter im Ausland angeworben wurden. Erst deren Wissen ermöglichte es, in den staatlich gelenkten Manufakturen:
- die Qualität der Produkte zu steigern,
- die Waren schneller herzustellen,
- die Arbeiter besser auszubilden.

In den Manufakturen wurden keine Alltagswaren, sondern Luxuswaren wie teure Wandteppiche, edle Stoffe, wie Spitze oder Seide, oder Uhren, Möbel und Porzellan hergestellt. Die Produkte ermöglichten hohe Gewinne und damit auch hohe Einnahmen für den Staat.

M3 Jean Baptiste Colbert (1619–1683) war Finanzminister unter Ludwig XIV. (zeitgenössisches Gemälde)

Der Staat wird zum Unternehmer

Die Manufakturen wurden vom Staat direkt als Unternehmer betrieben. So floss der Gewinn direkt in die Staatskasse. Der Finanzminister Colbert verkaufte an Privatunternehmer auch das Recht, eigene Manufakturen zu errichten. Der Staat verlieh hierfür sogar Geld und profitierte nun mehrfach: von der Rückzahlung des Kredits, einer Art Lizenzgebühr für die Warenherstellung und den Steuereinnahmen.

ARBEITSAUFTRÄGE

1. Zähle die Bereiche auf, für die König Ludwig XIV. viel Geld benötigte.
2. I Benenne die Maßnahmen, durch die von Colbert die Wirtschaft gefördert wurde.
   II Beschreibe den Warenfluss im Schaubild M1.
   III Erläutere mithilfe des Schaubilds M1 und der Produktion eines Rasiermessers in M2 das System des Merkantilismus.
3. Stelle dir vor, du besuchst eine Manufaktur. Schildere knapp die Herstellung eines Produkts und den aufgeteilten Arbeitsvorgang. Reporter

Digital+
Informationen zu einer Spielkartenmanufaktur.
 WES-142805-503

Absolutismus in Preußen

M1 König Friedrich II. (1712–1786) Zeittypisches Gemälde des preußischen Königs von Johann Heinrich Christoph Franke, um 1763

Friedrich II. – ein absolutistischer König

Absolutismus als Vorbild für die eigene Regierung

Das Vorbild Ludwig XIV. strahlte auch auf die kleinen und großen Fürsten in den deutschen Gebieten aus. Sie regierten uneingeschränkt, also absolut, befehligten die Beamtenschaft, unterhielten ein stehendes Heer und entschieden über die Finanzen des Staates. Auch das aufwendige Hofleben des französischen Königs in Versailles versuchten sie zu kopieren. Sie bauten prachtvolle neue Schlösser mit Gartenanlagen. Der sächsische Kurfürst baute z. B. den Zwinger in Dresden oder Schloss Pillnitz an der Elbe. Die Wirtschaft wurde durch den Bau von Manufakturen nach französischem Vorbild gefördert.

Der steile Aufstieg eines unbedeutenden Staates

Nach dem Ende des Dreißigjährigen Krieges war das Kurfürstentum Brandenburg und spätere Königreich Preußen ein unbedeutendes Gebiet innerhalb des Reiches. Unter König Friedrich II. stieg Preußen ab 1740 nach einer ganzen Reihe von Kriegen zu einem der mächtigsten Staaten in Europa auf. Wichtige Merkmale seiner Politik waren:

- die preußische Wirtschaft und die Staatsfinanzen durch eine merkantilistische Wirtschaftspolitik zu stärken und
- das Land mit Siedlern zu bevölkern. So kamen z. B. protestantische Glaubensflüchtlinge aus Frankreich oder Österreich.
- Eine dem König und preußischen Staat treu ergebene Beamtenschaft verwaltete die Landesteile und
- kontrollierte mit ihm alle Einrichtungen des Staates.
- Eine starke, dem König untergebene Armee wurde finanziert.

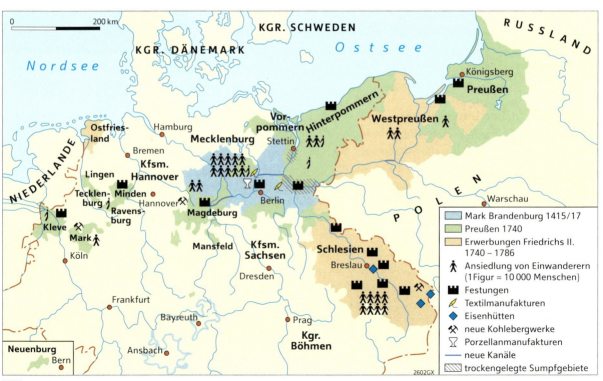

M2 Die Entwicklung Brandenburg-Preußens bis 1786

Herrschaft und Teilhabe

König und gleichzeitig oberster Beamter

Für König Friedrich II. war entscheidend, dass seine Regierungshandlungen immer dem preußischen Staat nützten. Das unterschied ihn deutlich von anderen absolutistischen Herrschern. Ein prachtvolles Hofleben erschien ihm als Verschwendung. Er sah sich als „erster Diener" seines Staates und hatte für dessen Wohl zu sorgen.

An seiner absoluten Macht als König hielt er aber fest, auch wenn er sich als oberster Beamter fühlte, der an der Spitze des Staates stand.

> **Q1** Friedrich II. beschrieb 1752 die Aufgaben eines Königs:
>
> Trägheit, Vergnügungssucht und Dummheit: Diese drei Ursachen hindern die Fürsten […] für das Glück ihrer Völker zu wirken […]. Der Herrscher ist nicht zu seinem hohen Rang erhoben, man hat ihm nicht die höchste Macht anvertraut, damit er in Verweichlichung dahinlebe […]. Der Herrscher ist der erste Diener des Staates […]. Er wird gut besoldet […]. Man fordert aber von ihm, dass er werktätig für das Wohl des Staates arbeite.

Das Land wird ständig kontrolliert

König Friedrich II. überwachte und kontrollierte ständig die Umsetzung seiner Anweisungen, denn er misstraute seinen eigenen Beamten.

Brandenburg-Preußen entwickelte sich unter Friedrich zu einem in ganz Europa beachteten Musterstaat. Aber die gesellschaftlichen Verhältnisse änderten sich nicht. Der Adel bestimmte weiterhin über die in Unfreiheit lebenden Bauern. Ein sozialer Aufstieg oder politische Ämter waren für Bürger kaum erreichbar.

M3 König Friedrich II. kontrolliert die Landwirtschaft.
Um die Ernährung der Bevölkerung besser zu sichern, hatte Friedrich II. den Bauern befohlen, Kartoffeln anzubauen. (Gemälde von 1886)

ARBEITSAUFTRÄGE

1. I Zähle die Maßnahmen auf, durch die König Friedrich II. den preußischen Staat förderte.
   II Arbeite Gemeinsamkeiten zwischen Friedrich II. und Ludwig XIV. in ihrer Regierungsweise heraus.
   III Erläutere mithilfe von Q1, M2 und M3 das Zitat, der König sei „der erste Diener des Staates".
2. Vergleiche das Herrscherbild M1 von Friedrich II. mit dem Herrscherbild von Ludwig XIV. auf Seite 156. 🐝 Bienenkorb

Der König und der Philosoph

Der preußische König diskutiert mit Philosophen

Als Friedrich II. im Jahr 1740 König wurde, blickten viele Zeitgenossen in ganz Europa erwartungsvoll nach Preußen. Denn von ihm wurde erwartet, ein moderner König zu werden und viele neuartige Ideen und Gedanken in die Tat umzusetzen. Das lag an seinen Briefkontakten mit vielen bedeutenden Gelehrten, allen voran mit dem berühmten französischen Dichter und Philosophen Voltaire.

Jener hatte die Missstände der absolutistischen Herrscher und deren Verschwendungssucht kritisiert. Er fragte auch, woher sie sich das Recht nahmen, allein über alles im Staat zu bestimmen. Friedrich II. bewunderte den französischen Philosophen und diskutierte mit ihm in Briefen. Als er König wurde, lud er Voltaire an seinen Hof ein.

Friedrich und Voltaire

Auch Voltaire war von Friedrich beeindruckt. Er nahm die Einladung an und lebte über zwei Jahre am Hof in Potsdam. Ihre Freundschaft hielt über 40 Jahre. Sie war von gegenseitiger Verehrung geprägt. In Schloss Sanssouci philosophierten beide nun direkt miteinander. Sie diskutierten z. B. auch die Frage, woran sich ein Fürst bei seiner Herrschaft orientieren sollte. Ihre übereinstimmende Antwort lautete, dass sich der Herrscher dem Staatswohl unterordnen müsse und die Pflicht habe, seinem Land zu dienen.

Dagegen stritten Voltaire und Friedrich II. über die Ständegesellschaft und eine Aufhebung der Vorrechte des Adels. Hier beharrte der preußische König auf dem bisherigen Standpunkt.

Philosophie, Philosoph: (griech. philosophia = Liebe zur Weisheit)
In der Philosophie geht es um das Nachdenken über das Wesen des Menschen und sein Handeln.

M1 Tafelrunde in Schloss Sanssouci
Auf dem Gemälde aus dem Jahr 1850 ist Friedrich in blauer Uniform in der Mitte zu sehen. An der linken Seite beugt sich der französische Philosoph Voltaire nach vorn. Die übrigen Personen sind preußische Generäle und Gelehrte aus Berlin.

Herrschaft und Teilhabe

M2 Friedrich II. und Voltaire im Schlosspark von Sanssouci (Holzstich von 1857)

Reformen im preußischen Staat

Einige der mit Voltaire diskutierten Gedanken setzte Friedrich II. in seinem Königreich um. So gewährte er z. B. seinen Untertanen Glaubensfreiheit. Denn für ihn war nur wichtig, dass sie dem preußischen Staat nützlich waren.

> **Q1** Gedanken über die Religionen in Preußen (1752):
>
> Katholiken, Lutheraner, Reformierte, Juden und zahlreiche andere […] wohnen in Preußen und leben friedlich beieinander. Wenn der Herrscher […] auf den Einfall käme, eine dieser Religionen zu bevorzugen, so würden sich sofort Parteien bilden und heftige Streitereien ausbrechen […]. Für die Politik ist es völlig belanglos, ob ein Herrscher religiös ist oder nicht […] man muss auf die große Masse so weit Rücksicht nehmen, dass man ihre religiösen Gefühle nicht verletzt, einerlei, welchem Glauben sie angehören.

Auch in der Rechtsprechung handelte er anders als die absolutistischen Herrscher. Er verzichtete darauf, sich in Gerichtsverfahren einzumischen.

> **Q2** Gedanken über die Rechtsprechung in Preußen (1752):
>
> Ich habe mich entschlossen, niemals in den Lauf des gerichtlichen Verfahrens einzugreifen; denn in den Gerichtshöfen sollen die Gesetze sprechen und der Herrscher soll schweigen.

M3 Voltaire (1694–1778) Gemälde, 1811

ARBEITSAUFTRÄGE

1. Beschreibe anhand von M1 und M2, wie der Gedankenaustausch zwischen Friedrich II. und Voltaire vom jeweiligen Maler dargestellt wurde.
2. I Benenne mithilfe von Q1 und Q2 die Reformen und Haltungen, die vom Vorbild der absolutistischen Herrscher abweichen.
   II Begründe die Gleichstellung der Religionen in Preußen aus der Sicht Friedrichs.
   III Diskutiert die Sichtweise, Friedrich II. sei ein „moderner Herrscher".
   Kugellager HILFE

Projekt

Exkursion nach Ludwigslust

Schlösser und Gärten in Mecklenburg

Auch in Mecklenburg zeugen imposante Schlösser vom Herrschaftsanspruch ihrer Regenten. Zu ihnen gehören nicht nur das märchenhafte Renaissanceschloss Schwerin und die barock anmutende Residenz in Neustrelitz, sondern auch das nach dem Vorbild von Versailles erbaute Lustschloss in Ludwigslust. Zu verdanken haben wir die Schlösser zwischen Schwerin und Neustrelitz Erbstreitereien innerhalb des Fürstenhauses, wodurch es zu mehreren Landesteilungen kam. Schließlich wollte jeder Regent eine eigene Residenz, einen Sommersitz oder mindestens ein Jagdschloss sein Eigen nennen. So entstanden zwischen dem 16. und dem 18. Jahrhundert einige der prachtvollsten Schlösser und Gärten Norddeutschlands sowie strahlend schöne Residenzstädte.

M1 Portal des Schweriner Schlosses

M2 Schloss Ludwigslust von der Wasserseite her gesehen

TIPP
Schloss Ludwigslust im Internet:
http://www.schloss-ludwigslust.de/

Attika: fensterloser Aufbau über dem Hauptgesims eines Gebäudes zur Verdeckung des Daches; oft mit Inschriften versehen

Ludwigslust – die mecklenburgische Residenzstadt

Beim Besuch von Ludwigslust fällt sogleich auf, dass dem Stadtbild die Kirchturmspitze fehlt. Denn die Stadt entstand nicht wie viele Orte Mecklenburgs im Mittelalter, sondern im Absolutismus. Das frühere Dorf Klenow wurde 1754 in Ludwigslust umbenannt und war etwa 80 Jahre lang mecklenburgische Landesresidenz.

Der als fromm geltende Herzog Friedrich von Mecklenburg-Schwerin (1717–1785) wollte Schwerin mit seiner lasterhaften Lebensweise entfliehen und bevorzugte daher die ländliche Idylle. 1763 setzte er den Traum seines Vaters vom Bau einer neuen Residenz um und beauftragte damit den Hofbaumeister Johann Joachim Busch. Dieser schuf an Stelle eines früher errichteten hölzernen Jagdsitzes zunächst eine tempelartige, turmlose Hofkirche und ab 1772 ein dreigeschossiges spätbarockes Schloss aus mit Elbsandstein verklinkertem Backstein. Der vier Jahre andauernde Bau bedeutete für das damals arme Herzogtum einen finanziellen Kraftakt. Es entstand ein klassizistisch vollendetes Schlossensemble mit Parkanlage nach dem Vorbild von Versailles. Beeindruckend sind neben der Lage am Wasser nicht nur das Standbild des Großherzogs Friedrich Franz I. (1756–1837) vor dem Schloss oder die Sandsteinfiguren auf der Attika, sondern auch der Goldene Saal mit seinen gewaltigen Säulen.

M3 Goldener Saal im Schloss Ludwigslust

Schlosspark Ludwigslust

Mit seinen 125 Hektar gilt der Schlosspark Ludwigslust als der größte in Mecklenburg und ist wohl einer der schönsten Gärten in Norddeutschland. Bekannt durch das alljährliche „Kleine Fest im Großen Park" erleben die Besucher hier eindrucksvoll barockes Lebensgefühl und englische Parklandschaft zugleich.

Den Empfang bereitet schon auf dem Schlossplatz die Statue des Großherzogs Friedrich Franz I. Der älteste Teil des Schlossparks mit der Lindenallee entstand durch Rodung des ehemaligen Jagdgebietes bereits um 1730. Er erinnert ebenso wie die Hofdamenallee mit den Prunkvasen und die Kaskaden mit den Götterfiguren an eine französische Gartenanlage wie in Versailles. Allein für die Wasserspiele und Teiche des Parks musste um 1760 ein 28 Kilometer langer Kanal in die Lewitz gebaut werden. Ein durchdachtes und um die Mitte des 19. Jahrhunderts erweitertes Kanalsystem führt das Wasser auf unterschiedlichen Wegen durch den Schlosspark.

Zwischen 1852 und 1860 gestaltete der Gartenarchitekt Peter Joseph Lenné das Gelände rechts und links der Hofdamenallee in einen englischen Landschaftspark um und bewahrte dabei ganz bewusst barocke Elemente. So ermöglicht ein Spaziergang durch den Park die Entdeckung seltener Gehölze wie Amberbaum, Tulpenbaum, Mammutbaum und Sumpfzypresse. Geschwungene Wege führen mit immer neuen Sichten auf die Künstliche Grotte, die Steinerne Brücke, die Mausoleen für die Herzoginnen Luise (1756–1808) und Helena Pawlowna (1784–1803) oder das Grab für das Lieblingspferd des Großherzogs Friedrich Franz I. durch den Park. Das Gesamtbild der Parkanlage folgt dem Grundsatz der Aufklärung, das Denken zu fördern und den Geschmack zu formen.

M4 Kaskaden vor dem Schloss Ludwigslust

Kaskaden: künstlich angelegte Wasserfälle in einem Schlossgarten
Mausoleum: Grabstätte

Anregungen für eine Exkursion:

1. Besorgt euch in der Stadtinformation einen Stadtplan. Ermittelt die Gebäude, die Ludwigslust zur Residenzstadt machten.
2. Besucht bei einer Schlossführung die im Text erwähnten Sehenswürdigkeiten. Findet Beispiele für die Epochen von Barock bis Klassizismus.
3. Informiert euch vor der Exkursion über Peter Joseph Lenné und seine Gartenkunst. Beweist an Beispielen aus dem Park, wie er seine Ideen umgesetzt hat.
4. Sucht im Schlosspark nach Spuren barocker und der Aufklärung verpflichteter Gartengestaltung. Fotografiert sie und fertigt eine Fotoausstellung an.
5. Bereitet im Unterricht Szenen höfischen Lebens vor (z. B. Duell, Tanz, Fächersprache, Picknick). Mit entsprechenden Requisiten könnt ihr das Leben bei Hofe nachspielen.
6. Stellt die Ergebnisse in Vorträgen oder Präsentationen vor.

Mecklenburg und Pommern bis 1815

Auf dem Weg zum Ständestaat

Eine Vielzahl von Wappen künden von der wechselvollen Geschichte der beiden Landesteile, die heute einen wesentlichen Teil des Territoriums unseres Bundeslandes Mecklenburg-Vorpommern ausmachen. Links sind die Wappen Mecklenburg-Schwerins (M2) und das der preußischen Provinz Pommern (M3) beispielhaft abgebildet. Ein Vergleich mit dem heutigen Landeswappen (M1) lässt zahlreiche interessante historische Rückschlüsse zu.

M1 Das große Landeswappen des Bundeslandes Mecklenburg-Vorpommern

Mecklenburg und Pommern bis ins 17. Jahrhundert

Im Zusammenhang mit der deutschen Ostsiedlung entwickelte sich ein schwunghafter See- und Binnenhandel. Städte und Kaufleute wurden reich und mächtig. Im 14. Jahrhundert entstand die Hanse, der unter anderem auch Rostock, Wismar, Stralsund, Greifswald, Anklam und Stettin angehörten.

Im Verlauf des 16. Jahrhunderts wuchsen die sozialen Spannungen und die Unzufriedenheit in Teilen der Bevölkerung, insbesondere in den größeren Städten. Die raschen Erfolge der Reformation im Norden hatten dazu beigetragen. Erste Predigten im Sinne Martin Luthers sind schon für das Jahr 1526 in Rostock nachweisbar. In allen Kirchen der Hafenstadt wurden seit dem 1. April 1531 reformatorische Gedanken gepredigt und Gottesdienste abgehalten. Das evangelische Glaubensbekenntnis wurde 1549 auf dem Landtag der Stände für das gesamte Land beschlossen.

Maßgeblichen Anteil am Aufbau der mecklenburgischen Landeskirche hatte der Rostocker Theologieprofessor David Chyträus (1531–1600). Der große Reformator für den pommerschen Raum war Johannes Bugenhagen (1485–1558). Dieser verfasste unter anderem die reformierte Kirchenordnung für Pommern im Jahre 1535.

Die Wirren des Dreißigjährigen Krieges führten zu einem nachhaltigen Niedergang Mecklenburgs, große Teile der Bevölkerung hatten um 1648 entweder das Land verlassen oder waren ums Leben gekommen. Pommern wurde teilweise schwedisch und teilweise preußisch.

M2 Das Wappen Mecklenburg-Schwerins

Der Landesgrundgesetzliche Erbvergleich von 1755

Das 25 Artikel und 530 Paragrafen umfassende Vertragswerk, das am 18. April 1755 in Rostock unterzeichnet wurde, diente bis 1918 als Verfassungsgrundlage des mecklenburgischen Ständestaates. Zugleich war es der vorläufige Endpunkt einer jahrhundertelangen Auseinandersetzung zwischen den mecklenburgischen Herzögen und den Landständen (Ritterschaft, Städte), der mit einem Sieg der Landstände endete. Die wachsende Macht der Landstände hatte die Durchsetzung einer absolutistischen Herrschaft nach französischem Vorbild verhindert.

Auch nach der Französischen Revolution von 1789 kam es zu keinen großen Veränderungen. Die ständisch geprägte Struktur der Gesellschaft blieb bis zum Ersten Weltkrieg bestehen.

Der Wiener Kongress des Jahres 1815 ließ Mecklenburg-Schwerin und Mecklenburg-Strelitz zu Großherzogtümern erwachsen, Schwedisch-Pommern und Rügen gingen an Preußen über.

M3 Das Wappen der ehemaligen preußischen Provinz Pommern

Herrschaft und Teilhabe

M4 Mecklenburg 1701–1815

M5 Pommern 1648–1815

ARBEITSAUFTRÄGE

1. Geht in eurer Heimatregion auf Spurensuche nach Wappen und deren Geschichte. Präsentiert die Ergebnisse in eurer Schule.
2. Beschreibe die Situation in Mecklenburg und Pommern vom 14. bis 17. Jahrhundert.
3. Erläutere die geschichtliche Bedeutung des Erbvergleichs von 1755.
4. Lange Zeit gehörten große Teile Mecklenburg-Vorpommerns zu Schweden. Recherchiert zu diesem Teil der Geschichte unseres Bundeslandes und notiert die wichtigsten Daten und Fakten.
5. Erforsche mögliche Gründe dafür, dass sich die ständischen Strukturen in Mecklenburg über einen so langen Zeitraum halten konnten.

Das Zeitalter der Aufklärung

M1 Isaac Newton bei einem Experiment zur Lichtbrechung (Zeichnung, 1727)

Denken in neue Richtungen

Neue Wege in der Naturwissenschaft

Bereits in der Renaissance hatten Gelehrte wie Galileo Galilei nach Antworten auf Fragen gesucht, die nicht mithilfe der Bibel zu erklären waren: z. B. die Umlaufbahnen der Planeten um die Sonne. Diese Entwicklung setzte sich im 17. Jahrhundert fort und immer mehr Wissenschaftler forschten an ungeklärten Phänomenen. Einige der Fragen waren:
- Wohin verschwindet eine Kerze oder ein anderer Gegenstand beim Verbrennen?
- Woraus besteht Luft, warum ist sie unsichtbar und weshalb steigt warme Luft nach oben?
- Was ist Elektrizität und wie lässt sie sich erzeugen?

Die Beobachtung der Natur

Wissenschaftler an Universitäten beobachteten die Natur immer genauer und suchten Antworten. Vom englischen Wissenschaftler Isaac Newton (1642–1727) ist überliefert, dass er sich fragte, warum ein Apfel immer senkrecht zu Boden fällt. Bei der systematischen Lösung des Problems ermittelte er das physikalische Gesetz der Schwerkraft. Außerdem konnte er beweisen, dass scheinbar unsichtbares Licht aus einer Vielzahl von Farben zusammengesetzt ist.

Systematische Antworten auf Fragen

Durch wissenschaftliche Experimente sollten Naturphänomene systematisch überprüft und erklärt werden. Die Ergebnisse mussten messbar und wiederholbar sein sowie immer das identische Resultat liefern. Nur auf dieser Grundlage konnte dann ein allgemein gültiges Naturgesetz, wie z. B. das Gesetz der Schwerkraft, formuliert werden.

Nicht mehr die Bibel und der Glaube, sondern die wissenschaftlichen Erklärungen lieferten nun Antworten. Die Naturwissenschaftler erklärten von nun an, wie die Welt aufgebaut ist und wie sie funktioniert. Die Kirche und die Bibel dienten nicht mehr als Grundlage für die Forschung.

M2 Ballon der Brüder Montgolfier vor dem Schloss Versailles am 19.09.1783, sie nutzten die Erkenntnis, dass warme Luft nach oben steigt. (Kupferstich, 1783)

Weltdeutung und Religion

Neue Wege in der Philosophie

Auch Philosophen stellten seit der Renaissance die Frage nach der Natur des Menschen und suchten die Antworten nicht mehr allein in der Bibel:
- Sie bezweifelten zwar nicht die Existenz Gottes, doch fragten sie nach dessen Eingriff in das jeweilige Leben. Sie glaubten nicht mehr daran, dass Gott das ganze Leben lenkt.
- Den freien Willen jedes einzelnen Menschen setzten sie als Grundlage des Handelns der alten Denkweise gegenüber.

Antworten auf philosophische Fragen

Ein wichtiger Philosoph war Immanuel Kant. Er interessierte sich auch für Naturwissenschaft und Mathematik. Für Kant war nicht der Glaube, sondern das eigenständige Denken die Basis, um die Welt zu verstehen.

M3 Porträt von Immanuel Kant (1724–1804) Ölgemälde, 1791

> **Q1** Was ist Aufklärung? Immanuel Kant beschrieb dies 1784:
>
> Aufklärung ist der Ausgang des Menschen aus seiner selbst verschuldeten Unmündigkeit. Unmündigkeit ist das Unvermögen, sich seines Verstandes ohne Leitung eines anderen zu bedienen. Selbstverschuldet ist diese Unmündigkeit, wenn die Ursache derselben nicht am Mangel des Verstandes, sondern der Entschließung und des Mutes liegt, sich seiner ohne Leitung eines anderen zu bedienen. „Sapere aude! Habe Mut, dich deines eigenen Verstandes zu bedienen!" ist also der Wahlspruch der Aufklärung. [vereinfacht]

Vereinfacht ausgedrückt meinte Kant, dass der Einzelne für sein gesamtes Handeln immer allein die Verantwortung trägt und nicht von einer göttlichen Macht abhängig ist, die in das Schicksal eingreift.

Die Zeit der Aufklärung

Im Deutschen wurde für das neue Denken der Begriff Aufklärung benutzt. Er steht dafür, etwas zu erhellen, also das notwendige Wissen über Ursachen und Zusammenhänge eines Themas zu vermitteln. „Aufklären" stand für das neue Denken im Zeitalter der Vernunft.

Die Philosophen tauschten über Briefe, wissenschaftliche Abhandlungen, bei Vorträgen oder in Diskussionen ihre Gedanken und Erkenntnisse aus. In Lesezirkeln oder bei öffentlichen Vorlesungen in Universitäten wurden die Fragestellungen der Aufklärung auch vom Bürgertum diskutiert.

ARBEITSAUFTRÄGE

1. Begründe mithilfe von M1 und M2 die Verwunderung der Zuschauer bei der Vorführung wissenschaftlicher Erkenntnisse. HILFE
2. Recherchiere die naturwissenschaftlichen Lösungen auf eine der damaligen Fragen. Graffiti
3.
   I. Benenne die Fähigkeit des Menschen, die die Aufklärer in den Mittelpunkt rückten.
   II. Benenne die von Kant in Q1 genannten Gründe für Unmündigkeit.
   III. Begründe aus Sicht von Kant einen sogenannten mündigen Menschen. HILFE
4. Erkläre mithilfe von Q1 den Begriff Aufklärung in eigenen Worten.

Nachdenken über die Aufteilung der Macht

Der Absolutismus als Ausgangspunkt
Die Denker der Aufklärung stellten in ihren Überlegungen auch das Herrschaftssystem des Absolutismus infrage:
- War der König wirklich zur alleinigen Herrschaft berufen?
- Hatten sich die Menschen freiwillig einem König unterworfen oder waren sie vielmehr in den Absolutismus hineingezwungen worden?
- Gab es eine andere, gerechtere Möglichkeit, den Staat zu regieren?

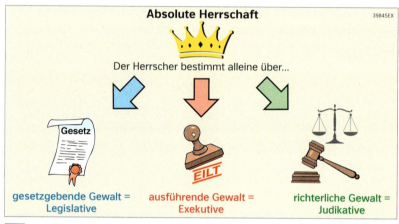

M1 Schaubild zum Prinzip des Absolutismus

Niemand soll allein bestimmen
Die Aufklärer wollten die Herrschaftsrechte des Königs begrenzen. Der Franzose Charles de Montesquieu (1689–1755) forderte daher:
- Eine gesetzgebende Gewalt, die Legislative, sollte die Gesetze schaffen, z. B. die Höhe der Steuern festlegen.
- Eine ausführende Gewalt, die Exekutive, sollte die Gesetze umsetzen, also z. B. die Steuern einfordern oder konkrete Projekte wie z. B. den Bau von Straßen verwirklichen.
- Eine richterliche Gewalt, die Judikative, sollte unabhängig von den anderen Gewalten Gerichtsurteile fällen.

Außerdem sollte die Exekutive durch die beiden anderen Gewalten kontrolliert werden können, ob sie sich an die bestehenden Gesetze hält.

M2 Charles de Montesquieu (Gemälde, 1728)

> **Q1** Montesquieu (1689–1755) stellte dem absolutistischen Herrschaftsmodell eine Aufteilung der Gewalten gegenüber. Er beschrieb die Teilung der Gewalten im Staat folgendermaßen:

In jedem Staat gibt es drei Arten von Gewalten: die gesetzgebende Gewalt, die ausführende Gewalt und die richterliche Gewalt. Wenn die gesetzgebende Gewalt mit der ausführenden in einer Person […] vereinigt ist, dann gibt es keine Freiheit, weil man fürchten kann, derselbe Herrscher werde tyrannische Gesetze geben, um sie tyrannisch auszuführen […].
Alles wäre verloren, wenn ein und derselbe Mensch diese drei Gewalten ausübte.

Weltdeutung und Religion

Gewaltenteilung als neues Herrschaftsmodell

Niemand war aus der Sicht der Philosophen der Aufklärung zur alleinigen Herrschaft geboren, auch nicht der absolute Herrscher. Diese Gedanken widersprachen aber vollkommen der absolutistischen Herrschaftsform. Keiner der damaligen Könige war freiwillig dazu bereit, Macht abzugeben oder sich kontrollieren zu lassen.

Von den Aufklärern wurde aber die heute in unseren modernen Staaten übliche Gewaltenteilung vorausgedacht.

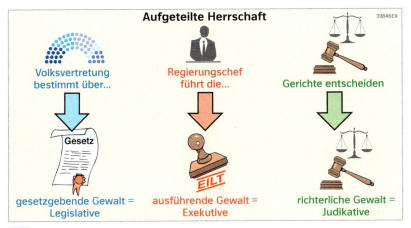

M3 Schaubild zum Prinzip der Gewaltenteilung

Das Volk muss an der Macht beteiligt sein

Der französische Aufklärer Jean-Jacques Rousseau (1712–1778) ging der Frage nach, welche Mitbestimmungsrechte der Einzelne im Staat haben sollte. Neben der Gewaltenteilung war für ihn entscheidend, dass jeder Bürger durch Wahlen an der Führung des Staates beteiligt wurde und mitbestimmen konnte.

> **Q2** Rousseau (1712–1778) stellte dem absolutistischen Herrschaftsmodell eine Aufteilung der Gewalten gegenüber. Er beschrieb die Beteiligung des Volkes im Staat folgendermaßen:
>
> Solange ein Volk gezwungen wird zu gehorchen und gehorcht, so tut es wohl: sobald es aber [die Fessel] abwerfen kann, so tut es besser. Rechtmäßige Gewalt kann nur auf einer Übereinkunft der Menschen gründen. Auf Freiheit verzichten heißt auf seine [...] Menschenrechte verzichten. Eine solche Entsagung ist mit der Natur des Menschen unvereinbar.

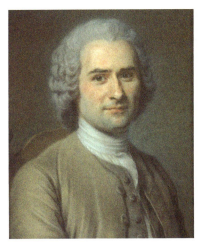

M4 Jean-Jaques Rousseau (Gemälde, 1753)

ARBEITSAUFTRÄGE

1. I Benenne mithilfe von Q1 und M3 die von Montesquieu geforderten drei Gewalten im Staat.
   II Gib das Recht jeder einzelnen Gewalt wieder. Partnervortrag
   III Erkläre den Begriff der Gewaltenteilung.
2. Arbeite den Widerspruch zwischen Absolutismus und Gewaltenteilung mithilfe der Textquellen Q1 und Q2 heraus.

Methode

Mit einer Biografie arbeiten

Biografie: Lebensbeschreibung

Die Biografie ist die von einem Autor verfasste Lebensbeschreibung eines Menschen. Schreibt ein Mensch über sich selbst, verfasst er eine Autobiografie. Biografien handeln meist von Personen mit gesellschaftlicher Bedeutung. Das können Politiker, Wissenschaftler, Sportler, Schriftsteller oder andere Persönlichkeiten sein. Der Verfasser einer Biografie entscheidet darüber, was die Leser über das Leben des beschriebenen Menschen erfahren. Er kann die positiven Eigenschaften der Person betonen oder die negativen stärker herausstellen.

Schritte für die Analyse einer Biografie

1. Wer wird beschrieben oder beschreibt sich?
2. Welche Fakten sind zu der Person bekannt? (Lebenszeit, Lebensort, Leistungen, gesellschaftliche Verhältnisse)
3. Was wissen wir über die Zeit, in der die Biografie entstand? (gesellschaftliche Situation, Machtverhältnisse)
4. Warum wurde die Biografie verfasst? (Jubiläum, Auftragsarbeit, Information, Unterhaltung)
5. Welche Informationen sind über den Verfasser der Biografie bekannt? (Beruf, gesellschaftliche Stellung)
6. Wie erfolgt die Beschreibung der Person? Welche Haltung nimmt der Autor ein? (sachlich, kritisch, schmeichelnd)

Q1 Christopher Duffy über Friedrich II.:

Der Friedrich des Siebenjährigen Krieges war ein vollendeter Meister in der Kunst der Menschenführung. Er konnte sich [...] an die Namen und Gesichter alter Soldaten erinnern. Auf dem Marsch unterhielt er sich vom Pferd herab mit seinen Männern in deren märkischem Dialekt und duldete Vertraulichkeiten, für die er einen Fahnenjunker kassiert hätte [...]
Die Strapazen des Siebenjährigen Krieges [hatten] ihre Spuren im Wesen Friedrichs hinterlassen [...] Friedrichs Verschrobenheit kam am besten zum Ausdruck im Neuaufbau der Preußischen Armee [...] Der Charakter der Armee hatte bis dahin eine tiefgreifende Veränderung erfahren, eine Folge der beinahe an Verachtung und Hass grenzenden Strenge, die Friedrich gegenüber seinen Offizieren und Mannschaften an den Tag legte. Er war der unerschütterlichen Ansicht, nur mithilfe harter Maßnahmen die Disziplin wiederherstellen zu können [...] Das Offizierskorps erfuhr für seine im Siebenjährigen Krieg erduldeten Leiden keine Dankbarkeit.

Q2 Hans-Joachim Neumann über Friedrich II.:

Philosophie, Literatur und Musik waren Ausdruck seiner schöngeistigen Veranlagung – der König brauchte sie zur Entspannung, Erholung und zum täglichen Neubeginn. Aus seiner schöngeistigen Welt schöpfte der Staatsmann und Politiker, der Feldherr und Eroberer die Kraft, die ihm zur vorbildlichen Erfüllung seiner Aufgaben als König abverlangt wurde. Dabei unterschied er immer zwischen nützlichen und angenehmen Beschäftigungen, die er sich erst dann erlaubte, wenn er seiner Tagespflicht genügt hatte. Nach dem Siebenjährigen Krieg versuchte der König, sein Leben auf die gewohnte Weise fortzusetzen. Das Einzige jedoch, was unverändert geblieben war, war seine Tageseinteilung [...] Seine ausländischen Gäste waren gestorben oder hatten das Land verlassen. Der König, der nie Wert auf sein Äußeres gelegt hatte, wurde in seiner Kleidung immer nachlässiger [...] Mehr oder weniger unbedeutende Leute hielten sich nun in Sanssouci auf, meistens handelte es sich um Friedrichs Höflinge [...]

ARBEITSAUFTRÄGE

1. Vergleiche beide Biografien. Was erfährst du über Friedrich II.?
2. Untersuche die Wortwahl der beiden Texte. Benenne Beispiele, die eine Wertung der Autoren erkennen lassen.
3. Vergleiche die Haltung der Autoren gegenüber Friedrich II.

175
In Kürze

1643–1715:
Regierungszeit Ludwig XIV.

Der dritte Stand leidet im Absolutismus

Zeitalter der Aufklärung

1740–1786:
Regierungszeit Friedrichs II.

1640   1680   1720   1760   1800

Absolutismus und Aufklärung

In Frankreich regierte König Ludwig XIV. mit uneingeschränkter Macht. Diese Herrschaftsform heißt Absolutismus. Als „Sonnenkönig" wurde sein Hofleben zum Vorbild für andere Herrscher. Auch in die Wirtschaft griff der König ein. Im System des Merkantilismus wurden Manufakturen gefördert und Zölle auf ausländische Waren erhoben, um die Einnahmen des Staates zu erhöhen.

Viele europäische Herrscher nahmen sich Ludwig XIV. zum Vorbild und regierten ihre Länder als kleine „Sonnenkönige".

Im 18. Jahrhundert führte König Friedrich II. in Preußen eine Reihe von Reformen durch. Dabei wurde er vom Philosophen Voltaire beeinflusst, mit dem er über viele neuartige Ideen diskutierte, wie z. B. die Frage, woran sich ein Fürst bei seiner Herrschaft orientieren sollte. Trotzdem hielt Friedrich II. aber an seiner absoluten Macht als König fest.

Im Zeitalter der Aufklärung veränderte sich vor allem die bisherige Sicht auf politische und gesellschaftliche Zustände. Besonders die aufklärerischen Ideen der Gewaltenteilung beeinflussten die Politik.

WICHTIGE BEGRIFFE:

Absolutismus
Aufklärung
Beamtentum
Gewaltenteilung
Höfisches Leben
Ludwig XIV.
Merkantilismus
Stehendes Heer
Zölle

Worterklärungen

A

Abgaben
Festgelegte Steuern und Anteile an Ernteerträgen und Vieh, die die Bauern an ihren Grundherrn abgeben mussten.

Absolutismus
Bei dieser Herrschaftsform war der König in seinen Entscheidungen weder an Gesetze noch die Zustimmung anderer gebunden. Da er die absolute (losgelöste) Macht besaß, bestand die Gefahr, dass er seine Macht missbrauchte. Der Absolutismus war im 17. und 18. Jahrhundert in fast allen europäischen Staaten die Herrschaftsform. Berühmtestes Beispiel für einen absoluten Herrscher ist Ludwig XIV. (1643–1715).

Abt
Der Vorsteher eines Klosters, der von den Mönchen gewählt wurde.

Äbtissin
Die Vorsteherin eines Frauenklosters, die von den Nonnen gewählt wurde.

Allmende
Wälder, Weiden, Gewässer und Ödland, die um ein Dorf herum liegen und allen Gemeindemitgliedern gehören. Das Land kann von allen genutzt werden.

Antike
Die Zeit der griechisch-römischen Kultur. In ihr wurden die Grundlagen für die heutigen Demokratien geschaffen. Sie reicht von 500 v. Chr. bis 500 n. Chr. Die Antike bildet gemeinsam mit dem Christentum die Grundlage der abendländischen Kultur.

Aufklärung
Eine Bewegung im 18. Jh. gegen den Absolutismus. Ihre Vertreter hielten alle Menschen „von Natur aus" für vernunftbegabt und befähigt, ihr Leben „vernünftig" zu gestalten. Die Zeit war erfüllt von Fortschrittsglauben und Optimismus.

Augsburger Religionsfriede
Mit diesem Vertrag von 1555 wurde die Glaubensspaltung zwischen Lutheranern und Katholiken besiegelt. Vertreter beider Konfessionen einigten sich darauf, einander zu dulden. Danach konnten die Landesfürsten ihren Glauben frei wählen, die Untertanen aber mussten den Glauben ihres Fürsten annehmen. Wer damit nicht einverstanden war, musste auswandern.

Azteken
Angehörige einer mittelamerikanischen Hochkultur. Die Hochzeit war zwischen dem 14. und dem 16. Jahrhundert. Um das Jahr 1500 zählte die Hauptstadt Tenachtitlán mit einer geschätzten Bevölkerung von 150 000–200 000 zu den größten Städten der Welt. 1521 wurde das Aztekenreich durch Hernán Cortés erobert.

B

Brache
Unbebautes, brachliegendes Land, das mit Gras oder Unkraut bewachsen ist. Es wurde zur Erholung des Bodens ein Jahr lang nicht mit Getreide bepflanzt.

Bürger
Ursprünglich die Bewohner eines Ortes im Schutz einer Burg. Später die freien Einwohner der mittelalterlichen Städte.

Bürgerrecht
Wer das Bürgerrecht besitzt, der kann an politischen Wahlen teilnehmen und auch selbst gewählt werden. Im Mittelalter besaßen nur die freien Stadtbewohner das Bürgerrecht.

D

Dreifelderwirtschaft
Die Dreifelderwirtschaft war ein Anbausystem in der Landwirtschaft, das um das Jahr 800 entwickelt wurde. Es wurde abwechselnd Sommer- und Wintergetreide angebaut. Ein Drittel der Anbaufläche blieb – um den Boden zu schonen – ungenutzt.

F

Feudalismus
(lat.: feudum = Lehen) Bezeichnung der sozialen, wirtschaftlichen und politischen Ordnung im mittelalterlichen Europa.

Flugschrift
Bald nach der Erfindung des Buchdrucks in der Mitte des 15. Jahrhunderts wurden einzelne Blätter oder kleine Broschüren mit politischen Forderungen gedruckt. Diese „fliegenden Blätter" ließen sich schnell verbreiten. Ziel war es, viele Menschen über Missstände oder politische Forderungen zu informieren.

Frondienst
Dienst, den die hörigen Bauern ihrem Grundherrn unentgeltlich leisten mussten.

Fürsten
Im Mittelalter gehörten Fürsten zum Adel, der an der Herrschaft des Rei-

ches beteiligt war. Unter ihnen gab es Grafen, Markgrafen und Herzöge, die zu den weltlichen Herrschern gehörten, sowie Bischöfe und Erzbischöfe, die zu den geistlichen Fürsten zählten.

G

Gegenreformation
Die katholische Kirche versuchte einerseits gewaltsam, bereits protestantisch gewordene Gebiete zurückzugewinnen. Andererseits wurden Reformen vorgenommen, da die katholische Kirche nicht noch mehr Gläubige an den neuen Glauben verlieren wollte.

Getto
Im Mittelalter mussten die Juden in den Städten Mitteleuropas häufig in einem abgegrenzten Viertel wohnen. Sie durften keine Handwerksberufe ergreifen. Als Erkennungszeichen mussten sie einen gelben Fleck tragen.

Gewaltenteilung
Gewaltenteilung bezeichnet die Aufteilung der Staatsgewalt in die gesetzgebende, vollziehende und Recht sprechende Gewalt (Legislative, Exekutive, Judikative). Diese Teilung ist das Grundprinzip einer demokratischen Ordnung.

Gilde
Zusammenschluss von Kaufleuten im Mittelalter zur gegenseitigen Absicherung und Durchsetzung gemeinsamer Interessen.

Globus
Bezeichnung für das stark verkleinerte Abbild der kugelförmigen Erde. Auf dem Globus können Längen und Flächen ohne Verzerrung dargestellt werden.

Gottesgnadentum
Dem mittelalterlichen Herrschertitel wurde häufig die Formel „von Gottes Gnaden" beigefügt, womit der eigene Machtanspruch untermauert werden sollte. Im Absolutismus wurde daraus der Machtanspruch des Herrschers, sich keiner irdischen Gewalt zu unterstellen.

Grundherr
Eigentümer des Landes, der zugleich die Herrschaft über die Bauern ausübte, die es bebauten. Der Grundherr konnte ein Adliger, ein Abt oder ein Bischof sein.

H

Hanse
Zusammenschluss von Städten im Nord- und Ostseeraum, deren Kaufleute Handel trieben. Gemeinsames Reisen zu Land und zu Wasser ermöglichte einen besseren Schutz gegen Überfälle.

Haufen
Bezeichnung für die Heere von Bauern während des Bauernkrieges.

Heiliges Römisches Reich Deutscher Nation
Bis 1806 gab es dieses Herrschaftsgebiet aus größtenteils deutschen Gebieten, in dem ein König und Kaiser regierte.

Hochkultur
Kennzeichen einer Hochkultur sind: Vorratswirtschaft, Stadt, Verwaltung, Religion, Rechtsprechung und Kenntnis einer Schrift.

Hörige
Vom Grundherrn abhängige Bauern, die von ihrem Herrn Land zur Bewirtschaftung erhielten und dafür Abgaben und Dienste leisten mussten.

I

Inka
Die Inka begründeten im 12. bis 15. Jahrhundert ein Großreich. Der Herrscher galt als Sohn des Sonnengottes. Mit der Eroberung Perus beendeten die Spanier die Herrschaft der Inka.

J

Judentum
Die jüdische Religion gehört zu den drei großen Weltreligionen. Die jüdische Gemeinschaft versammelt sich in der Synagoge.

K

Kaiser
Höchster weltlicher Titel eines Herrschers. Wurde im Mittelalter vom Papst gekrönt. Galt als Beschützer und weltliches Oberhaupt der Christenheit.

Ketzer
So wurden Männer und Frauen genannt, die eine vom katholischen Glauben abweichende Meinung oder Lehre vertraten. Sie wurden deshalb von der Kirche verfolgt, angeklagt und zum Tode verurteilt oder zwangsbekehrt.

Kloster
Wohnort der Nonnen und Mönche, der gegen die Außenwelt abgeschlossen ist. Er besteht aus verschiedenen Gebäuden: Kirche, Versammlungsgebäude, Wirtschaftsgebäude. Die Klostergemeinschaft richtet sich nach den Regeln ihres Ordens (Benediktiner, Zisterzienser, Dominikaner). Vorsteher oder Vorsteherin der Gemeinschaft ist ein Abt oder eine Äbtissin. Im Mittelalter waren Klöster von großer Be-

deutung für das geistige, kulturelle und wirtschaftliche Leben.

Kolonialismus
Eroberung zumeist überseeischer Gebiete durch einen militärisch überlegenen Staat.

Konfession
Bezeichnung für die verschiedenen Richtungen des christlichen Glaubens und der daraus entstandenen Kirchen (römisch-katholisch, evangelisch, orthodox).

König
Nach dem Kaiser Träger der höchsten monarchischen Würde. Neben dem Erbkönigtum gab es auch das Wahlkönigtum.

L

Lehnswesen
Das Lehen entstand im 8. Jh. im Frankenreich und bildete die Grundlage der politisch-gesellschaftlichen Ordnung im Mittelalter. Der König verlieh seinen Gefolgsmännern Land und Leute als Lehen. Dafür schuldete der Lehnsmann seinem Lehnsherrn lebenslange Treue und Gefolgschaft. Mächtige Lehnsleute verliehen wiederum Grundbesitz.

Leibeigenschaft
Persönliche Herrschaft eines Adligen über einen Bauern, der sein Land bewirtschaftet.

M

Manufaktur
Manufakturen waren gewerbliche Großbetriebe in der Zeit des Absolutismus und die Vorläufer der Fabriken. Hier stellten Menschen in arbeitsteiliger Handarbeit Waren wie Kleidung oder Porzellan her. Jeder Handwerker führte einen einzelnen Arbeitsschritt in der Kette vom Rohstoff zum fertigen Produkt aus.

Menschenrechte
Zu den Menschenrechten gehören z. B. das Recht auf Leben, auf Freiheit, auf körperliche Unversehrtheit, auf freie Meinungsäußerung oder freie Religionsausübung. Die Menschenrechte sollen die Menschen und ihre Würde vor Übergriffen des Staates schützen. In vielen Staaten sind die Menschenrechte durch die Verfassung geschützt.

Merkantilismus
Wirtschaftsform, die die wirtschaftliche Entwicklung des eigenen Staates durch Überschüsse im Außenhandel anstrebt. Regierungen unterstützten die Ausfuhr von Produkten aktiv und hielten die Einfuhr durch Zölle niedrig. Der Merkantilismus war die vorherrschende Wirtschaftsweise zur Zeit des Absolutismus.

Mission
Verbreitung einer Religion und die Gewinnung von Anhängern für sie.

Mittelalter
Die Epoche (Zeitabschnitt), die zwischen Altertum und Neuzeit liegt. Es beginnt mit dem Ende des Römischen Reiches (um 500 n. Chr.). Als Ende werden die Entdeckung Amerikas durch Kolumbus (1492) und die Reformation (1517) angesehen.

Monarchie
(griechisch = Alleinherrschaft) Staatsform mit einem König/einer Königin an der Spitze, dessen/deren Herrschaftsanspruch durch seine/ihre Herkunft begründet wird.

N

Neue Welt
So nannten die Europäer den unbekannten und bislang unentdeckten Kontinent Amerika. Zu der Alten Welt gehörten die bereits bekannten Erdteile Asien, Afrika und Europa.

Neuzeit
Die Epoche, die nach dem Mittelalter beginnt. Es ist eine Zeit, in der viele neue Dinge entdeckt und entwickelt wurden.

P

Pandemie
Eine weltweit auftretende und sich stark ausbreitende Infektionskrankheit. Es treten hohe Erkrankungszahlen, in der Regel auch mit schweren Krankheitsverläufen, auf.

Papst
Der Papst ist das Oberhaupt der gesamten katholischen Christenheit und gilt als unfehlbar in Glaubens- und Sittenfragen. Der Papst – Bischof von Rom – versteht sich als Nachfolger des Apostels Petrus, den Jesus als seinen Stellvertreter eingesetzt hat.

Pfalz
(lat.: palatium = Palast) Befestigter Königshof, der dem deutschen König und seinem Gefolge als Unterkunft und Versorgungspunkt diente.

Plantage
Landwirtschaftlicher Großbetrieb, der vor allem in den tropischen Gebieten Amerikas und Afrikas vorkommt. Hier werden Produkte für den Handel wie Tabak, Baumwolle, Kaffee oder Tee angebaut.

Privilegien
Sonderrechte bestimmter Personengruppen oder Stände, zum Beispiel des Adels oder des Klerus. Sie wurden vom Herrscher verliehen und bestanden zum Beispiel in der Befreiung von Steuern.

Protestanten
Seit der Reformation sind dies die Anhänger der christlichen Lehre Martin Luthers (1483–1546). Später wurden auch die Angehörigen anderer christlicher Glaubensrichtungen so genannt.

R

Reform
Schrittweise, planmäßige Umgestaltung und Verbesserung bestehender Zustände.

Reformation
Martin Luther und andere Prediger versuchten, die alte (katholische) Kirche zu erneuern und innerkirchliche Missstände (Ablasshandel) zu beseitigen. Dies führte schließlich zur Bildung von Glaubensgemeinschaften, die von der katholischen Kirche unabhängig wurden.

Reichstag
Im Reichstagsgebäude in Berlin tagte seit 1871 der Reichstag des Deutschen Reiches. Der Reichstag war das Parlament. Heute tagt in diesem Gebäude der Bundestag der Bundesrepublik Deutschland.

Renaissance
(französisch: Wiedergeburt) Im 15. Jahrhundert nahmen sich viele Menschen die Antike als Vorbild. Die mittelalterliche Denkweise geriet ins Wanken. Der einzelne Mensch, das Individuum, rückte in den Mittelpunkt des Interesses.

Republik
Die Republik ist eine Staatsform, der ein auf Zeit gewähltes Oberhaupt vorsteht. Die Republik ist das Gegenmodell einer Monarchie.

S

Seuche
Eine Seuche ist eine gefährliche und ansteckende Krankheit, die sich schnell ausbreitet. Heutzutage spricht man von Epidemie oder Pandemie.

Sklave
Unfreier, der keine Rechte hat. Sklaven wurden als Eigentum ihres Besitzers behandelt und daher wie Ware verkauft. Mit den „Entdeckungen" wuchs die Sklaverei sprunghaft an. Sklavenhändler verschifften Schwarze vor allem von Afrika nach Amerika, wo angesichts der zurückgehenden Bevölkerung Arbeitskräftemangel herrschte.

Stadt
Im Mittelalter eine Ansiedlung, die durch eine Mauer befestigt war. Oft hatten Städte vom Stadtherrn besondere Rechte verliehen bekommen. Sie durften Steuern erheben und Märkte abhalten.

Stand
Stände sind gesellschaftliche Gruppen, die durch Herkunft, Beruf, Bildung und eigene Rechte abgegrenzt werden. Erster Stand ist die Geistlichkeit (Klerus), zweiter Stand sind die Adligen, zum dritten Stand gehören Bürger und Bauern. In den Stand wurde man hineingeboren und konnte nicht durch Leistung aufsteigen.

Stehendes Heer
Im Mittelalter wurden Heere nur für einen Krieg aufgestellt, die Soldaten anschließend wieder entlassen. Seit dem 17. Jh. schufen die absolutistischen Herrscher jedoch Armeen, die auch in Friedenszeiten einsatzbereit unter Waffen standen.

Synagoge
(griech. = sich versammeln) Als Synagogen werden die jüdischen Gotteshäuser bezeichnet.

V

Verfassung
Grundordnung eines Staates. Die Verfassung legt z.B. die Rechte der Menschen und die Rechte der Regierung fest.

Z

Zehnt
Die wichtigste Abgabe, die ein abhängiger Bauer im Jahr an die Kirche oder die weltlichen Grundherren zahlen musste. Es war in der Regel ein Zehntel seines Getreides oder Viehbestandes.

Zoll
Eine an der Staatsgrenze erhobene Steuer auf Waren, die diese Grenze passieren. Der Zoll dient als Einnahmequelle des Staates und schützt einheimische Produkte vor ausländischen Konkurrenzprodukten, weil diese durch den Zoll verteuert werden.

Zunft
Handwerker schlossen sich in mittelalterlichen Städten zu Zünften zusammen. In ihnen wurden die Qualität der Erzeugnisse, die Preise, die Arbeitszeit und die Menge der Waren, die produziert werden durfte, festgeschrieben.

Hilfen

Hier findest du zu allen Aufgaben mit diesem Symbol HILFE Hilfen zur Bearbeitung der Aufgaben.

Herrschaft und Glaube im Mittelalter

Seite 11 Aufgabe 3
Suche im Atlas entweder eine Karte mit dem Thema Mitteleuropa oder eine politische Karte Europas.

Seite 13 Aufgabe 3
Suche bei den roten Zahlen in der Karte die größte. Beginne mit ihr.

Orte	Häufigkeit

Seite 15 Aufgabe 3
Überlege dir zuerst den gesamten Zeitraum (Anfang und Ende), den du benötigst. Teile diesen in sinnvolle Schritte ein, zum Beispiel in 5-Jahresschritte.

Seite 19 Aufgabe 2 II
1. Kläre unbekannte Begriffe.
2. Benenne die Personen, die bei der Krönung anwesend waren.
3. Zähle die Schritte der Handlungen während der Krönung auf.

Seite 21 Aufgabe 1 III
Bedenke, wer zu den Gegnern und wer zu den Verbündeten Ottos zählte. Denke auch an die Rolle der Kirche.

Seite 21 Aufgabe 3
Kläre zuerst, welche Bedeutung die Schlacht hatte. Was hat sich dadurch verändert?

Seite 23 Aufgabe 2
Beachte die Lebensweise, die Siedlungsgebiete und den Glauben der Slawen.

Seite 25 Aufgabe 2d
Achte auf Endungen wie –rode, -rade, -brand, -busch, -schlag, -hau.

Seite 27 Aufgabe 1
Nutze dazu das Internet, ein Fremdwörterbuch und die Unterstützung der Lehrkraft.

Seite 27 Aufgabe 2
Beginne mit der Situation um 600. Unterteile in Mecklenburg und Pommern.

Seite 31 Aufgabe 5
Achtet auf die einzelnen Schritte: Niederknien vor dem König – Handumschließen – Treueversprechen – Übergabe eines Zeichens.
Schreibt in die Rollenkarten hinein, wann diese Schritte passieren müssen. Erstellt ein Drehbuch mit Regieanweisungen.

Seite 37 Aufgabe 4
Welches Thema hat die Karte?
Welchen Zeitraum umfasst die Karte?
Was bedeuten die Farben und Symbole in der Legende?

Seite 39 Aufgabe 1b
Lies Q1 und notiere, wie die Pilger vorgingen. Was geschah alles? Danach vergleichst du diese Informationen mit der Darstellung in M1. Zeigt das Bild die Situationen, die im Text geschrieben sind?

Leben im Mittelalter

Seite 47 Aufgabe 4
1. Kläre, welche Vorteile und welche Nachteile ein Bauer durch die Hörigkeit hatte.
2. Beziehe auch das Schaubild M2 mit ein.

Seite 49 Aufgabe 3a

Monat	Tätigkeit
März	…

Seite 51 Aufgabe 1
Bedenke z. B. die Folgen der Rodungen.

Seite 51 Aufgabe 2
Nutze M2 und M3.

Seite 55 Aufgabe 2 II

Nr.	Ausrüstung	Funktion
7	Panzerstrumpf	Schutz
5	...	...

Seite 55 Aufgabe 3
Bedenke die Bedeutung des Schwertes für einen Ritter.

Seite 55 Aufgabe 4
Fasse den Inhalt der Quelle Q1 mit eigenen Worten zusammen.

Seite 57 Aufgabe 4
1. Kläre zuerst, warum Ritterturniere abgehalten wurden.
2. Schreibe die Vor- und die Nachteile der Turniere auf.
3. Überlege dir nun, ob du Ritterturniere gut oder schlecht findest.
4. Nun musst du deine Meinung noch begründen, indem du sie durch Beispiele aus den Texten untermauerst.

Seite 59 Aufgabe 3
1. Kläre zuerst, welche Personen beteiligt sind.
2. Ordne nun den einzelnen Personen die Aufgaben zu.

Seite 61 Aufgabe 1
1. Suche in M3 einen Punkt, der sofort ins Auge fällt, z. B. rechts unten die beiden Kreise.
2. Suche nun die entsprechende Stelle in M1.
3. Von diesem Punkt aus kannst du nach allen Seiten die Gebäude zuordnen.

Seite 63 Aufgabe 1 III
1. Berechne, wie viele Stunden des Tages ein Mönch/ eine Nonne mit den Gebeten zubringt.
2. Berechne, wie viele Stunden des Tages ein Mönch/ eine Nonne mit den Arbeiten zubringt.
3. Wie viele Stunden des Tages bleiben noch übrig?

Seite 65 Aufgabe 1
Beschreibe zuerst das Bild M2. Welche Haltung hat der Schreiber? Worauf sitzt er? Wie hält er die Feder? Suche danach in Q1 nach Informationen, die diese Informationen bestätigen.

Seite 67 Aufgabe 1 III
Zum Beispiel Hamburg, die Endung -burg deutet darauf hin, dass hier eine Burg stand, bei der dann eine Stadt entstand.

Seite 71 Aufgabe 4
1. Kläre, wer das Bürgerrecht bekam.
2. Nenne die Voraussetzungen für das Bürgerrecht.
3. Welche Vorteile hatte ein Jemand mit Bürgerrecht.

Seite 73 Aufgabe 5
Überlege dir, wo die Leprakranken lebten.

Seite 75 Aufgabe 2
1. Kläre zuerst, wo die Pest anfing.
2. Beschreibe dann, wie die Pest sich von dort aus weiter verbreitete.

Seite 77 Aufgabe 2
Notiere die beteiligten Personen. Welche Absichten haben sie? Was tun sie, um ihre Absichten durchzusetzen?

Entdeckung und Eroberung der Welt

Seite 87 Aufgabe 3
Welcher Kartenausschnitt wird jeweils gezeigt?
Wie unterscheiden sich die Darstellungen der Karten?
Wie unterscheiden sich die einzelnen Kontinente, Meere voneinander?

Seite 89 Aufgabe 2
Beginne mit dem Gesamtbild. Das Schiff besteht aus Holz. Es hat drei Masten ...

Seite 91 Aufgabe 1
Die Karte ...
Die Reisedauer ...
An Bord kam es zu ...
Die Matrosen ...

Seite 93 Aufgabe 1a

Datum	Entdeckungsfahrt
1492	Kolumbus entdeckt Amerika

Seite 95 Aufgabe 2 I
Lies den Informationstext über die Merkmale einer Hochkultur und ordne dann zu. Schreibe z. B. so: Das Bild M1 steht für die Existenz von Städten. Bild M2 steht für das Merkmal …

Seite 97 Aufgabe 2a
Beginne oben links. Wer wird dargestellt? Was bekommen diese Personen? Wodurch bekommen sie die Produkte? Wer muss für sie arbeiten? Dann beantworte die Fragen auch für oben rechts. Zum Schluss beschreibst du, was in der Mitte dargestellt ist.

Seite 101 Aufgabe 3
Wer „beschaffte" die Sklaven? Wer verkaufte sie?
Wer kaufte Sklaven?
Wer verdiente Geld am Sklavenhandel?

Seite 103 Aufgabe 1 II
So könntest du deinen Text aufbauen:
Die Spanier rechtfertigten die gewaltsame Missionierung damit, dass sie die indigene Bevölkerung als … ansahen. Dadurch waren die Spanier überzeugt, dass sie …

Seite 105 Aufgabe 1a
Schreibt ein kleines Drehbuch. Wer sagt was an welcher Stelle? Wie könnte sich die sprechende Person in dem Moment verhalten? Welchen Gesichtsausdruck hat er oder sie? Spricht er oder sie laut oder leise, ist er wütend oder …?

Seite 109 Aufgabe 2
Überlege dir, was die indigenen Völker alles verloren haben und was zerstört wurde. An welchen Folgen haben die indigenen Völker immer noch zu leiden?

Reformation und Glaubensstreit

Seite 117 Aufgabe 3b
Da Vinci entwickelte verschiedene Flugapparate. Diese konnten aber nicht gebaut werden, weil …
Im 15. Jahrhundert konnten noch keine U-Boote gebaut werden, weil …

Seite 119 Aufgabe 1

	vor Gutenberg	nach Gutenberg
Personenanzahl		

Seite 123 Aufgabe 3
Galileo Galilei bezeichnete Philosophen als …
Er sagt, dass viele Philosophen …
Durch die Worte … will Galileo Galilei sagen, dass …

Seite 125 Aufgabe 3 III
Ordne zuerst die zehn Gebote aus der Randspalte den Bildern zu. Schreibe dann zu jedem Gebot auf, wie sich der Mensch verhalten sollte:
Das erste Gebot gehört zu Bild 1. Damit die Menschen ein christliches Leben führen können, sollen sie …

Seite 127 Aufgabe 4
Beschreibe das Bild mithilfe der Methodenseite auf Seite 64/65 „Ein Spottbild analysieren". Beginne mit Schritt 1. Lies auch den Text, der im Bild steht, aufmerksam durch (Übersetzung unter dem Bild).

Seite 129 Aufgabe 1 III

Luther erwartet	Luther lehnt ab
Buße	…

Seite 131 Aufgabe 5
Sammelt zuerst jeweils Argumente aus Sicht des Gesandten und Luthers.
Anklage: Der Papst macht keine Fehler, Papst ist Stellvertreter Gottes auf Erden …
Luther: Die Bibel ist Gottes Wort und daher fehlerlos, das eigene Gewissen ist der Maßstab …

Seite 133 Aufgabe 1 I

Bevölkerungsschicht	Erwartung
Bauern	weniger Abgaben
arme Städter	…

Seite 139 Aufgabe 2
Erstelle eine Tabelle.

wirtschaftliche Forderungen	politische Forderungen	kirchliche Forderungen

Seite 141 Aufgabe 2
Aufgaben: Die Landesherren sollten …
Vorteile: Dadurch fiel der Besitz der Papstkirche an …

Seite 147 Aufgabe 3
Frankreich gewann Gebiete dazu, es dehnte sich aus bis …
Schweden konnte …
Die protestantischen Niederlande wurden …
Die Schweizer Eidgenossen wurden ebenfalls …
Deutschland musste Gebiete an … abtreten …

Absolutismus und Aufklärung

Seite 155 Aufgabe 2 II
Überlege dir, welche Aufgaben jede der drei Stützen für den König ausführte und wie er damit seine Herrschaft vor Ort umsetzen konnte.

Seite 155 Aufgabe 2 III
Denke bei der Beantwortung daran, welche Macht der absolute Herrscher dadurch ausüben konnte.

Seite 159 Aufgabe 1
Zu Schloss Versailles findest du z. B. hier Informationen:
https://www.kinderzeitmaschine.de/neuzeit/absolutismus/lucys-wissensbox/der-absolutismus/was-bedeutete-versailles-und-ein-leben-mit-spiegeln/
https://www.planet-wissen.de/kultur/metropolen/paris/pwieversailles100.html

Seite 159 Aufgabe 2 III
Bedenke bei deiner Antwort, dass es sich um sehr persönliche Vorgänge handelte, die eine große Nähe zu der Person erforderlich machten.

Seite 161 Aufgabe 2 II
1. Beginne bei der Einfuhr von Rohstoffen aus dem Ausland.
2. Verfolge dann den Weg der Rohstoffe zu einer Manufaktur.
3. Beschreibe anschließend die Ausfuhr der Waren.

Seite 163 Aufgabe 1 III
Denke an die Aufgabe bzw. Stellung eines Dieners. Betrachte dann die Kleidung und die Gesten des preußischen Königs bei der Erfüllung seines Herrscheramts.

Seite 163 Aufgabe 2
Achte besonders auf die Körperhaltung, die Gestik und die Herrschaftszeichen.

Seite 165 Aufgabe 2 III
Beziehe in die Diskussion die Reformen Friedrichs sowie die Beibehaltung seines Standpunkts als absoluter König ein.

Seite 169 Aufgabe 1
Nutzt dazu das Heimatmuseum, Archive oder auch Bibliotheken. Befragt auch die älteren Bewohner eures Heimatortes.

Seite 169 Aufgabe 2
Gehe in Epochen (z. B. Hansezeit, Reformation) vor. Nutze M4 und M5.

Seite 169 Aufgabe 4
Nutzt Lexika, Atlanten, das Internet und Bücher zur Geschichte Mecklenburg-Vorpommerns.

Seite 171 Aufgabe 1
Denke daran, dass die Zuschauenden meist nur über eine geringe Bildung verfügten und sehr im Glauben verwurzelt waren.

Seite 171 Aufgabe 3 III
1. Lese in der Quelle zuerst den Satz zur Unmündigkeit.
2. Beschreibe dann, wie in der Quelle die Unmündigkeit begründet wird.
3. Überlege dir nun, was der Einzelne tun muss, damit er nicht unmündig ist.
4. Setze dann den Satz fort: „Ein Mensch ist mündig, wenn …"

Seite 173 Aufgabe 2
1. Beschreibe zunächst mit den beiden Quellen, warum eine Aufteilung der Gewalten notwendig ist.
2. Begründe nun, warum im Absolutismus keine Gewaltenteilung möglich ist.
3. Formuliere nun den Widerspruch: „Absolutismus und Gewaltenteilung widersprechen sich, weil …"

Stühletausch

Vergleich und Vorstellung von Ideen, Materialien, Ergebnissen; gemeinsame Auswertung

1. Jeder Schüler löst die gestellte Aufgabe und legt sein Ergebnisblatt auf seinen Stuhl.
2. Nun sucht sich jeder Schüler einen anderen Stuhl und liest das dort ausgelegte Ergebnis. Dann notiert er eine Rückmeldung.
3. Jeder geht auf seinen Platz zurück und liest die Rückmeldung zu seiner Lösung.
4. Gemeinsam wird in der Klasse ein auswertendes Gespräch geführt.

Galeriegang

Präsentation von Gruppenergebnissen

1. Bildet möglichst gleich große Gruppen.
2. Innerhalb der Gruppe werden unterschiedliche Themen bearbeitet.
3. Anschließend werden die Gruppen neu zusammengesetzt: Aus jeder alten Gruppe wechselt ein Experte in eine neue Gruppe.
4. Dort präsentiert der Experte die Arbeitsergebnisse und beantwortet Fragen.

Graffiti

Individuelles und kooperatives Lernen; Vorwissen oder bereits Gelerntes sammeln, strukturieren und visualisieren

1. Bildet so viele Gruppen, wie es Aufgaben gibt. Jede Gruppe erhält einen Arbeitsauftrag und einen Papierbogen.
2. Jede Gruppe beginnt mit ihrer Aufgabe. Jedes Gruppenmitglied schreibt seine Gedanken/Ideen zu der Aufgabe auf und achtet nicht darauf, was die anderen schreiben.
3. Nach einer gewissen Zeit wechselt ihr an einen anderen Gruppentisch und notiert dort eure Ideen.
   Ihr wechselt so lange die Tische, bis ihr wieder an dem eigenen ankommt.
4. Lest alle auf dem Bogen stehenden Ideen, ordnet sie, fasst die Ergebnisse zusammen und stellt sie der Klasse vor.

Think – Pair – Share

Kooperatives Lernen in einem 3-Schritt-System, Austausch von Ideen und Gedanken

1. **Nachdenken:**
   Denke in Einzelarbeit über die Aufgabe nach, löse sie und mache dir Notizen.
2. **Austauschen:**
   Stellt eure Lösung einer Partnerin oder einem Partner vor, lernt die Lösung des anderen kennen.
3. **Vorstellen:**
   Stellt das Ergebnis der Klasse vor, lernt andere Lösungen kennen und vergleicht sie mit dem eigenen Ergebnis.

Fishbowl

Diskussionsform eines Themas in einer Kleingruppe, während eine Großgruppe zuhört und sich beteiligen kann

1. Die Arbeitsgruppe setzt sich in einen inneren Stuhlkreis und diskutiert ein Thema/Problem. Ein Stuhl bleibt für einen Gast frei.
2. Die übrigen Schüler sitzen in einem äußeren Stuhlkreis und hören zu. Die Gruppe im Innenkreis stellt ihre Arbeitsergebnisse vor.
3. Die Zuhörer im Außenkreis können sich am Gespräch beteiligen. Wer mitdiskutieren möchte, setzt sich als Gast auf den freien Stuhl bei der Arbeitsgruppe und äußert seinen Beitrag. Danach verlässt er den Innenkreis und setzt sich wieder auf seinen ursprünglichen Platz.
4. Andere, die nicht mehr mitdiskutieren möchten, können aussteigen und sich ebenfalls in den Außenkreis setzen. Zum Abschluss erfolgt eine Reflexion des Gesagten.

 ## Kugellager

Vergleich und Vorstellungen von Ideen, Materialien, Meinungen, Hausaufgaben, Ergebnissen einer Einzelarbeit

1. Teilt euch in zwei Gruppen. Bildet dann einen inneren und einen äußeren Stuhlkreis. Jeweils ein Schüler aus dem Innenkreis und sein Gegenüber aus dem Außenkreis bilden Gesprächspartner.
2. Der Schüler aus dem Außenkreis stellt seine Fragen, der Schüler aus dem Innenkreis beantwortet sie.
3. Die Gesprächspartner wechseln, indem der Außenkreis sich einen Platz weiterbewegt. Jetzt stellt der Schüler aus dem Innenkreis seine Fragen und der Partner im Außenkreis beantwortet sie.
4. Der Platz- und Rollenwechsel wird zwei- bis dreimal wiederholt.

 ## Partnervortrag

Vergleich und Vorstellung von Ideen, Materialien, Ergebnissen

1. Lest die Aufgabenstellung. Arbeitet in Einzelarbeit einen Vortrag aus.
2. Setzt euch mit eurem Partner zusammen und einigt euch, wer zuerst der Sprecher und wer der Zuhörer ist.
3. Der Zuhörer hört aufmerksam zu und wiederholt dann, was der Sprecher erzählt hat. Der Sprecher achtet darauf, ob sein Vortrag vollständig und richtig wiedergegeben wird.
4. Danach wechselt ihr die Rollen.

 ## Placemat

Zusammenführen von individuellen Gedanken als Gesprächsanlass, um zu einem Gruppenprodukt zu kommen

1. Ein Blatt wird in Felder eingeteilt. Jeder schreibt seine Ergebnisse zum Arbeitsauftrag in ein Außenfeld.
2. Diese Ergebnisse werden in der Gruppe besprochen.
3. In der Mitte wird anschließend das übereinstimmende Arbeitsergebnis notiert.
4. Die Gruppe stellt ihre Ergebnisse vor.

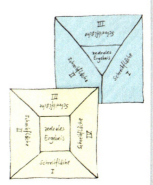

Gruppenpuzzle

Gegenseitige Präsentation von Gruppenergebnissen; Bearbeitung von jeweils einem anderen Themenbereich

1. In der Stammgruppe: In der ersten Arbeitsphase bearbeitest du mit deiner Gruppe gemeinsam euer Thema. Nach Beendigung der Arbeit bereitet ihr die Präsentation für die Expertengruppe vor.
2. In der Expertengruppe: Ihr bildet nun neue Gruppen. In jeder Expertengruppe befindet sich ein Mitglied aus jeder Stammgruppe. Ihr informiert euch nun gegenseitig über die in der ersten Phase erarbeiteten Inhalte und haltet diese schriftlich fest. Die einzelnen Themen werden nacheinander präsentiert.
3. Rückkehr in die Stammgruppe: In der dritten Gruppenarbeitsphase kehrt ihr wieder in eure Stammgruppe zurück, um euch über das in den anderen Gruppen erworbene Wissen miteinander auszutauschen.
   Die Aufzeichnungen aus der zweiten Arbeitsphase sollt ihr hier ergänzen.
4. Wertet in einem offenen Klassengespräch die inhaltlichen Ergebnisse eurer Arbeit aus.

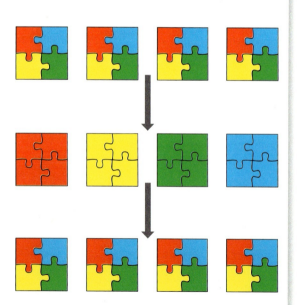

 ## Bushaltestelle

Erarbeitung in Einzelarbeit und Vergleich der Ergebnisse in Partnerarbeit

1. Erarbeitung: Du erhältst zu Beginn eine oder mehrere Aufgaben. In der ersten Phase bearbeitest du in Einzelarbeit deine Aufgabe.
2. Vergleichen: Wenn du mit der Aufgabe fertig bist, stehst du auf und gehst zur Haltestelle. Dort wartest du auf eine Person, die ebenfalls die Aufgabe bearbeitet hat. Sobald ihr zu zweit seid, sucht ihr euch einen Platz in der Klasse und vergleicht, korrigiert und ergänzt eure Ergebnisse gegenseitig. Danach setzt sich jeder wieder an seinen Platz.

Wiederholung der Phasen: Nun kann eine zweite Aufgabe in Einzelarbeit bearbeitet werden. Danach stehst du wieder auf und gehst zur Haltestelle. Die Phasen wiederholen sich immer wieder.

 ## Marktplatz

Austausch von Informationen und Meinungen

1. Geht im Raum umher, bis ihr ein Signal von der Lehrkraft bekommt.
2. Bleibt dann stehen und besprecht mit der Person, die euch am nächsten steht, eure Aufgabe oder Frage. Beim nächsten Signal geht ihr wieder weiter.
3. Wenn erneut das Signal erklingt, bleibt ihr wieder stehen und sprecht mit einer Person.

Engel und Teufel

Argumente austauschen und Entscheidungsfindung

1. Ihr bearbeitet ein Thema in einer Dreiergruppe. Ein Schüler ist der Engel, der allem zustimmt, einer der Teufel, der alles ablehnt, und einer ist der Richter, der entscheidet, welches die besten Argumente sind.
2. Am Ende präsentieren die Richter der Klasse, wie die Gruppe entschieden hat und welche Argumente ihr genannt habt.

 ## Bienenkorb

Austausch von Ideen und Gedanken im Klassenverband

1. Ihr tauscht euch mit einem Mitschüler oder einer Mitschülerin über ein Thema aus.
2. Wechselt den Austauschpartner mindestens zwei Mal.
3. Ihr könnt aber auch paarweise, in Dreier- oder Vierergruppen euer Thema besprechen.
4. Stellt eure gemeinsame Lösung in der Klasse vor.

 ## Reporter

Informationsaustausch und -präsentation

1. Ein Schüler übernimmt die Rolle des Reporters und zwei oder drei andere Schüler übernehmen die Rolle der Interviewpartner.
2. Jeder macht sich Notizen zu seiner Meinung zu einem bestimmten Thema.
3. Danach spricht der Reporter mit seinen Interviewpartnern über das Thema.
4. Spielt anschließend das Interview der Klasse vor.
5. Abschließend kann jeder aus der Klasse seine Meinung dazu äußern.

 ## Debatte

Sammlung und Abwägen von Argumenten

1. Vorstellung einer Streitfrage, die kontrovers diskutiert werden kann.
2. Aufteilung der Klasse in Vierergruppen, die wieder in zwei Paare geteilt werden.
3. Das erste Paar hat die Aufgabe, möglichst viele Argumente für die These (pro) und das zweite Paar für die Antithese (kontra) zu finden.
4. Wechselseitige Präsentation der Ergebnisse durch die beiden Schüler, welche jeweils für die gleiche Position Argumente gesammelt haben.
5. Vorstellung der Argumentation: Jetzt stellt jedes Paar seine Argumente dem jeweils anderen vor. Das zuhörende Paar darf das redende Paar hierbei nicht unterbrechen und soll sich lediglich Notizen machen.
6. Erst nach Abschluss der Vorstellung dürfen eventuelle Fragen zum Verständnis gestellt werden.
7. Die Paare überdenken nun die gehörten Argumente und stellen sich mögliche Probleme und Widersprüche gegenseitig vor.

Textquellen

10 **Q1** Vita Caroli Magni. Das Leben Karls des Großen, hrsg. und übers. von Evelyn Scherabon Firchow, Stuttgart: Reclam Verlag 1981, S. 7. (bearbeitet).

17 **Q1** https://www.deutschlandfunk.de/religionsgeschichte-alkuin-und-die-wiederentdeckung-der.886.de.html?dram:article_id=275230 (Stand: 19.06.2023).

19 **Q1** Res gestae Saxonicae/Die Sachsengeschichte (lat./dt.), hrsg. und übers. von Ekkehardt Rotter und Bernd Schneidmüller, Stuttgart: Reclam Verlag 1981, S. 105. (bearbeitet).

21 **Q1** Waitz, Georg/Pertz, Georg Heinrich: Widukindi res gestae Saxonicae, Hannover: Hahn 1866, S. 94 ff.

22 **Q1** Thietmar von Merseburg: Chronik, hrsg. und übers. von Werner Trillmich, Darmstadt: Wiss. Buchgesellschaft 1992, S. 269.

22 **Q2** Res gestae Saxonicae/Die Sachsengeschichte (lat./dt.), Buch 2, hrsg. und übers. von Ekkehardt Rotter und Bernd Schneidmüller, Reclam Verlag, Stuttgart, 1981.

23 **Q3** Lautemann, Wolfgang (Bearb.)/Schlenke, Manfred (Hg.): Geschichte in Quellen, Bd. 2: Mittelalter: Reich und Kirche, München: Bayerischer Schulbuch Verlag 1989, S. 502.

23 **Q4** Bauer, Albert/Rau, Reinhold (Bearb.): Quellen zur Geschichte der sächsischen Kaiserzeit, übers. von Paul Hirsch, Darmstadt: Wissenschaftl. Buchgesellschaft 1990, S. 107.

25 **Q1** Lautemann, Wolfgang (Bearb.)/Schlenke, Manfred (Hg.): Geschichte in Quellen, Bd. 2: Mittelalter: Reich und Kirche, München: Bayerischer Schulbuch Verlag 1975, S. 628 f.

26 **Q1** Krause, Alfred/Richter, Martin: Dokumente erzählen vom Werden Mecklenburg-Vorpommerns. Schwerin: Landesheimatverband Mecklenburg-Vorpommern e. V. 1993, S. 6.

29 **Q1** Lautemann, Wolfgang / Schlenke, Manfred (Hg): Geschichte in Quellen, Bd. 2: Mittelalter: Reich und Kirche, München: Bayerischer Schulbuch Verlag 1975, S. 711 f.

36 **Q1** Recueil des Historiens des Croisades. Historiens occidentaux, Bd. 3, 1844.

38 **Q1** Ebert, Johannes (Hg.): Die Chronik der Kreuzzüge. Gütersloh: Chronik-Verlag 2005, S. 68.

39 **Q2** Prayer, Yehoshu'a: Die Welt der Kreuzfahrer, übers. von Elisabeth Kühne, Wiesbaden: Brockhaus 1974, S. 56

41 **Q1** Runciman, Steven: Geschichte der Kreuzzüge, Bd. 3. Das Königreich Akkon und die späteren Kreuzzüge, übers. von Peter de Mendelssohn, München: Beck 1960, S. 806 f.

41 **Q2** Die Kreuzzüge aus arabischer Sicht, hrsg. und übers. von Francesco Gabrieli, München/Zürich: Artemis-Verlag:1973, S. 132 f.

54 **Q1** Marold, Karl: Gottfried von Straßburg. Tristan. Berlin/New York: 1977, S. 76.

54 **Q2** Höfische Kultur. Literatur und Gesellschaft im hohen Mittelalter, Bd. 2, übers. von J. Bumke, ©dtv Verlagsgesellschaft München 1986, S. 431 ff.

55 **Q3** Elias, Norbert: Über den Prozess der Zivilisation. Soziogenetische und psychogenetische Untersuchungen, Bd. 1: Wandlungen des Verhaltens in den westlichen Oberschichten des Abendlandes, Frankfurt/M.: Suhrkamp Verlag 1976, S. 110 f.

57 **Q1** Schultz, Alwin: Das Höfische Leben zur Zeit der Minnesinger. Bd. 2, Leipzig: Verlag von S. Hirzel 1889, S. 114 f.

59 **Q1** Die Benediktusregel, hrsg. und übers. von Basilius Steidle, Beuron: Beuroner Kunstverlag 1963.

64 **Q1** Vera Trost (Mitw.): Skriptorium. Die Buchherstellung im Mittelalter, Stuttgart: Belser 1991.

65 **Q2** Strehlow, Wighard: Das Hildegard-von-Bingen-Kochbuch, München: Seehamer Verlag 1996, S. 18 ff.

70 **Q1** Karl Kroeschell: Deutsche Rechtsgeschichte bis 1250, Bd. 1, Köln/Weimar/Wien: Böhlau 1972, S. 160 f. (bearbeitet).

73 **Q1** Quellen zur Wirtschafts- und Sozialgeschichte mittel- und oberdeutscher Städte im Spätmittelalter, ausgewählt und übers. von Gisela Möncke, Darmstadt: Wissenschaftl. Buchgesellschaft 1982, S. 199.

76 **Q1** Lautemann, Wolfgang / Schlenke, Manfred (Hg.): Geschichte in Quellen, Bd. 2: Mittelalter: Reich und Kirche, München: Bayerischer Schulbuchverlag 1970, S. 747.

81 **Q1** https://stadtarchiv.stralsund.de/stralsunder-frieden/friedensurkunden/ (Stand: 19.06.2023).

89 Q1 Pleticha, Heinrich: Christoph Kolumbus, Herrsching: Pawlak 1987, S. 184 ff.

91 Q1 Columbus, Christoph: Das Bordbuch 1492. Leben und Fahrten des Entdeckers der Neuen Welt in Dokumenten und Aufzeichnungen. Herausgegeben von Robert Grün, Edition Erdmann. Stuttgart: Thienemann-Esslinger Verlag 1983, S. 96 – 98.

96 Q1 Monegal, Emir Rodríguez (Hg.): Chroniken Lateinamerikas von Kolumbus bis zu den Unabhängigkeitskriegen. – Mit zeitgenöss. Illustrationen. Berlin: Suhrkamp 1982, S. 219 – 221.

97 Q2 Zitiert nach: Lautemann, Wolfang/Schlenke, Manfred (Hg.), Dickmann, Fritz (Verfasser): Geschichte in Quellen. Bd 3. München: BSV 1982, S. 69 ff.

100 Q1 M3 Brockhaus-Redaktion (Hg.): Brockhaus. Die Bibliothek. Die Weltgeschichte - Band 4: Wege in die Moderne (1650-1850). Bibliographisches Institut & F.A. Brockhaus AG, Leipzig/Mannheim 1998, S. 331.

103 Q1 Eroberung Mexikos: Papst und Spanien sollen sich entschuldigen. In: https://www.domradio.de/themen/kirche-und-politik/2019-03-26/verbrechen-im-namen-des-kreuzes-eroberung-mexikos-papst-und-spanien-sollen-sich-entschuldigen (Stand: 19.06.2023). © KNA-Katholische Nachrichten-Agentur

108 Q1 Westermann-Autorin: Wera Barth.

108 Q2 Frankfurter Rundschau, 06.01.1986.

109 Q3 Westermann-Autorin: Wera Barth.

117 Q1 da Vinci, Leonardo: Codex Atlanticus. In: Ladislao Reti (Hg.), Leonardo: Künstler, Forscher, Magier. Übersetzt v. Margaret Carroux. Stuttgart: Deutscher Bücherbund 1974, S. 7.

119 Q1 Presser, Helmut: Johannes Gutenberg mit Selbstzeugnissen und Bilddokumenten. Reinbek: Rowohlt 1995, S. 123 f.

123 Q1 Zitiert nach: bionity.com, LUMITOS AG. https://www.bionity.com/de/lexikon/Nikolaus_Kopernikus.html (Stand: 19.06.2023).

123 Q2 Zitiert nach: Baumgardt, Carola (Hg.): Johannes Kepler. Leben und Briefe. Wiesbaden: Limes-Verlag 1953, S. 73.

126 Q1 Junghans, Helmar (Hg.): Die Reformation in Augenzeugenberichten. München: Dt. Taschenbuchverlag 1980, S. 43.

126 Q2 Kühner, Hans: Das Imperium der Päpste. Frankfurt a. M.: Fischer Taschenbuch Verlag 1980, S. 250 ff.

129 Q1 Zitiert nach: Köpf, Ulrich (Hg.): Deutsche Geschichte in Quellen und Darstellung. Bd. 3. Reformationszeit 1495 – 1555. Stuttgart: Reclam 2001, S. 101–111.

131 Q1 Steck, Karl Gerhard (Hg.): Martin Luther. Ausgewählte Schriften. Frankfurt a. M.: Fischer-Taschenbuch-Verlag 1995, S. 101.

138 Q1 Luther, Martin: Sämtliche Werke. Band 24. Bearbeitet von Johann Kondrad Irmischer, Erlangen: C. Heyder 1826, S. 260, 262.

138 Q2 Schappeler, Christoph/Lotzer, Sebastian: Die 12 „Hauptartikel aller Bauernschaft" 1524. Sprachlich geringfügig modernisierte Fassung nach: Plöse, Detlef/Vogler, Günter (Hg.): Buch der Reformation. Eine Auswahl zeitgenössischer Zeugnisse (1476 – 1555). Berlin: Union Verlag 1989, S. 358 – 362. https://www.uni-muenster.de/FNZ-Online/politstrukturen/reformation/quellen/bauer.htm (Stand: 19.06.2023).

138 Q3 In: Lautemann, Wolfgang/Schlenke, Manfred (Hg.), Dickmann, Fritz (Verfasser): Geschichte in Quellen, Bd. 3. München: BSV 1966, S. 149 f., 154 f.

140 Q1 Hermann, Rudolf (Hg.): Luthers Werke, Weimarer Ausgabe 1883, Briefwechsel, Bd. 3, S. 595.

143 Q1 Peters, Jan (Hg.): Peter Hagendorf. Tagebuch eines Söldners aus dem Dreißigjährigen Krieg, Göttingen: V&R Unipress 2012, S. 100 ff.

145 Q1 https://ostseemagazin.net/wallensteintage-stralsund/ (Stand: 19.06.2023).

148 Q1 Schmidt, Volker: Neubrandenburg. Ein historischer Führer., Rostock; Hinstorff 1997, S. 25 ff.

150 Q1 https://offizin-schwarze-kunst.de/museum.html (Stand: 19.06.2023).

154 Q1 Zitiert nach: Lautemann, Wolfang/Schlenke, Manfred (Hg.), Dickmann, Fritz (Verfasser): Geschichte in Quellen. Band 3. München: BSV 1982, S. 426.

155 Q2 Zitiert nach: Lautemann, Wolfang/Schlenke, Manfred (Hg.), Dickmann, Fritz (Verfasser): Geschichte in Quellen. Band 3. München: BSV 1982, S. 451.

155 **Q3** Longnon, Jeans/Steinfeld, Leopold (Hg.): Ludwig XIV. Memoiren. Basel und Leipzig: Kompass-Verlag 1931, S. 137.

158 **Q1** Lieselotte von der Pfalz: Briefe. Frankfurt 1811, S. 86.

159 **Q2** In: Sigrid von Massenbach (Hg.): Die Memoiren des Herzogs von Saint-Simon. Band 3. Frankfurt am Main: Ulstein 1979, S. 331 f.

163 **Q1** Friedrich der Große, übersetzt von: Friedrich von Oppeln-Bronikowski: Das politische Testament von 1752. Stuttgart: Reclam 1980, S. 52 ff.

165 **Q1** Friedrich der Große. Übersetzt von: Friedrich von Oppeln-Bronikowski: Das politische Testament von 1752. Stuttgart: Reclam 1980, S. 2 ff.

165 **Q2** Friedrich der Große. Übersetzt von: Friedrich von Oppeln-Bronikowski: Das politische Testament von 1752. Stuttgart: Reclam 1980, S. 5.

171 **Q1** Zitiert nach: Kant, Immanuel: Werke in sechs Bänden. Bd. 6, Schriften zur Anthropologie, Geschichtsphilosophie, Politik und Pädagogik. Herausgegeben von Wilhelm Weischedel. Frankfurt am Main: Inselverlag 1964, S. 53.

172 **Q1** Rousseau, Jean-Jaques: Der Gesellschaftsvertrag. Herausgegeben von Hans Brockard, übersetzt von Hans Brockard. Stuttgart: Reclam 1963, S. 30 f.

173 **Q2** Montesquieu, Charles de: Vom Geist der Gesetze 1. Übersetzt und herausgegeben von Ernst Forsthoff. Tübingen: Mohr Siebeck 1992, S. 162 f.

174 **Q1** Duffy, Christopher: Friedrich der Große. Augsburg: Weltbild Verlag 1994, S. 351 f. und 476 f.

174 **Q2** Neumann, Hans-Joachim: Friedrich der Große. Feldherr und Philosoph. Berlin: Edition Q im BeBra Verlag 2000, S. 118 f.

Bildquellen

Agentur Focus – Die Fotograf*innen, Hamburg: H.W. Silvester 94.1. |akg-images GmbH, Berlin: Titel, Titel, 4.2, 12.1, 18.1, 18.5, 20.2, 29.1, 30.2, 36.1, 43.7, 45.1, 47.1, 49.1, 49.2, 49.3, 49.4, 49.6, 56.1, 57.1, 61.1, 65.1, 69.1, 71.4, 74.2, 79.1, 86.1, 87.1, 100.2, 101.1, 106.3, 106.4, 117.1, 118.1, 118.2, 119.7, 123.1, 125.1, 127.1, 127.2, 129.1, 136.2, 138.1, 142.1, 142.2, 142.3, 143.1, 148.1, 151.6, 151.8, 154.1, 154.2, 159.1, 163.1, 165.1, 170.2, 171.1, 175.5, 175.6; Album/Oronoz 90.1; Bildarchiv Monheim GmbH 133.2; bilwissedition 18.2; British Library 14.2, 36.2, 37.1, 38.2, 43.6, 126.1; De Agostini Picture Lib./G. Dagli Orti 110.1; Deville, Marc 158.1; euroluftbild.de/Hoffmann, Bernt 69.3; Heine, Heiner 4.1, 9.1; J. da Cunha 38.1; Lessing, Erich 18.3, 18.4, 59.1, 140.1, 146.1, 147.1, 156.1, 165.2, 172.2; MPortfolio/Electa 116.1; North Wind Picture Archives 106.2; Pictures From History 33.1; Schütze/Rodemann 20.1; Simon Bening 49.5. |Alamy Stock Photo, Abingdon/Oxfordshire: Archivart 80.1; Heritage Image Partnership Ltd 55.1; Jimlop collection 74.1; public domain sourced/access rights from Yogi Black 73.1, 83.6; public domain sourced/access rights from Art Collection 3 32.1; public domain sourced/access rights from History and Art Collection 68.1; public domain sourced/access rights from Yogi Black 157.1; Zoonar GmbH 69.2. |Alamy Stock Photo (RMB), Abingdon/Oxfordshire: Lanmas 95.3; Ronnbro, Jonas 82.9; volkerpreusser 35.1; World History Archive 96.1, 111.8. |Albrecht, Manfred, Groß Nemerow: 148.2, 149.1. |Askani, Bernhard Dr., Schwetzingen: 12.2. |Bayerische Staatsbibliothek, München: 68.2. |Berghahn, Matthias, Bielefeld: 29.2. |bpk-Bildagentur, Berlin: 5.1, 16.1, 17.1, 35.2, 85.1, 102.1, 111.7, 135.1, 135.2, 136.3, 139.1, 161.1; A. Dagli Orti 95.1; Braun, Lutz 77.1, 89.2; Germanisches Nationalmuseum/Meßberger, Dirk 10.1; Joachim Tietze 164.1; Kunstbibliothek, SMB 96.2; Lutz Braun 83.7; SBB/Handschriftenabteilung 34.1; Scala 40.2; Scala Archives 115.1; Staatliche Kunstsammlungen Dresden 132.1; Stiftung Preußische Schlösser und Gärten Berlin-Brandenburg 162.1. |Bridgeman Images, Berlin: 65.2, 100.1, 168.3; Biblioteca Estense, Modena 72.2; Germanisches Nationalmuseum, Nürnberg 50.1; Girandon 155.2, 161.2; Giraudon 71.3, 83.5; Giraudon, Bibliotheque de l'Ecole des Beaux-Arts 71.2; Giraudon, British Library, London, UK 63.1; THE BRIDGEMAN ART LIBRARY/Biblioteca Estense, Modena, Emilia-Romagna, Italy 71.1; © British Library Board. All Rights Reserved 58.1. |Carls, Claudia (RV), Hamburg: 119.1, 119.2, 119.3, 119.4, 119.5, 119.6. |Colditz, Margit, Halle: 93.2. |Ev.-luth. Kirchengemeinde St. Nicolai, Lüneburg: 28.1. |eventpunktnord UG, Stralsund: 145.1. |fotolia.com, New York: Africa Studio 109.8; Ana 158.2; Czauderna, Henry 131.1; G. Japol 39.1; K. Heidemann 107.3; Martin M303 106.1; Moscaliuk, Sergii 109.5; Otto Durst 67.1; Pseudonym 107.2; refresh(PIX) 114.1; U. Graf 23.1. |Getty Images (RF), München: Bob Krist 93.3. |Herzog August Bibliothek, Wolfenbüttel: Bibel-S. 4° 11, folio Ir (public domain) 131.2; Cod. Guelf. 3.1 Aug. 2°, ff. 10r (public domain) 30.1; Cod. Guelf. 3.1 Aug. 2°, ff. 49r (public domain) 19.1, 19.2; Cod. Guelf. 3.1 Aug. 2°, fol. 65v (public domain) 30.3. |Hild, Claudia, Angelburg: 141.1. |Imago, Berlin: Hanke 82.4; imagebroker 81.2, 82.1; United Archives International 62.1. |Interfoto, München: Sammlung Rauch 80.2. |iStockphoto.com, Calgary: Aurelie1 94.2; delectus 78.1; kaanates 109.4; traveler1116 107.1. |juniors@wildlife Bildagentur GmbH, Hamburg: Harms, D. 109.1; Steimer, C. 107.4. |Karto-Grafik Heidolph, Dachau: 162.2. |Kassing, Reinhild, Kassel: 98.1, 185.2. |Keis, Heike, Rödental: 122.1, 122.2. |laif, Köln: Heiko Meye 106.5; Matthias Jung 42.1. |Langner & Partner Werbeagentur GmbH, Hemmingen: 156.2. |Lookphotos, München: H. & D. Zielske 133.1. |mauritius images GmbH, Mittenwald: Rosenfeld 109.7. |Picture-Alliance GmbH, Frankfurt a.M.: akg-images 116.2, 130.1, 151.7, 168.2, 173.2; AP/J. Nord 106.6; Bildagentur-online/Tips Images 115.2; CHROMORANGE/AGF Creative 109.6; chromorange/Raedlein, Martina 82.3; CPA Media/Pictures From History 40.1, 43.5; Dittrich, Hauke-Christian 82.6; dpa-Zentralbild/Engelhardt, Andreas 7.1, 153.1; dpa-Zentralbild/Sauer, Stefan 81.1, 144.2, 145.6, 145.7; dpa-Zentralbild/Wüstneck, Bernd 145.2; dpa/Ebener, David 34.2; dpa/Kettler, Dorothea 82.2; dpa/Sauer, Stefan 145.4, 145.5; EPA/C. Sanchez 108.2; Helga Lade/E. Morell 166.1; Helga Lade/W. Schönborn 166.3; Keystone/Dannemiller, Keith 109.2; ZB/Bernd Wüstneck 82.5; ZB/Büttner, Jens 150.2, 150.3, 150.4; ZB/Franke, Klaus 63.2; ZB/G. Büttner 167.1; ZB/J. Büttner 26.1, 166.2; ZB/Sauer, Stefan 145.3, 145.8; ZB/Steinach, Sascha 82.8; Zoonar/Hötzel, Markus 82.7. |Rettich, Rolf und Margret, Arnstadt: Rolf Rettich 72.1. |Royal Danish Library, Kopenhagen: GKS 4 folio II, Biblia Latina Hieronymi (1255), page 183 recto 64.1. |Saurer, Johannes & Albers, Ulrike, Moisburg: 137.1. |Shutterstock.com, New York: Jess Kraft 95.2; sanddebeautheil 109.3. |Spangenberg, Frithjof, Konstanz: 31.1, 31.2, 31.3, 48.1, 66.1, 66.2, 89.1, 117.2, 117.3, 117.4, 117.5, 117.6, 184.1, 184.3, 185.1, 185.3. |Staats- und Stadtbibliothek Augsburg, Augsburg: 4 Cod Aug 1 (Cim 70), Bl. 283v 76.1. |Staatsbibliothek, Bamberg: Msc.Bibl.59,fol.3r/Foto: Gerald Raab 54.1. |stock.adobe.com, Dublin: Neppomuk 149.2; Rene 108.1;

schame87 103.2; Wylezich, Björn 150.1. |Tonn, Dieter, Bovenden-Lenglern: 2.1, 2.2, 2.3, 2.4, 2.5, 2.6, 2.7, 2.8, 2.9, 3.1, 3.2, 3.3, 3.4, 3.5, 3.6, 3.7, 3.8, 3.9, 3.10, 3.11, 3.12, 3.13, 14.1, 42.2, 42.3, 42.4, 42.5, 43.1, 43.2, 43.3, 43.4, 53.1, 60.1, 70.1, 83.1, 83.2, 83.3, 83.4, 104.1, 104.2, 104.3, 105.1, 105.2, 105.3, 105.4, 110.2, 111.1, 111.2, 111.3, 111.4, 111.5, 111.6, 151.1, 151.2, 151.3, 151.4, 151.5, 155.1, 172.1, 173.1, 175.1, 175.2, 175.3, 175.4, 184.2, 184.4, 185.4, 186.1, 186.2, 186.3, 187.1, 187.2, 187.3, 187.4. |ullstein bild, Berlin: Archiv Gerstenberg 103.1, 128.1, 144.1; Granger Collection 64.2; Granger Collection, New York 93.1; Granger, NYC 94.3, 94.4, 170.1, 175.7; histopics 6.1, 113.1; Imagebroker.net 22.1; Probst 168.1; Röhrbein 136.1; Stary 21.1; TopFoto 87.2. |Universitätsbibliothek Heidelberg, Heidelberg: Cod. Pal. germ. 164, Bl. 026v 25.1, 25.2. |Wierhake, Wilko, Braunschweig: 99.1, 121.1, 121.2, 121.3, 121.4.

Hinweise zur Bearbeitung der Aufgaben

Die Aufgaben in diesem Buch beginnen in der Regel mit einem Operator. Operatoren sind Verben, mit denen ein Arbeitsauftrag eingeleitet wird. Falls euch nicht klar ist, was von euch verlangt wird, findet ihr hier eine Erklärung und Tipps zu den Operatoren. Die Operatoren sind nach verschiedenen Anforderungsbereichen gegliedert. Die einfachen Aufgaben finden sich im Anforderungsbereich I. Hier sollt ihr Sachverhalte wiedergeben und bekannte Arbeitstechniken anwenden, z. B. den Umgang mit Texten und Grafiken.

Bei den Aufgaben im Anforderungsbereich II sollen bekannte Inhalte selbstständig untersucht und danach erklärt werden.

Bei den schwierigen Aufgaben im Anforderungsbereich III sollt ihr euch mit neuen Inhalten und Problemen auseinandersetzen, um sie dann zu bewerten.

Anforderungsbereich I

nennen, aufzählen
Du sollst Informationen knapp und präzise auflisten. Hierbei musst du nichts begründen oder näher erläutern. Die Informationen können aus den vorgegebenen Materialien (z. B. Schulbuchtext, Quellentexte …) stammen.

bezeichnen, benennen, schildern, skizzieren
Du sollst Sachverhalte, Strukturen und Prozesse verstehen und zutreffend darstellen. Dabei sollst du sie nicht näher vertiefen.

berichten
Du sollst den Sachverhalt formulieren. Achte dabei besonders auf Verläufe, Begebenheiten und Zusammenhänge. Sammle Informationen zu den Fragen: Wer? Wann? Was? Wo? Warum?

beschreiben, zusammenfassen, wiedergeben
Du schilderst wesentliche Aspekte eines Sachverhalts oder den Inhalt eines Textes bzw. anderer Materialien kurz und knapp in eigenen Worten. Achte darauf, dass du nicht alles nacherzählst, sondern konzentriere dich dabei nur auf die wichtigsten Punkte.

durchführen
Mithilfe eines vorgegebenen Verfahrens (z. B. Rollenspiel, Internetrecherche, Zeitzeugeninterview …) sollst du dir Sachverhalte erschließen, um diese besser verstehen oder nachempfinden zu können.

Anforderungsbereich II

analysieren, untersuchen
Du sollst dir Materialien oder Sachverhalte erschließen. Hierfür musst du bestimmte Kriterien beachten bzw. gezielte Fragen stellen, die du beantwortest. Diese Antworten sollst du begründen.

begründen, nachweisen
Du sollst Aussagen (z. B. Behauptungen, Wertungen) durch Argumente unterstützen. Deine Argumente untermauerst du mit Beispielen oder anderen Belegen.

erklären
Mithilfe deines Wissens schilderst du bestimmte Sachverhalte (Theorien, Modelle, Regeln, Gesetze, Funktionszusammenhänge …) und ordnest sie ein. Dabei zeigst du Zusammenhänge auf und begründest sie.

erläutern
Du sollst Sachverhalte erklären. Darüber hinaus machst du sie mithilfe zusätzlicher Angaben (Beispiele, Vergleiche …) anschaulich.

einordnen
Du stellst Sachverhalte oder Aussagen mithilfe erläuternder Hinweise in einen Zusammenhang.

…en auch de…
…l diese Aufgaben kon…
uns gut ausgebildeten und…

1 Beschreibe die Ausrüstung…
2 Schildere den Werdegang…
3 Erkläre M2 mithilfe des…
4 Erläutere, warum das…